Karl-Dieter Keim (Hrsg.)

Regenerierung schrumpfender Städte - zur Umbaudebatte in Ostdeutschland

Herausgeber der Reihe REGIO transfer:

Prof. Dr. Dietrich Fürst, Universität Hannover
Prof. Dr. Karl-Dieter Keim, IRS/Institut für Regionalentwicklung und Strukturplanung, Erkner bei Berlin
Prof. Volker Martin, Brandenburgische Technische Universität Cottbus
Prof. Dr. Günther Uhlig, Universität Karlsruhe

Herausgeber dieses Bandes: Prof. Dr. Karl-Dieter Keim

Redaktion: Gerhard Mahnken (verantw.), Petra Koch
DTP: Petra Geral

IRS/Institut für Regionalentwicklung und Strukturplanung
Flakenstraße 28-31
15537 Erkner
Tel.: 03362/793-0
Fax: 03362/793-111
E-Mail: regional@irs-net.de
Direktor: Prof. Dr. Karl-Dieter Keim

Bestellung von Publikationen
Tel.: 03362/793-118
Fax: 03362/793-111

Bei Abdruck ist die Einwilligung des Herausgebers erforderlich.

13,00 €

ISBN 3-934669-01-8

© Institut für Regionalentwicklung und Strukturplanung, Erkner, 2001

Druck: druckhaus köthen gmbH

Gedruckt auf chlorfrei gebleichtem Papier

Inhalt

Vorbemerkung 5

Karl-Dieter Keim
Forschungs- und Entwicklungsprogramm zur Regenerierung
der ostdeutschen Städte 9

Hans-Joachim Bürkner
Schrumpfung und Alltagskultur: Blinde Flecken im
Stadtumbau-Diskurs 41

Sigrun Kabisch
Stadtumbau aus Akteursperspektive
Stadtsoziologische und stadtplanerische Perspektiven zur
Auseinandersetzung mit dem Problem des Wohnungsleerstandes 69

Heike Liebmann, Christoph Haller
Wachsende Leerstände in ostdeutschen Großsiedlungen:
neue Herausforderungen und Strategien für die Stadtentwicklung 97

Christoph Haller, Heike Liebmann,
Werner Rietdorf, Reinhard Aehnelt
Grundsätzliche Zielsetzungen und erste Erfahrungen
bei der Erarbeitung Integrierter Stadtentwicklungskonzepte
für die ostdeutschen Städte 125

Charles Landry
Wie eine Kreativitäts-Planung umgesetzt werden kann 159

Clemens Deilmann, Irene Iwanow, Georg Schiller
Ökologische Effekte der Bestandsentwicklung bei rückläufiger
Wohnungsnachfrage – Szenarien 2015 für die Stadt Bautzen 173

Engelbert Lütke Daldrup
Die perforierte Stadt. Eine Versuchsanordnung 193

Wulf Eichstädt
Planung mit erhöhtem Risiko 205

Autorenverzeichnis 219

Weitere Veröffentlichungen des IRS 221

Karl-Dieter Keim

Vorbemerkung

Seit einiger Zeit findet die Problematik der Schrumpfungsprozesse in ostdeutschen Städten erhöhte Aufmerksamkeit in der Fachwelt und in der Öffentlichkeit. Das Thema wird auch in der Politik nicht mehr verdrängt sondern in zahlreichen Aktivitäten aufgegriffen. Die Bundesregierung hat mit dem Programm Stadtumbau Ost mit einer Laufzeit bis 2009 ein Zeichen gesetzt und eine kräftige Mobilisierung von öffentlichem Investitionskapital ausgelöst. Ein ergänzender Wettbewerb soll die beteiligten Städte dazu veranlassen, neue Stadtentwicklungskonzepte zu erarbeiten. Es sieht so aus, als sei das Problembewusstsein gestiegen.

Der Beitrag der Forschung bleibt dabei zunächst unklar. Die raschen, praktisch ausgerichteten Maßnahmen wecken den Eindruck, als sei in hinreichendem Umfang wissenschaftliches Wissen vorhanden, als gelte es lediglich, jetzt mit dem nötigen politischen Willen und dem nötigen Geld zu handeln. Das ist jedoch trügerisch. Die ressortpolitischen Maßnahmen, so wichtig sie sind, bedürfen aus Forschungssicht ergänzender Analysen über die Folgen der Schrumpfungsprozesse, über die Problemdefinitionen sowie über die Bedingungen von Handlungsmöglichkeiten in ihrer ganzen Bandbreite. Unsere Veröffentlichung kann dies nur partiell einlösen, kann jedoch den aktuellen Wissensstand darstellen und so vor allem für die Kommunen eine Orientierungshilfe bieten.

In einem breiten einführenden Beitrag (*Keim*) wird aufgezeigt, in welchen Fragen noch Forschungsbedarf besteht, wie das komplexe Problemfeld strukturiert werden kann und in welcher Weise bisherige Ergebnisse der Forschung in ein neu zu gestaltendes Entwicklungsprogramm zugunsten der ostdeutschen Städte einfließen können.

Im anschließenden Beitrag von *Bürkner* wird die ergänzende Perspektive der Alltagskultur in ihrer Relevanz für die Schrumpfungsthematik entfaltet, nach mehreren Elementen charakterisiert und am Beispiel der Situation in der Stadt Guben eindringlich veranschaulicht.

In sozialwissenschaftlicher Betrachtung liefert der Beitrag von *Kabisch* eine Fokussierung auf die Handlungschancen verschiedener Akteure, und zwar am Beispiel des Umgangs mit Wohnungsleerstand.

Die folgenden beiden Beiträge (*Liebmann/Haller; Haller/Liebmann/ Rietdorf/Aehnelt*) zeigen die durch Wohnungsleerstand (als wesentlichem Indikator für Schrumpfung) ausgelösten Herausforderungen, bezogen vor allem auf die Situation in den Großsiedlungen, auf und liefern eine erste Zwischenbilanz zu den bisher unternommenen bzw. diskutierten Handlungsstrategien in den ostdeutschen Städten.

Daran schließt sich die Wiedergabe einer konzeptionellen Praxis-Hilfe an: Aus den britischen Erfahrungen werden von *Landry* verschiedene Denkansätze und praktische Instrumente in systematischer Weise dargelegt, mit denen auch in den ostdeutschen Städten mit guten Erfolgsaussichten gearbeitet werden könnte.

Es folgen einige Fallbeispiele. Einen besonderen Aspekt stellen *Deilmann/Iwanow/Schiller* vor, indem sie - als handlungsstrategischen Beitrag am Beispiel der Stadt Bautzen - Szenarien entwickeln, mit deren Hilfe geeignete Schritte als kommunale Antwort auf veränderte Wohnungsmarktsituationen aufgezeigt werden.

Zwei weitere Beiträge beleuchten konkrete örtliche Erfahrungen mit der Aufstellung von Konzepten, im Beitrag von *Lütke Daldrup* mit Blick auf "perforierte" städtebauliche Strukturen am Beispiel von Leipzig, die mental den Weg frei machen für abwechslungsreiche, Freiräume einschließende Entwicklungskonzepte, im Beitrag von *Eichstädt* am Beispiel von Wittenberge (Brandenburg) durch nüchternes Aufzeigen der Risiken, die bei den kommunalpolitischen Antworten auf Schrumpfung in Rechnung zu stellen sind.

So wird mit den konkreten örtlichen Erfahrungen sichtbar, wie anspruchsvoll die Konzipierung wirksamer Handlungsstrategien ist, gerade wenn sie in Situationen zu entwickeln sind, die in den Städten selbst als dramatisch und vielfach deprimierend erlebt werden. In der Tat bedeutet ein deutlicher Bevölkerungsverlust, verschärft durch den Mangel an Arbeitsplätzen, dass nahezu sämtliche kommunalen Aufgaben umgestellt und gleichzeitig mit der Suche nach einer künftigen Perspektive verknüpft werden müssen. Hier sind, das möchten die hier versammelten Beiträge signalisieren, präzises Wissen, gute Koordinierungen und vor allem kreatives Denken und Handeln gefragt. Wer die vertrauten Pfade der planerischen Instrumente und des kommunalpolitischen Handelns verlässt, wer sich auf unkonventionelle Experimente einlässt, wird bessere Chancen erschließen können. Vergessen wir nicht: Es sind unsere Städte, die Kräfte zu mobilisieren und zu bündeln vermögen und immer wieder das öffentliche Forum für demokratische und kulturell getragene Lösungen anbieten.

Mit dieser Handreichung will das IRS und will der Herausgeber einige wichtige Anstöße für den konstruktiven Umgang mit den Schrumpfungsproblemen und mit der Notwendigkeit, konzeptionell zur Regenerierung der Städte beizutragen, geben. Es handelt sich um eine Zwischenbilanz. Weitere Erfahrungen, weitere Hilfen sollen sich in nicht allzu ferner Zeit anschließen.

Karl-Dieter Keim

Forschungs- und Entwicklungsprogramm zur Regenerierung der ostdeutschen Städte

Dass sich die ostdeutschen Städte seit einigen Jahren massiv mit abnehmenden Bevölkerungszahlen, mit Wohnungsleerstand und Schrumpfung konfrontiert sehen, bezeichnet nicht nur ein zentrales Transformationsproblem. Ein solcher Sachverhalt ist auch psychologisch ungewohnt. Wer möchte in Verlusten oder Rückbildungen etwas Positives sehen? Die Instrumente der Kommunalpolitik und Stadtplanung sind viel eher auf Wachstum, auf Zunahme und Erweiterung ausgerichtet. Weil dies so ist, wird in diesem Beitrag vor allem auf eine veränderte Sichtweise und eine veränderte Vorgehensweise Wert gelegt, wenn es darum geht, geeignete Antworten auf Schrumpfung zu finden.

Ausgehend von einer Beschreibung der aktuellen Problemlage in den ostdeutschen Städten wird ein wissenschaftlicher Bezugsrahmen skizziert, der es ermöglicht, eine geeignete Problemsicht sowie wesentliche Themen des Forschungs- und Entwicklungsbedarfs zu formulieren. Besonderer Wert wird dabei auf die Logik eigendynamischer Prozesse, auf die Beachtung der Systemabhängigkeit der einzelnen Problemaspekte, auf Konzepte von Kreativität und strategischem Handeln sowie auf eine darauf fußende Neuformulierung der städtischen Politik gelegt. Davon abgeleitet werden Vorschläge für Forschungsthemen und für Beratungsangebote in den Städten entwickelt.

Ein solches Forschungs- und Entwicklungsprogramm tritt vermittelnd zwischen die breit unternommene Problembeschreibung einerseits, die kurzfristige Thematisierung von politischen, wohnungswirtschaftlichen und städtebaulichen Maßnahmen andererseits. Es bietet die Chance zur Erweiterung des Wissens, das zur Problemcharakterisierung und zur Problemlösung erforderlich erscheint. Es schafft jedoch vor allem die Voraussetzung dafür, jenen Fundus an strategischem Denken und Handeln in den ostdeutschen Städten (und bei allen beteiligten Akteursgruppen) aufzubauen, der für den längerfristigen Umgang mit komplexen Situationen notwendig ist.

1 Zur Lage: Probleme und Handlungsbedarf in den ostdeutschen Städten

1.1 Demographische Veränderungen in Deutschland

Die meisten Städte in Ostdeutschland befinden sich in einer Entwicklung, für die folgende Tendenzen charakteristisch sind:

- Bevölkerungsrückgang,
- Arbeitsplatzverluste,
- Abwanderung in die alten Bundesländer,
- Umland- bzw. Randwanderung/Suburbanisierung,
- zunehmender Wohnungsleerstand,
- existenzielle Gefährdung von Wohnungsunternehmen,
- Schrumpfung der sozialen und technischen Infrastruktur.

Diese Entwicklung als Syndrom und in der Wechselwirkung einzelner Faktoren dürfte in Deutschland und europaweit bisher einmalig sein und nicht vergleichbar mit punktuellen oder zeitlich begrenzten Schrumpfungsprozessen, wie sie teilweise während der letzten Jahrzehnte in unterschiedlichen Regionen der alten Bundesländer (Ruhrgebiet, Saarland, Niedersachsen) auftraten.

Wenn eine Gesellschaft überleben will, braucht sie einen entsprechenden Altersaufbau. Der *Altersaufbau* ist in Deutschland bereits gegenwärtig stark deformiert. Daran schuld ist der anhaltende Geburtenrückgang in den letzten Jahrzehnten. Aus der demographischen "Zwiebel" mit breiter Basis wird ein auf schmalem Stiel stehender "Pilz" oder ein "Koloss auf tönernen Füßen".

Die Folgen des fehlenden Generationenersatzes sind – wie die Ergebnisse der 9. Koordinierten Bevölkerungsberechnung Deutschlands bis zum Jahr 2050 zeigen - auf Dauer ein demographisches Altern der Gesellschaft, ein weiterer Rückgang der weiblichen Jahrgänge im gebärfähigen Alter und eine dramatische Verschiebung der Proportionen zwischen den Erwerbsfähigen einerseits und den davon sozial abhängigen Jahrgängen der Kinder und Jugendlichen und denjenigen des Rentenalters andererseits.

Aus den vorliegenden Vorausberechnungen ziehen die Demographen folgende Lehren:

- Die Bevölkerungsabnahme zeigt eine Beschleunigung im Verlauf des Prognosezeitraums und damit den untrüglichen Hinweis auf eine demographische Implosion. Geburtenrückgang ist zugleich Rückgang der Mütterbasis der kommenden Generation. Folgt diese dem gleichen "generativen Verhalten" mit 1,3 bis 1,4 Kindern, die eine weitere Elterngeneration nur noch zu zwei Dritteln ersetzen, wird das Schwinden der einheimischen Bevölkerung eine berechenbare Tatsache.
- Die fortgesetzte Bevölkerungsabnahme aufgrund fehlenden Nachwuchses (ein Drittel unter Ersatzniveau) löst eine Sogwirkung abwärts aus, die auch mit einem Zuwanderungssaldo von jährlich etwa 300.000 Menschen nicht aufzuhalten wäre.

Eine Zuwanderung, welche die demographische Implosion und zusätzlich den Alterungsprozess auszugleichen imstande wäre, müsste ein Ausmaß erreichen, das jenseits aller Realisierbarkeit liegt.

Deutschland insgesamt befindet sich also in einem *demographischen Dilemma*, auf das es bis heute weder mit Steuerungszielen noch mit Steuerungsinstrumenten antworten kann.

1.2 Schrumpfungsprozesse besonders in Ostdeutschland

Die Bevölkerungsanzahl in den neuen Bundesländern schrumpft schneller als in den alten Ländern bzw. der Bundesrepublik Deutschland insgesamt.[1] Die Gründe dafür liegen - nachdem sich die Geburtenrate im Osten, die nach der Wende einen Tiefstand von 0,7 erreicht hatte, in den letzten Jahren im wesentlichen an die Durchschnittsrate in Deutschland angenähert hat - in anhaltenden bzw. seit etwa 1997/98 wieder angewachsenen Abwanderungen nach West-, insbesondere Südwestdeutschland wegen der

---

1 Die Einwohnerzahl Ostdeutschlands ist zwischen 1988 und 1998 von ca. 16,5 Millionen Menschen auf ca. 15,3 Millionen Menschen (Rückgang um ca. 8 Prozent) gesunken. Allein der Sterbeüberschuss seit 1990 beträgt mehr als 700.000 Menschen.

unterschiedlichen wirtschaftlichen Entwicklungen in Ost und West (VDH 2000).[2]

Das ostdeutsche *Wirtschaftswachstum* bleibt seit einigen Jahren hinter dem Westen zurück. Bei wichtigen Indikatoren herrscht nahezu Stagnation (Bruttoinlandsprodukt, Produktivität, Einkommen). Das BIP (nominal je Einwohner) Ost beträgt nach wie vor nur ca. 60 Prozent des BIP West. Die ostdeutsche Beschäftigungssituation ist weiterhin prekär. Seit 1998 ist die Arbeitslosenquote im Osten vom 1,8fachen auf das 2,3fache der Arbeitslosenquote im Westen gestiegen. Obwohl bundesweit die Jugendarbeitslosigkeit seit 1998 deutlich zurückgegangen ist, stieg die Anzahl der Arbeitslosen unter 25 Jahren in den neuen Ländern im gleichen Zeitraum (bis Oktober 2000) um 15 Prozent an.

Die konjunkturelle Abkopplung des Ostens und die damit zusammenhängende verschärfte Ost-West-Spaltung des Arbeitsmarktes führt zwangsläufig zu steigender Abwanderung qualifizierter und mobiler Arbeitskräfte sowie Auszubildender von Ost nach West. Mit der Zahlung von finanziellen Unterstützungen für junge Menschen, die in die alten Bundesländer gehen und dort einen Ausbildungsplatz erhalten, hat sich diese Entwicklung in jüngster Zeit noch verstärkt.

Der Verlust an vorwiegend qualifizierten Arbeitskräften zieht Kaufkraftverluste, verringerte Steuereinnahmen und eine geringere Finanzkraft der ostdeutschen Kommunen nach sich. Das führt unvermeidlich zu wei-

---

2 Nachdem kurz nach dem Mauerfall in den Jahren 1989 bis 1991 fast eine Million Menschen Ostdeutschland verlassen hatten, haben sich die Wanderungssalden seit 1992 relativ schnell angeglichen. Von 1992 bis 1997 haben 1,0 Millionen Wanderungen von Ost- nach Westdeutschland stattgefunden sowie 820.000 Wanderungen von West- nach Ostdeutschland. Damit hat Ostdeutschland in diesem Zeitraum etwa 180.000 Personen verloren. Ab dem Jahr 1998 werden wieder steigende Migrationssalden zwischen Ost- und Westdeutschland registriert. Bei gleichbleibenden Zuzügen aus Westdeutschland (ca. 150.000 Personen jährlich) und steigenden Fortzügen aus Ostdeutschland (auf fast 200.000 Personen jährlich) fällt der Saldo für den Zeitraum von Anfang 1998 bis Mitte 2000 mit 94.000 Personen zu ungunsten der neuen Länder aus. Es muss aber auch darauf verwiesen werden, dass der negative Wanderungssaldo mit den alten Ländern seit 1992 durch die positiven Zuwanderungssalden der neuen Länder mit dem Ausland ausgeglichen werden konnte (1992-1999: Wanderungssaldo Ost-/Westdeutschland: -292.000 Personen, neue Bundesländer mit dem Ausland: +399.000 Personen) (Kempe 2001: 206).

teren Verlusten der Attraktivität des Standortes Ost. Der entscheidende Zukunftsindikator – der Anteil der Investitionen an der Bruttowertschöpfung – ist rückläufig. Die Investitionen in den ostdeutschen industriellen Kapitalstock erreichten 1999 mit ca. 12 Milliarden DM den niedrigsten Stand seit 1995. Im Westen stiegen die Investitionen 1999 dagegen um 5,7 Prozent und erreichten ca. 90 Milliarden DM.

Infolge natürlicher Bevölkerungsbewegung und überregionaler Wanderung wird sich die Bevölkerungsentwicklung in Ost und West im vor uns liegenden Zeitraum weiter verschieben. Lebten im Jahr 1997 21,3 Prozent der Bevölkerung in den neuen und 78,7 Prozent in den alten Bundesländern, so wird für 2015 davon ausgegangen, dass in den neuen Ländern nur noch 19,5 Prozent, in den alten dagegen 80,5 Prozent der Bevölkerung leben.

Die bisherigen *Vorausberechnungen* der statistischen Landesämter gehen für alle neuen Länder (außer dem Land Brandenburg, das von Umlandwanderungen aus Berlin profiliert) von Einwohnerrückgängen zwischen 5 und 8 Prozent bis zum Jahr 2010 aus. Dabei ist jedoch zu beachten, dass diese Prognosen teilweise schon vor zwei bis drei Jahren erstellt wurden und ihre Ergebnisse aller Wahrscheinlichkeit nach ein zu positives Bild zeichnen. Eine aktuelle Studie von "empirica" geht für die neuen

Tab. 1: Prognostizierte Bevölkerungsentwicklung 1998-2010 für die neuen Bundesländer (ohne Berlin)

Bundesland	Bevölkerung 1998	prognostizierte Bevölkerung 2010	Veränderung	
			absolut	in Prozent
Brandenburg	2.593.100	2.658.400	+ 65.300	+ 2,5
Mecklenburg-Vorpommern	1.798.689	1.700.231	- 98.458	- 5,4
Sachsen	4.516.400	4.292.300	- 224.100	- 5,0
Sachsen-Anhalt	2.694.416	2.485.453	- 208.963	- 7,7
Thüringen	2.460.500	2.335.800	- 124.700	- 5,0
Gesamt*	**14.063.105**	**13.472.184**	**- 590.921**	**- 4,2**

Quelle: Daten der statistischen Landesämter, Tabelle: IRS 2001

* In den Bundesländern Sachsen und Thüringen lagen unterschiedliche Varianten vor; hier ist – vor dem Hintergrund der oben beschriebenen Dynamik der Entwicklung – jeweils die "pessimistischste" Variante dargestellt.

Tab. 2: Bevölkerungs- und Haushaltsentwicklung in den ostdeutschen Ländern und in ausgewählten Städten[a] 1992-1999 - in 1.000

Land/ Stadt	Bevölkerung			Geburten minus Sterbefälle 1992-1999	Zuzüge minus Fortzüge 1992-1999	Zahl der Haushalte		
	1992	1999	Veränderung in %			1994	1999	Veränderung in %
Brandenburg	2.543	2.601	2,3	-103	156	1067	1.146	7,4
Brandenburg/Havel	90	79	-12,3	-4	-8	40	38	-3.8
Cottbus	129	111	-13,9	-3	-15	55	50	-9,6
Mecklenburg-Vorp.	1.859	1.789	-3.7	-64	-22	757	798	5,4
Rostock	241	203	-15,7	-6	-35	110	109	-1,4
Schwerin	124	103	-17,1	-3	-20	50	51	1,0
Sachsen	4.641	4.460	-3,9	-236	5	2.036	2.080	2,1
Chemnitz	285	263	-7,6	-15	-33	131	129	-1,9
Zwickau	111	104	-5,9	-6	-11	49[b]	49	0,0
Sachsen-Anhalt	2.797	2.649	-5,3	-115	-41	1.188	1.210	1,9
Halle/Saale	300	254	-15,2	-10	-39	134	107	-19,9
Magdeburg	273	235	-14,0	-11	-30	125	122	-3,0
Thüringen	2.546	2.449	-3,8	-108	-4	1.084	1.076	-0,7
Gera	130	115	-11,7	-6	-11	60[c]	59	-1,7
Jena	104	100	-3,7	-3	-2	46[c]	44	-4,3
Neue Länder insgesamt	14.385	13.943	-3,0	-625	95	6.132	6.310	2,9

Quelle: Franz 2001: 30

a Städte wie Erfurt. Leipzig oder Dresden, die im betrachteten Zeitraum besonders starke Gebietszuwächse verzeichneten, sind hier nicht berücksichtigt.
b Stand: 1995.
c Stand: 1997.

Länder insgesamt von einem Bevölkerungsverlust von 12-17 Prozent (je nach Szenario) bis zum Jahr 2030 aus. Der geringste Rückgang der Bevölkerung wird für die Region Berlin-Brandenburg erwartet (6-9 Prozent), der stärkste für Sachsen-Anhalt (über 25 Prozent). Die anderen neuen Bundesländer werden nach dieser Prognose bis 2030 ca. 20 Prozent ihrer Einwohner verlieren (DKB 2000).

In diesen Berechnungen sind die überproportionalen Sterbeüberschüsse und die unterproportionalen Wanderungsgewinne aus dem Ausland sowie weitere "leichte" Binnenwanderungsverluste gegenüber den alten Bundesländern zugrundegelegt. Auf längere Sicht ungünstig wirken sich dabei die bevorzugten Abwanderungen junger, mobiler, dynamischer und haushalts- bzw. familienbildender Menschen, insbesondere auch junger Frauen im gebärfähigen Alter von 20 bis 44 Jahren aus.

Bislang werden die Bevölkerungsrückgänge – bezogen auf die Gesamtheit der neuen Bundesländer – noch durch Veränderungen der Haushaltsgrößenstruktur und den daraus resultierenden Anstieg der Zahl der Haushalte kompensiert. Die Zahl der Privathaushalte hat sich in Ostdeutschland seit 1991 sogar um rund 400.000 erhöht (Franz 2001: 29f.). Allerdings wird die Zahl der Haushalte etwa ab dem Jahr 2015 – wenn sich die beschriebenen demographischen Veränderungen durch das Fehlen von Personen im haushaltsbildenden Alter äußern werden – langfristig und dauerhaft sinken (Kommission 2000: 39-42).

1.3 Stadt-Umland-Wanderungen auf Kosten der Groß- und Mittelstädte

In den Groß- und Mittelstädten der neuen Länder sinkt die Bevölkerungszahl seit etwa Mitte der 90er Jahre schneller und stärker als der Landesdurchschnitt. Grund dafür sind z.T. arbeitsplatzbedingte regionale Bevölkerungsverschiebungen, vor allem aber wohlstandsbedingte Binnenwanderungen aus den Kernstädten heraus in neu erschlossene Eigenheimgebiete im Umland der Städte. Die so entstandenen erheblichen *Suburbanisierungsprozesse* wurden bereits seit Beginn der 90er Jahre durch eine entsprechende Wohnungs-, Bauland- und Steuerpolitik des Bundes und der Länder gefördert, entgegen gleichzeitigen Bemühungen um eine nachhaltigere Stadt- und Regionalentwicklung (Rio-Prozess, Habitat II, Urban 21). Der Suburbanisierungsanteil an den Wanderungsverlusten beträgt zum Beispiel in Chemnitz 51 Prozent, in Zwickau 66 Prozent und in Meißen sogar 78 Prozent (Buttolo 2001).

Sind größere Umlandwanderungen im Ergebnis des Übergangs von der staatszentralistischen Wohnungs- und Städtebaupolitik der DDR zu einem mehr oder weniger "freien" Wohnungsmarkt durchaus folgerichtig und nachvollziehbar, so erhält diese Tendenz zu zunehmender "Zersiedelung" mit dem gleichzeitig erfolgenden erheblichen Schrumpfen der Kernstädte eine bisher nicht da gewesene Brisanz, die zu empfindlichen

Störungen bzw. Gefährdungen des traditionellen "Gleichgewichtes" zwischen Bestand und Nachfrage auf dem Wohnungsmarkt, Nutzung und Leerstand sowie Funktion, Struktur und Gestalt der Städte führen muss. Die Zeichen dieser Entwicklung sind heute in vielen Städten bzw. Stadtregionen Ostdeutschlands bereits unübersehbar. Sie werden an Schärfe zunehmen, wenn einer solchen Entwicklung nicht bereits kurzfristig und wirksam entgegengesteuert wird (Kommission 2000).

1.4 Wachsender Wohnungsleerstand

Die Tendenz zu einer weiteren Spaltung des Wohnungsmarktes in Ost und West ist in absehbarer Zeit nicht aufzuhalten. Die sinkende Bevölkerungszahl führt, zusammen mit der stattgefundenen Neubautätigkeit, zu einem erhöhten Wohnungsleerstand.

Zusammengefasst spricht man seit 1999/2000 von derzeit ca. *einer Million leerstehender Wohnungen* im Osten Deutschlands. Grundlage dieser Angabe ist der Mikrozensus 1998. Es muss aber davon ausgegangen werden, dass die Leerstandszahlen inzwischen weiter angestiegen sind und noch weiter ansteigen (vgl. Beitrag Liebmann/Haller in diesem Band). Ein dem Mikrozensus 1998 vergleichbares, repräsentatives Datenmaterial liegt allerdings gegenwärtig nicht vor.

Der Leerstand verteilt sich wie folgt:

Brandenburg	ca. 100.000 WE	8,6 %
Mecklenburg-Vorpommern	ca. 100.000 WE	12,2 %
Sachsen	ca. 400.000 WE	17,0 %
Sachsen-Anhalt	ca. 184.000 WE	14,2 %
Thüringen	ca. 110.000 WE	9,8 %

Nach einer von "empirica" vorgenommenen Auswertung des Mikrozensus 1998 verteilen sich die Leerstandsquoten in Deutschland auf folgende Gebäudetypen:

Ein- und Zweifamilienhäuser	7,1 %
Klein- und vorstädtische Geschosswohnungen	24,5 %
Innerstädtische Geschosswohnungen	32,9 %
DDR-Wohnungsbau	8,4 %
Neugebaute Geschosswohnungen	15,4 %

Forschungs- und Entwicklungsprogramm 17

Auf den Gesamtbestand bezogen beträgt der Leerstand 13,2 Prozent. (Keinem dieser Gebäudetypen zugeordnet sind Wohnungen in Wohngebäuden mit 3-6 Wohnungen in den Baualtersklassen 1949-90; hier liegt der Leerstandsanteil nach Angaben der Kommission 2000 bei 11,7 Prozent.) Darüber hinaus stehen derzeit keine neueren Zahlen zum Gesamtbestand zur Verfügung.

1.5 Komplexer Handlungsbedarf der Städte

Leerstand von Wohnraum und das Bemühen um seine Eindämmung ist aber nur *ein* Teil der Probleme, die sich aus den Schrumpfungsprozessen der ostdeutschen Städte ergeben. Mit dem Rückzug von Bevölkerung aus vormals dicht bebauten Stadtgebieten verbinden sich eine Reihe anderer, teilweise sehr schwieriger Herausforderungen, auf die es derzeit vielfach noch kaum eine Antwort gibt:

- Sicherung der sozial-kulturellen *Infrastruktur* trotz ständigen Leerlaufs bestehender Einrichtungen, z.B. Kitas, Schulen, Gesundheitsdienste u.a.,
- Gewährleistung einer wirtschaftlichen bzw. nachhaltigen *Energieversorgung* der Stadtteile bei rückläufigen Anschlusszahlen und Verbrauchskapazitäten,
- Gewährleistung eines ausreichend hohen technisch-hygienischen Standards in der *Wasserversorgung und Abwasserableitung* bei sinkender Fliessgeschwindigkeit bzw. sinkendem Durchsatz,
- Unterhaltung wirtschaftlich betreibbarer Systeme des *öffentlichen Personen-Nahverkehrs*, der postalischen und sonstigen Dienstleistungen,
- Sicherstellung von Einrichtungen für den täglichen Bedarf (*Einzelhandel*).

Im Prinzip geht es derzeit um einen umgekehrten Verlauf früherer Wachstums- und Verdichtungsprozesse.

Aus der Sicht der Expertenkommission werden als "Folgerungen und Empfehlungen" folgende neue Herausforderungen an die Stadtentwicklungspolitik in Ostdeutschland formuliert: "Der Bevölkerungsrückgang und seine Folgen, die schon entstandenen Überschussbestände sowie die Anpassungszwänge in der sozialen, kulturellen oder technischen Infrastruktur, bei gleichzeitig expandierenden Neubaugebieten an der Peripherie und im Umland, konfrontieren die Städte mit völlig neuen politischen Aufgaben. Die eingetretene unabsehbare Entwicklung bedroht die Städte in ihrer Substanz als europäische Städte! Für die neue Aufgabe gibt es keine Erfahrungen und keine Beispiele und auch keine erprobten Problemlösungsstrategien oder Realisierungserfahrungen. Es kommt deshalb vor allem darauf an, bei Bundes-, Landes- und Kommunalpolitikern das Bewusstsein für die neuen Herausforderungen zu schärfen und die Akteure einschließlich der betroffenen Bürgerschaft für die Konsequenzen zu sensibilisieren." (Kommission 2000: 54)

Die folgenden Vorschläge zeigen auf, welche Beiträge durch anwendungsbezogene Forschungen und darauf aufbauende Programme bzw. Beratungen zur sachgerechten Erwiderung auf diese Herausforderungen geleistet werden können.

2 Elemente eines wissenschaftlichen Bezugsrahmens

2.1 Zur Sprachregelung

Die problematische Entwicklung der ostdeutsche Städte lässt sich mit Hilfe unterschiedlicher Begriffe markieren; sie entstammen mehreren unterscheidbaren Denkrichtungen.

a) *"Schrumpfung"*: Diesem Begriff liegt ein quantitatives Wachstums- und Gleichgewichtsmodell zu Grunde. Wenn Städte nach ausgewählten Kennziffern, vor allem nach der Einwohnerzahl, kleiner werden, liegt "negatives Wachstum" vor; sie schrumpfen. Damit wird oft die Befürchtung verbunden, dass durch verschiedenartige Schrumpfungen eine ehedem erreichte Balance zwischen Ausstattungen und Nutzern verloren gehen könnte. "Schrumpfung" ist allerdings nicht zwingend negativ bewertet. In den ostdeutschen Städten ist gegenwärtig eine Kennzeichnung als "Schrumpfung" in begrenztem Umfang vertretbar, da jedoch nicht, wo das logisch vorausgehende Wachstum ebenso wie die vorausgesetzte Balance nicht erreicht worden sind.

b) *"Kontraktion"*: Diesem Begriff liegt ein zyklisches Modell zu Grunde. Im Verlauf ihrer Entwicklung werden Städte größer und bedeutsamer, aber nach einer Phase der Stärke in nahezu organischer Weise auch wieder kleiner und schwächer, denn die sich wandelnde Gesamtentwicklung bringt wieder andere Städte als wesentliche Träger dieser Entwicklung hervor. Gelingt es, ein alternatives Profil zu entwickeln, können Städte in einen neuen Zyklus eintreten. Diese Kennzeichnung kann nur unter Vorbehalt bei den ostdeutschen Städten angewandt werden, da die vorherige Expansionsphase nur in wenigen Fällen, vor allem bei den DDR-Neugründungen oder bei dynamischen Großstädten der Vorkriegszeit, z.B. Leipzig, stattgefunden hatte.

c) *"Stagnation":* Mit diesem Begriff soll sowohl im Wachstums- und Gleichgewichtsmodell als auch im Zyklusmodell eine immer wieder auftretende Zwischen- oder Übergangsphase gekennzeichnet werden, die strukturdominant weder entwicklungsdynamische noch regressive Elemente aufweist. Damit lässt sich unserer Meinung nach die derzeit beobachtbare Situation in vielen ostdeutschen Städten zutreffend charakterisieren. Es zeigt sich aber auch, dass Merkmale einer Stagnation einer Einbettung in eines der dynamischen Modelle bedürfen, weil sie sonst nicht befriedigend interpretiert werden können.

d) *"Niedergang":* Dieser Begriff folgt einem Krisen-Modell. Vor allem die ökonomische und auf andere Weise materiell verfasste Tragfähigkeit von Städten unterliegt nach Phasen des Aufstiegs einem dramatischen Verfall; sie vermögen ihren Bewohnern keine Existenzsicherung mehr zu garantieren. Es handelt sich nicht nur um quantitative Veränderungen, auch nicht um Zyklen, sondern um einen Strukturbruch. Vereinzelt, jedoch nicht durchgängig wird diese Kennzeichnung für die ostdeutschen Städte als zutreffend erachtet; dies gilt vor allem für die ehemaligen Industrie- oder Militärstädte.

Eine Entscheidung zugunsten eines dieser Leitbegriffe erscheint nicht zwingend. Jedoch sollte bei den einzelnen Konzipierungen von Projekten angegeben werden, welchem dieser Grund-Modelle man (aus welchen Gründen) folgen möchte.

Zusätzlich bedarf es einiger geeigneter normativer Begriffe. Der hier verwendete Leitbegriff *"Regenerierung"* soll im Sinne einer positiven Intentionalität die – unterschiedlich zu akzentuierende – Problemdefinition mit den für hilfreich erachteten Handlungsperspektiven in Beziehung setzen. Mit dem Wort Regenerierung soll gleichzeitig der Anklang von "Erholung" und "Erstarkung" eines komplexen Systems verbunden werden. Zusammen besagt dies: Wer von "Regenerierung" spricht, hält eine Neubestimmung der ostdeutschen Städte und ihrer künftigen Entwicklungen trotz verschärfter Probleme für möglich.

Hingegen entstammt der Begriff *"Stadtumbau"* der politisch-symbolischen Rhetorik. Es ist verständlich, dass Politik und Verwaltung eine Sprachregelung bevorzugen, die das Problem als handhabbar erscheinen lässt. Hiermit wird ein Feld bezeichnet, in dem – vor allem durch investive Maßnahmen – gehandelt und gesteuert werden kann. Die Wissenschaft ist bestrebt, solche Bezeichnungen in einen breiteren, reflexiven Zusammenhang einzubetten, zumal durchaus fraglich ist, ob gerade durch Umbau-Maßnahmen die zugrundeliegenden Probleme auf nachhaltige Weise gelöst werden können.

2.2 Historische Einbettung

Obwohl die ostdeutsche Situation wegen der spezifischen Transformationsprozesse in der Tat eine Sonderstellung einnimmt, erscheint es doch wichtig, die generellen Aspekte der Schrumpfungsprozesse in historische Zusammenhänge zu bringen und auf diese Weise zu relativieren. Dies ermöglicht den Transfer von Erfahrungswissen und trägt partiell zur Entdramatisierung bei.

Das europäische Städtesystem weist, trotz aller Aufstiege und Niedergänge, insgesamt ein erstaunliches Beharrungsvermögen auf. Es waren jedoch immer wieder, insbesondere mit Beginn der Industrialisierung, Phasen zu verzeichnen, in denen ganze Landstriche durch wirtschaftlichen Niedergang und damit verbundene Entvölkerungsprozesse geprägt waren. Wenn sich die wirtschaftlichen Kräfte im Raum neu formieren, entstehen neue leistungsstarke Regionen, aber ebenso neue strukturschwache periphere Regionen. Die Städte sind häufig Motor oder Kern dieser Umstrukturierungen. Gegen Peripherisierungen vermögen sie allerdings wenig auszurichten; sie scheinen keine starken Bollwerke zu sein. Das liegt zum einen an den von der Gesamtentwicklung abhängigen Kommunalfinanzen, zum anderen an der schwachen örtlichen Bindung der lokalen Wirtschaft, zum dritten an der im Zweifel steigenden Bereitschaft der Einwohner, der Stadt den Rücken zu kehren. So ist es immer wieder dazu gekommen, dass Städte wegen der Schrumpfungen ihre ehemalige Stellung, aber auch ihre Fasson verloren haben. Da es historisch jedoch auch Beispiele von Städten gibt, die trotz erheblichen Niedergangs überlebt und ihre Identität bewahrt bzw. neu gefunden haben, sollte den Bedingungen für eine erfolgreiche Behauptung ihrer Lebensfähigkeit mehr Aufmerksamkeit gewidmet werden.

Mit der Schwächung des Agrarsektors gingen umfangreiche Schrumpfungen in ehemals tragfähigen ländlichen Regionen einher. In Deutschland galt dies ab Mitte des 19. und während des 20. Jahrhunderts für Norddeutschland und (bis 1945) die Ostprovinzen, aber auch (bis etwa 1970) für größere Teilräume in Bayern, Baden-Württemberg und Rheinland-Pfalz; hinzu kamen die so genannten Zonenrandgebiete zwischen 1949 und 1990. In den DDR-Bezirken galten bis 1989 Sonderbedingungen (landwirtschaftliche Großbetriebe, industrielle Strukturpolitik, Ausreiseverbot). Ähnliche Schrumpfungen, jedoch zum Teil drastischer ereigneten sich in weiten Teilen Südeuropas, Frankreichs, Großbritanniens und Skandinaviens. Die Industriezonen wirkten wie ein Sog gegenüber dem "flachen Land", das bisherige Funktionen einbüßte. Eine Kompensation dieses Aderlasses hing von der industriellen Produktivität und der Bereitschaft zur regionalen Umverteilung ab. Auf diese Weise konnten, solange wirtschaftliches Wachstum möglich war, viele negative Folgen der Schrumpfungen aufgefangen werden. Stadthistoriker berichten, dass während der Industrialisierung zwischen 1880 und 1907 ca. 675.000 Menschen in die Rheinprovinz und ca. 610.000 in die Provinz Westfalen kamen. Die meisten, überwiegend jüngere Männer, stammten aus dem Osten Deutschlands (Reulecke 1985).

Ab 1970, mit Einsetzen der Wachstumskrise, begann für viele Städte in der westlichen Bundesrepublik eine weitere Schrumpfungsphase. Jetzt zeigte sich, dass nach 1945 viele Städte nur durch Aufnahme von Flüchtlingen und Vertriebenen ihre Einwohnerzahl stabil halten konnten. Überhaupt ist daran zu erinnern, dass die eigene demographische Entwicklung innerhalb der Städte nur selten zur Aufrechterhaltung einer stabilen Bevölkerungszahl ausreicht. Gerade die ehemaligen Industriezentren mussten nun in einen schmerzhaften Umbruchprozess eintreten. Ähnliches gilt wiederum für die anderen Industriezonen Europas, vor allem der Montanindustrie. Im Verlauf des so genannten Süd-Nord-Gefälles verloren vor allem norddeutsche Städte (und insbesondere die altindustriellen Regionen) von 1975 bis 1982 zwischen 3 und 4 Prozent ihrer Bevölkerung und zwischen 4 und

5 Prozent der Beschäftigtenzahl. In der westlichen Bundesrepublik insgesamt blieben in diesem Zeitraum die Zahlen in etwa konstant (Häußermann/ Siebel 1987). Ein Gegengewicht konnten allerdings solche Städte ausbilden, die Dienstleistungszentren, kulturelle Zentren oder Verwaltungszentren waren – und die mit Hilfe staatlicher Förderung den Zugang zu den technologischen Innovationen schafften, wie z.B. Hamburg.

Die europäische Stadtgeschichte zeigt, dass Städte in Abhängigkeit von grundlegenden Neuformationen der Ökonomie aufsteigen und wachsen, aber auch niedergehen und schrumpfen können. Sie können zudem in Abhängigkeit von großflächigen Katastrophen (Kriegen, Epidemien u.ä.) zerstört werden und so in eine Spirale des Niedergangs geraten. Die Kunst besteht darin, die Bedingungen und die besondere Verlaufsform der Schrumpfungen bzw. Kontraktionen zu ermitteln, um die Chancen für Stabilisierungen (auf niedrigerem Niveau) ausfindig zu machen.

2.3 Zur Logik eigendynamischer Prozesse

Ein häufiger Fehler gegenüber komplexen Situationen besteht darin, von linearen Trendentwicklungen auszugehen. Weil manche Faktoren in den zurückliegenden Jahrzehnten in einem gewissen Umfang angestiegen waren, neigen Fachleute dazu, dies auch für die Zukunft so anzunehmen. Dabei wird vielfach von einer erheblichen Steuerbarkeit solcher Entwicklungen ausgegangen. So war und ist selbstverständlich auch die Erwartung an die Entwicklung der ostdeutschen Städte seit 1990 auf einen (wenn auch allmählichen) Zuwachs an Stabilität und Wohlstand gegründet, und es galt als ausgemacht, dass die Politik über Steuerungsinstrumente verfügt, um diesen Zustand auch herbeiführen zu können. Seit 1997 wissen wir, dass es sich hierbei um einen Trugschluss handelte.

Mit dem Eintritt krisenhafter Situationen und schwindender Steuerbarkeit richtet sich die Aufmerksamkeit deutlicher als zuvor auf die damit verbundenen Defizite. Jetzt empfiehlt sich der Blick auf eigendynamische Prozesse, die offenbar der politischen Lenkung zu entgleiten drohen. Wenn es keine linearen Trends mehr gibt, erhebt sich die Frage nach den Ursachen, den Verlaufsformen und der Aufrechterhaltung einzelner realer Vorgänge. Dazu können mit Hilfe des sozialwissenschaftlichen Konzepts eigendynamischer Prozesse hypothetische Aussagen gewonnen werden, die im Falle der ostdeutschen Städte überprüft werden müssten. Insbesonre bedürfen Analysen von Prozessen zirkulärer Stimulation zwischen Akteuren, d.h. des wechselseitigen Aufschaukelns von Verhaltenswirkungen und von dadurch ausgelösten wechselseitigen Verstärkereffekten, einer genaueren Untersuchung. Offenbar setzen problematische Entwicklungen nicht "aus heiterem Himmel" ein, sondern sie beginnen nach und nach und könnten bis zu einem gewissen Punkt möglicherweise konterkariert werden. Dies setzt aber die Kenntnis der Vorgeschichte sowie deren rechtzeitige Beachtung ebenso voraus wie die Identifizierung der relevanten Variablen und die Chance zur Intervention. Auch sollte besser verstanden werden, wie sich die zirkuläre Stimulation ihrerseits auf das Verhalten der wichtigen Akteure auswirkt. So könnte zum Beispiel das Entstehen einer Negativspirale davon abhängig sein, dass Wohnungsunternehmen Konkurs anmelden, die Entsorgung nicht mehr aufrechterhalten werden kann, Einrichtungen für den täglichen Bedarf wegbrechen, der öffentliche Raum vernachlässigt wird und die Kommunen im Hinblick auf diese Themen unterfinanziert sind – und alle dies gleichzeitig und in wechselseitiger Verstärkung. Andererseits wird man aber immer wieder feststellen, dass solche Negativprozesse auch von neuen Aktivierungs- und Wachstumselementen durchdrungen sind. Doch diese sind womöglich nur schwach ausgeprägt oder werden zu wenig bemerkt, um sich strukturell auswirken zu können. Durch Modellierungen – dies als Anregung für die Forschung – könnte versucht werden, jene kritischen Punkte einzugrenzen, bis zu deren Erreichen eine Stärkung dieser schwachen Gegenkräfte oder das Ergreifen von Gegenmaßnahmen noch erfolgversprechend erscheinen, jenseits derer allerdings eine Negativspirale einsetzt, die in ihrer sich selbst verstärkenden Eigendynamik nur äußerst schwer gestoppt werden kann.

Die Eigendynamik der Stadt-Prozesse ist keineswegs nur hausgemacht, sondern wird zusätzlich durch externe Wirkungskräfte (Impacts) beeinflusst. Zu denken ist insbesondere an Förderprogramme (EU, Bund, Land), an raumordnerische bzw. landesplanerische Vorgaben, an Strategien von Investorengruppen und Geldinstituten, an Richtlinien überörtlicher Behörden (z.B. Arbeitsämter). Daraus entsteht die Aufgabe, die Einwirkung derartiger externer Kräfte in die Modellierung der eigendynamischen Prozesse zusätzlich einzubauen. Voraussetzung für solche Modellierungen ist die Etablierung eines laufenden Beobachtungssystems, das alle wesentlichen Indikatoren (vor allem solche der kritischen Variablen) erfasst, und ein theoretisches

Konzept über die wesentlichen Interdependenzbeziehungen zwischen den Variablen. Im allgemeinen handelt es sich um System-Zusammenhänge. Das Konzept der eigendynamischen Prozesse ist in seiner Konsequenz ergebnisoffen und in normativer Hinsicht eher neutral. Auch wenn wir durch Studien mehr von dieser Eigenlogik der Veränderungen verstehen können, so muss das Bild der zukünftigen ostdeutschen Städte doch neu bestimmt werden; die bisherigen Erkenntnisse sprechen für einen tiefgreifenden Strukturwandel.

2.4 Zeitverläufe und synchrones Handeln

Wissenschaftler und andere Fachleute können, projiziert auf Teilräume, Daten sammeln, die Auskunft über aktuelle Trends geben. Sie tun sich jedoch schwer damit, die zeitliche Dimension in den Blick zu nehmen, Phasen der Problemgenerierung auszumachen, gegenwärtige Phänomene in Zeitabläufe und "Karrieren" einzureihen und vor allem Aussagen über künftige Entwicklungen zu bilden. Manches lässt sich erst im Rückblick erkennen. Das hängt damit zusammen, dass wir die oft komplexen Funktionen zwischen den relevanten Variablen nicht kennen, vor allem wenn sie exponentieller Natur sind. Wir neigen in diesen Fällen zu einer "Strukturextrapolation", d.h. wir stellen uns die künftigen Zustände strukturähnlich zu den gegenwärtigen vor. Das bleibt natürlich unbefriedigend.

Eine typische Haltung gegenüber System-Zusammenhängen besteht darin, mit einer vermeintlich zentralen Handlung zu beginnen und im Anschluss daran eventuell weitere Maßnahmen – je nach Ressourcen - folgen zu lassen. Nach dem Motto: "Eins nach dem anderen." Meistens gibt es ein dominantes Motiv, das die Auswahl einer solchen Handlungsweise bestimmt. Die Wissenschaft verfügt jedoch über zahlreiche empirische Beispiele dafür, dass auf diese Weise gerade der Systemcharakter des Problems verkannt wird und so zwingend Resultate mit (unbeabsichtigten) negativen Folgen entstehen. Man kann allgemein sagen, dass es zu falschen Handlungsempfehlungen führt, wenn man in einem Systemkontext so operiert, als handle es sich um voneinander unabhängige Teilsysteme. Derartige unerwünschte Effekte können in Simulationsprogrammen sichtbar gemacht werden.

Hilfreich ist es hingegen, anhand einiger typischer Beispiele die ihnen gemeinsamen Merkmale herauszuarbeiten und daraus ein provisorisches Abbild der wechselseitigen Wirkungszusammenhänge zu konstruieren. Das Handeln ist dann wenigstens probeweise "konditioniert", die Chance, negative Handlungseffekte zu vermeiden oder früh zu erkennen, steigt dadurch an. Mehrere Handlungsschritte können zeitgleich vorbereitet, in ihren Interdependenzen geprüft und ggf. parallel durchgeführt werden. Das Handeln bedarf der Einbindung in solche Kontexte, und es muss sich den sich ändernden Kontexten laufend anpassen. Das ist gewiss anspruchsvoll und stellt die Praxis der Kommunalpolitik vor neue Aufgaben, denn dazu bedarf sie der Kontexte der laufenden Beobachtung (siehe oben), und die Akteure müssen sich auf die fließenden Bedingungen einstellen. So entsteht strategisches Handeln.

Komplexe Probleme erzeugen Unsicherheit. Diese wird durch verstärktes Sammeln von Informationen "bekämpft" (in Zeiten der "Informationsgesellschaft" erlebt dieses Vorgehen eine Hochkonjunktur) oder aber durch blinden Aktionismus. Letzteres gewinnt die Oberhand, wenn die Situation so definiert wird, dass ein starker Zeit- oder Handlungsdruck entsteht; das ist in zahlreichen ostdeutschen Städten der Fall. Ad-hoc-Lösungen sind jedoch selten nachhaltig wirksam. Das Ganze wird zu einem Lotteriespiel: Aktionismus scheint zwar für Handlungsfähigkeit zu sprechen, kann jedoch selten tatsächliche Abhilfe schaffen; leider gilt dies auch für zahlreiche finanzielle Programme. Verbreitet sind zudem die Flucht in wohlvertraute Handlungsfelder, wo man zuständig ist und seine Instrumente einzusetzen weiß, oder aber – seltener – die Flucht ins Grundsätzliche, das einen der unmittelbaren Konfrontation mit der Realität enthebt. Die Lehre daraus: Zeitdruck sollte nicht *über* das strategische Vorgehen gestellt werden. Hilfreich sind hingegen öffentlichkeitswirksame Signale, in deren "Schatten" dann sorgfältige Lösungen ausgearbeitet werden können.

2.5 Städtische Kreativität als Fähigkeit zu städtischer Transformation

In den 80er und 90er Jahren sind in Europa zahlreiche Experimente mit neuen Konzepten der Stadtentwicklung durchgeführt worden. Barcelona, Helsinki, Glasgow, Rotterdam, Dublin, Zürich, Wien, Strasbourg, Berlin (IBA), Emscher-Park (IBA), Karlsruhe, Freiburg zählen zu den Städten, die offenbar einen Weg fanden, wie sie sich die ökonomische und die soziale Entwicklung für die eigene Stadtentwicklung zunutze machen konnten. Eine Auswertung der dabei gemachten Erfahrungen zeigt, dass diese Städte – obwohl es auch Schattenseiten gibt – einige positive Gemeinsamkeiten aufweisen: Sie schlugen einen ähnlichen Entwicklungspfad ein, der vor allem geprägt war von einer breit getragenen Führungsstruktur, von einer engen Verknüpfung öffentlicher, privater und freiwilliger Sektoren, von mutigen (zum Teil finanziell riskanten) Initiativen und von einer Aktivierung kultureller Ressourcen. Die entscheidenden Akteure verfügen über einige besondere Qualitäten: Sie sind geistig wach und offen, bereit zu Risiken und Experimenten, konzentriert auf ein strategisches Vorgehen mit langfristigen Zielen, interessiert an der Mitwirkung höchst unterschiedlicher lokaler Gruppen bzw. Organisationen und bereit zum Hinhören und Lernen. Dies zusammen, verstanden als städtische Kreativität, bildet anscheinend eine zentrale positive Voraussetzung für die Anbahnung einer Stadtentwicklung unter problematischen Ausgangsbedingungen.

Einige deutsche Erfahrungen sprechen dafür, dass es gerade kleineren und mittleren Städten gelingt, einen geeigneten und leistungsfähigen Verbund von lokalen Akteursgruppen zu bilden. So hat zum Beispiel die ostdeutsche Stadt Leinefelde in Thüringen (15.000 Einwohner) mit Hilfe eines Städtebaulichen Entwicklungskonzepts sowohl eine gute Zusammenarbeit mit der Wohnungswirtschaft, eine gute Akzeptanz der künftigen Nutzer als auch eine Imageverbesserung erzielen können.

Hinzuweisen ist, neben einigen kognitiven Voraussetzungen der handelnden Personen, insbesondere auf die *Ressource Kultur*. Ein entscheidender kritischer Punkt besteht offenbar darin, den Zyklus der Schrumpfung und des Niedergangs dadurch zu durchbrechen, dass das "Alleinstellungsmerkmal" der betreffenden Stadt reaktiviert wird. Über die Stadt Huddersfield (Nordengland, 130.000 Einwohner) wird berichtet, dass sie auf diese Weise ihre einzige reaktivierbare Ressource erkannte: nämlich die in ihr lebenden und arbeitenden Menschen mit ihrer Intelligenz, ihren Wünschen, Motivationen, Vorstellungen, Fähigkeiten und ihrer Kreativität (Creative Town Initiative Huddersfield, vgl. Landry 2000). Weitere kulturelle Ressourcen bestehen im Potenzial der vorhandenen Kultur-Industrien (einschließlich der öffentlichen Angebote) und in der Einbindung der kulturellen Identität und des historischen Erbes in die Zukunftskonzepte. Kulturelle Ressourcen bilden zusammen ein "urban asset", ein Potenzial, das auch aus scheinbaren Schwächen Stärken zu gewinnen ermöglicht. Sollte es gelingen, mit diesem kulturellen Vermögen zu wuchern, lassen sich dann Konzepte für die Regenerierung der Stadt entwickeln.

Die bisherigen Erfahrungen in den ostdeutschen Städten sind in dieser Hinsicht noch unbefriedigend. Im letzten Jahrzehnt, so unsere Beobachtung, sind ehemalige kulturelle Identitäten in den Hintergrund gedrängt worden, da sie nicht der offiziellen "neuen" Rhetorik entsprachen. Auf der "Höhe der Zeit" angesiedelte Bestandteile städtischer Identität, die als Folge der Transformationsprozesse zu begründen wären, fehlen aber meist noch. Ihr Entstehen ist zudem geschwächt durch den spürbaren Verlust an "Humankapital", vor allem dadurch, dass gerade jüngere und kreative Menschen diejenigen ostdeutschen Städte verlassen, in denen sie kaum noch Zukunftschancen sehen. Die so zu diagnostizierende Leerstelle erklärt vielleicht den großen Erfolg der Förderprogramme für einen städtebaulichen Denkmalschutz; er allein kann jedoch nicht als Quelle kultureller Identität dienen. Es wird deshalb wichtig sein, entsprechende Zustandsbeschreibungen der gegenwärtigen Identitätslagen vorzunehmen und die Chancen für eine Stärkung einer breit verstandenen und modernisierten Stadtkultur auszuarbeiten.

Wenn wir Kreativität und andere kulturelle Ressourcen hervorheben, heißt das, dass wir die Städte nicht als Maschinen sondern als Organismen verstehen. Wird das zum tragenden Element der gemeinsamen Aufgabe Stadt-Regenerierung, dann verlagert Stadtpolitik ihren Schwerpunkt von der physischen Infrastruktur zur Städte-Dynamik und zur Lebensqualität der Stadtbewohner. Das bedeutet nicht, dass städtebauliche Maßnahmen keine Rolle spielen, aber sie werden eingebunden in ein breiteres Verständnis von Regenerierung: als ein (sich) selbst-tragender Prozess, der den Menschen (legitimierte) Gelegenheiten zur Entfaltung und Mitgestaltung eröffnet, wodurch erst eine stärkere Basis für eine spätere Wettbewerbsfähigkeit der Stadt erwachsen kann.

3 Politik der Städte unter veränderten Vorzeichen

Auf den ersten Blick scheint es so, als seien die ostdeutschen Städte in den gegenwärtigen Situationen lediglich Objekt und Bühne von übergreifenden Prozessen, auf deren Kräfte, räumliche Schwerpunkte und Verlaufsformen sie so gut wie keinen Einfluss haben. Doch manche Probleme sind hausgemacht, und auch bei einem Übergewicht externer Ursachen bleibt (in einem konstruktiven Sinne) die Frage nach dem Subjektcharakter der einzelnen Städte wie ihres Zusammenhangs zu stellen. Sind sie handlungsfähig, und in welchem Systemzusammenhang bewegen sie sich? Die Politik der Städte muss unter Beachtung der geänderten Bedingungen neu formuliert werden.

- Als Antwort auf die Verluste und Fragmentierungen stellt sich den Städten die Aufgabe, auf neue Weise ein *eigenes Profil* zu suchen. Dazu zählen Besinnungen auf vorhandene oder wieder zu belebende (evtl. aus Schwächen zu gewinnende) Stärken sowie die Neuformulierung von Leitbildern, die zunächst ohne den Anspruch auf Wachstum auskommen. Doch sollte nicht erwartet werden, dass sich derartige Konzepte in vollem Konsens ergeben. Die Phase der Perspektiven-Findung bedarf eines längeren, breiten, kontroversen Diskurses, dem allerdings verbindliche Entscheidungen der Verantwortlichen folgen sollten. Zudem sind die Leitgedanken von vornherein in einen breiteren regionalen Kontext einzubetten; dadurch kann auch die besondere Rolle der einzelnen Stadt für die Region in den Blick genommen werden. Solitäre Lösungen werden immer seltener.

  Zur Profilsuche und –schärfung gehört zudem die Frage, inwieweit die betreffende Stadt Merkmale und Qualitäten eines "place-making" aktivieren kann. Mit "Platz" sind hier dichte, lebendige Begegnungs-, Austausch- und Ereignisräume gemeint. Beispielsweise lässt sich von Städten als Einkaufsplätzen, Tourismusplätzen oder Wohnplätzen sprechen. In einem solchen Sinne verkörpern sie eine kulturelle lokale Eigenart, enthalten aber auch translokale Elemente, die integriert werden müssen.

- In den Städten sollte ein Prozess der *Zielformulierung* organisiert werden. Dabei reicht die Benennung allgemein wünschenswerter Zustände (Wachstum, Wohlfahrt) oder von negativen Vermeidungszielen nicht aus. Die Weisheit von Lichtenberg: "Ob es besser wird, wenn es anders wird, weiß ich nicht, dass es aber anders werden muss, wenn es besser werden soll, weiß ich!" sollte zwar gewürdigt, aber auch überschritten werden. Es bedarf daher der Ausarbeitung operationalisierbarer und klarer Teilziele, die in eine Reihenfolge nach Prioritä-

ten, Dringlichkeit und Realisierbarkeit zu bringen sind. Generell sind solche Teilziele von Vorteil, für deren Erreichen viele verschiedene Möglichkeiten von operativem Handeln (und mit guten Erfolgsaussichten) ergriffen werden können.
Der Prozess der Zielfindung verläuft weder ohne Konflikte noch ohne Widersprüche. Vertreten unterschiedliche Akteursgruppen voneinander abweichende Auffassungen über Teilziele, Prioritäten oder Dringlichkeit, empfiehlt es sich, über transparente Verfahren (Stadtforum, Runde Tische, Lokale Agenda Gruppen) eine tragfähige und verbindliche Entscheidung vorzubereiten. Dabei muss auch der Systemcharakter, d.h. die wechselseitige Bedingtheit der Teilziele geklärt werden. Gegenüber komplexen Situationen – und die mit Schrumpfungsprozessen verbundenen Probleme zählen dazu – kann man nicht nur *ein* Ziel anstreben. Strebt man nur *ein* Ziel an, handelt man sich sehr wahrscheinlich andere Missstände ein, da die Mittel zur Zielerreichung zu einseitig eingesetzt werden. Manchmal hilft schon eine Unterscheidung nach zentralen und peripheren Problemen, um eine Zielauswahl zu erleichtern. Widersprechen sich Teilziele eindeutig, sind Kompromisse als Lösung häufig unbefriedigend; es könnte besser sein, die widersprüchlichen Teilziele in eine klare Rangfolge zu bringen oder (noch besser) das Handlungssystem so neu zu formulieren, dass die negativen wechselseitigen Abhängigkeiten verschwinden.
Wir wissen bisher nicht, ob und wie im Fall der ostdeutschen Situationen solche Zielklärungen erreichbar sind. Die im Rahmen eines derzeit laufenden Wettbewerbs innerhalb des Programms "Stadtumbau Ost" zu erbringenden Stadtentwicklungs-Konzepte werden dazu genaueren Aufschluss geben.

- Die städtischen Akteure können, trotz aller Verluste und Schwächen, auf einen Ausbau geeigneter *Wissensmilieus* setzen. Dahinter steht die These, dass mehr und qualifiziertes Wissen eher die Fähigkeit zur Entwicklung von Problemlösungen stärken kann. Dazu zählen zum einen Informationssysteme (vor allem solche, die für die laufende Beobachtung der neueren Trends wichtig sind, ebenso für das präventive Erkennen künftiger Problemverschärfungen und Krisen). Sodann gehört hierzu das Erschließen zusätzlicher Wissensquellen (Kreativität und Visionen seitens vielfältiger Bewohnergruppen) samt der thematischen

Aufbereitung solcher Kenntnisse; mit Wissensbörsen und Wissens-Werkstätten gibt es bereits gute Erfahrungen. Es sollte – soweit Pilotprojekte den aktiven Beitrag solcher Institutionen aufzeigen können – organisiert werden, dass dieses (bewertete) Wissen in die Planungskonzepte und Politikformulierungen Eingang finden kann. Das IRS führt derzeit ein Grundlagenprojekt zum Themenfeld der Wissensmilieus im Zusammenhang mit Konzepten der Stadtentwicklung durch. Dadurch werden sich die Bedingungen für die Wirksamkeit solcher Milieus und ihrer institutionellen Kapazität genauer eingrenzen lassen.

Untrennbar damit verbunden ist in den Städten die Sicherstellung hinreichender Qualifizierungs-Angebote. Städte sind nach wie vor die Orte für Bildung, Ausbildung und Kultur; als solche vermögen sie auszustrahlen und mit diesem Potenzial auch eine reflexive Selbstverständigung zu betreiben. Da die sogenannte Pisa-Studie viel Staub aufgewirbelt hat, ist in den kommenden Jahren mit mehr Unterstützung für neue Bildungsvorhaben im städtischen und regionalen Zusammenhang zu rechnen (vgl. auch das BMBF-Programm "Lernende Regionen"). Hohe Arbeitslosigkeit kann niemals ein Grund dafür sein, in dieser Hinsicht passiv zu bleiben.

- Die neue Politik der Städte braucht die dafür geeigneten *Akteurgruppen*. Längst kann Kommunalpolitik nicht mehr allein von Stadtverordnetenversammlung, von Bürgermeistern und Amtsleitern gemacht werden. Stadtpolitik ist erweiterte lokale Politik. Die Akteurgruppen sollten sich vor allem durch die Bereitschaft, neue Wege zu denken und zu beschreiten, auszeichnen.
  In der planungstheoretischen Diskussion spielt neuerdings vor allem das Konzept der "stakeholders" eine zentrale Rolle. Damit sind vor allem wirtschaftliche Akteure gemeint, die sich für die Belange der Stadt engagieren wollen, seien es einheimische Gewerbetreibende und Geldinstitute, seien es externe Unternehmen, die in ihrem lokalen Engagement mittelfristige Vorteile sehen (die keineswegs nur monetärer Art sein müssen). Weitere "stakeholders" sind Kultur- und Wissenschaftseinrichtungen, Persönlichkeiten des öffentlichen Lebens, Verbände, Bürgerschaftsgruppen (auch von Ausländern), Stiftungen, Nichtregierungs-Organisationen u.ä. Es wird zu einer zentralen Auf-

gabe, herauszufinden, wie solche "stakeholders" mehr als bisher für die Arbeit an der Stadt gewonnen werden können.

Mit einem Konzept von "urban governance" lassen sich die erweiterten Akteurskreise hinsichtlich der daraus entstehenden Steuerungsaufgaben besser fassen als mit dem herkömmlichen Instrumentarium der kommunalen Selbstverwaltung. Vor allem die Koordination von Handeln, das im Grunde genommen von eigenständigen Akteuren betrieben wird, stellt neue Anforderungen an ein Stadtmanagement. Dass es dabei immer auch um die Stärkung der lokalen Demokratie geht, dass gerade in Krisenzeiten mehr bürgerschaftliches Engagement und eine wache und aktive städtische Öffentlichkeit (einschl. der lokalen Medien) gebraucht werden, bedarf keiner weiteren Begründung, obwohl nicht verkannt wird, dass eine Ermutigung zu zivilgesellschaftlichen Aktivitäten schwer fällt, wenn sich die Probleme wie Mehltau auf das öffentliche Leben legen.

- Welche *Arbeitsformen* können die neue Politik der Städte wirkungsvoll befördern? Manchmal unverzichtbar, als "Lösung" jedoch verhängnisvoll erscheinen jene Rezepte, die im Sinne eines Reparaturdienstes für konkrete Situationen eingesetzt werden. Dazu gehört zum Beispiel die Fassadenerneuerung, um die Chancen zur Neuvermietung bei Wohnungsleerstand zu erhöhen, oder die verstärkte Förderung der Bildung von Wohneigentum in der Hoffnung, dadurch die Zahl der Wegzüge reduzieren zu können. Ein solches Vorgehen nach einer "auf der Hand" liegenden Mängelliste sagt nichts über die Relevanz der ausgewählten Probleme aus, ganz zu schweigen von einem Bezug zu den komplexen Zielen der künftigen Stadtentwicklung.
Vielleicht sollte man an anderen Stellen ansetzen (und dabei den Systemkontext beachten), die nicht so offen zu Tage liegen. Das macht die Auswahl und die Prioritätensetzung von Maßnahmen zur anspruchsvollen Aufgabe. Hier spielen selbstverständlich die mobilisierbaren Ressourcen eine zusätzliche Rolle. Im übrigen wird das Vorgehen freier und flexibler, wenn von vornherein mitbedacht wird, welche Merkmale der Situation man *beibehalten* möchte, falls eine bestimmte Maßnahme ergriffen wird.
Hilfreich sind in erster Linie
a) Pilotprojekte, die neues Wissen ermöglichen, ebenso
b) vielfältige Formen des Erfahrungsaustauschs der Städte unterein-

ander, um kollektive Lernprozesse in Gang zu setzen; zudem sollten auch

c) neue Handlungskonzepte entstehen, und zwar vor allem als integrierte und zielorientierte Bündelung unterschiedlicher und interdependenter Arbeitsschritte.

Unserem Eindruck nach ist seitens der Projekte des Bundesamtes für Bauwesen und Raumordnung (BBR) bisher vor allem an diesen Punkten zur Problemlösungssuche angesetzt worden. Mit dem IRS-Bericht zum Ressortforschungsvorhaben "Integrierte wohnungswirtschaftliche und städtebauliche Konzepte zur Gestaltung des Strukturwandels auf dem Wohnungsmarkt der neuen Länder – Dokumentation von Best-Practice-Beispielen" vgl. BMVBW 2001 liegen dazu erste Teilergebnisse und Erfahrungen vor. Darauf aufbauend sollten anschließend beispielhafte Strategien des (erweiterten) Stadtumbaus einschließlich der dabei entwickelten Konzepte untersucht werden, um weitere Empfehlungen für verbesserte Handlungsschritte zu gewinnen. Wichtig wäre es, den Stellenwert und die Reichweite solcher Vorhaben konkret zu definieren, damit sichtbar wird, welche anderen Aspekte und Fragen noch unbearbeitet bleiben.

4 Forschungsbedarf (ausgewählte Themen)

Die folgenden Vorschläge für Forschungsthemen bilden konzeptionell eine Einheit. Es sollte vermieden werden, Grundlagenforschung gegen angewandte Forschung auszuspielen, obwohl sich die Themen hinsichtlich ihrer Allgemeinheit und ihrer Reichweite unterscheiden.

a) Analysen und laufende Beobachtungen

- Schrumpfende Städte als Resultat der ökonomischen Transformationsprozesse (Grundlagen-Projekt auf der Makro-Ebene; erhofftes Ergebnis: Relevanz einzelner externer Bestimmungsfaktoren);
- Historische Erfahrungen mit Antworten auf Prozesse des Schrumpfens/der Kontraktion/des Niedergangs von Städten:
  a) in Deutschland, b) in anderen europäischen Regionen; erhoffte Ergebnisse: Rekonstruktion von Abläufen ("Karrieren"); Bedingungen

für erfolgreiche Stabilisierungen und Regenerierungen;
- Potenziale ökonomischer Veränderungen zur Regenerierung ostdeutscher Städte: New Economy, Neue Technologien, Neue Arbeitswelt, Informations- und Wissensgesellschaft, Erlebnis-/Fun-Gesellschaft in ihren regionalisierten Ausprägungen einerseits, stadtregionale Ökonomien mit Orientierung an lokalen Dienstleistungen und Importsubstitution andererseits; erhofftes Ergebnis: wirtschaftliche Bedingungen als Teil einer neuen Strukturpolitik;
- Analyse der schrumpfenden Städte anhand des Konzepts der eigendynamischen Prozesse; Erarbeitung von Aussagen zur zirkulären Stimulation, zu positiven und negativen Verstärkereffekten, zum Auffinden kritischer Schwellenwerte;
- Sekundäranalyse zu vorhandenen Forschungsergebnissen a) aus der Hochschul-Forschung, b) aus der außeruniversitären Forschung, c) aus der Ressortforschung, d) aus vergleichbaren Forschungen des europäischen Auslands;
- Muster eines laufenden Beobachtungssystems zu Schrumpfungsprozessen, insb. unter Beachtung der Zeitdimension (Problemgenerierung, Problemabläufe und –interdependenz, künftige Problementwicklungen); vorgeklärt werden muss die Frage der Problemdefinition; Entwickeln von Handlungsempfehlungen zur Vermeidung von Strukturextrapolationen;
- Entwicklung von Simulationsprogrammen über Lerneffekte bei verknüpfter Ausarbeitung von Problemlösungen gegenüber Schrumpfungsprozessen; daraus Modelle für die Konditionierung von Handeln; Beratung von Akteuren über den Umgang mit interdependenten und fließenden Bedingungen sowie über die Abkehr von Ad-hoc-Lösungen.

b) Grundlagen für Konzepte

- Teilstudien in Form von Modellvorhaben, best practices, Arbeitshilfen, Beratungskonzepten u.ä., bezogen vor allem auf folgende Aspekte (Teilaspekte dieser Themen sind in laufenden Ressortprojekten in Arbeit):
  - Schritte zur eigenen Profilsuche
  - Schritte zur Zielformulierung und Lösung von Zielwidersprüchen

- Aufbau und Nutzung von Wissensmilieus, insbesondere Entwicklung eines kognitiven und strategischen Instrumentenkastens und einer Innovationsmatrix (mit deren Hilfe eigene Projekte im Sinne eines "benchmarking" eingeschätzt werden)
- Begleitforschungen zu den Umbau-, insbesondere Investitionsmaßnahmen in ihren Folgen für die städtebauliche Integration, die örtliche Infrastruktur sowie die Wohnungswirtschaft und die weitere Stadtökonomie
- Aufbau eines Indikatorensystems für gelingende kreative Stadt-Regenerierung
- Anwendung des "stakeholder"-Konzepts und des "urban governance"-Konzepts auf die regenerierende Politik der Stadtentwicklung in konkreten Beispielstädten bzw. Stadtregionen; Ausarbeitung von Bedingungen für eine Stärkung der lokalen Demokratie, einschl. der gezielten Förderung von Bildungs- und Lernprozessen;
- Entwicklung von veränderten Finanzierungsmodellen (weniger staatliche Förderprogramme mit Abhängigkeiten, mehr kommunale Eigenverantwortung durch Globalzuweisungen);
- Durchführung von Wirkungsanalysen bzw. Erfolgskontrollen.

Die Existenzsicherung der ostdeutschen Städte ist eine Aufgabe jenseits des Ressortzuschnitts. Die arbeitsteilige Konzipierung und die finanzielle Förderung des hier vorgeschlagenen Programms stehen daher in der Verantwortung mehrerer Ressorts und Fachgruppen; ebenso sind hiervon mehrere Ebenen der Kontextsteuerung wie der Förderpolitik berührt, bis hin zu den Programmen der EU-Kommission.

Um die Wirksamkeit des vorgeschlagenen Forschungs- und Entwicklungsprogramms zu unterstreichen, wird angeregt, dass die Bearbeiter der an einzelnen Studien dieses Programms beteiligten Einrichtungen eine gemeinsame Arbeitsgruppe bilden, an der auch Vertreter der Politik/Verwaltung und der Städte mitwirken sollen. Ein Verbund der raumwissenschaftlichen Leibniz-Einrichtungen oder auch eine der dem Arbeitsfeld nahestehenden Stiftungen könnte die Koordination einer solchen Arbeitsgruppe übernehmen und sich darüber hinaus mit einem verbesserten Transfer in die Praxis befassen.

5 Beratungsbedarf

Bei den örtlichen Akteuren besteht ein hoher Orientierungs- und Beratungsbedarf. Im einzelnen lassen sich die bisherigen Überlegungen hierzu, vor allem in Formulierungen der Expertenkommission und der Politiker, wie folgt charakterisieren:

a) Im Bericht der Expertenkommission "Wohnungswirtschaftlicher Strukturwandel in den neuen Ländern" wurden erste Empfehlungen an die ostdeutsche Stadtentwicklungspolitik formuliert. Darin heißt es u.a.:

"Die städtebaulichen Umwälzungen und der Strukturwandel in der Wohnungswirtschaft zwingen zu einer neuen integrierten Herangehensweise. Für die erforderliche Planungssicherheit im Schrumpfungsprozess sollten umgehend *integrierte Stadtentwicklungskonzeptionen* erarbeitet werden, die alle Gebietstypen umfassen.

Auf Basis solcher integrierter Entwicklungskonzepte müssen dann für die einzelnen Teilgebiete mit Überschussbeständen konkrete Rückbaukonzepte erarbeitet werden, bei denen die Städte zusammen mit den Wohnungseigentümern Entscheidungen zum Umgang mit dem Bestand, Leerstand, Beräumung und Weiterverwendung der geräumten Grundstücke/Flächen treffen.

Abriss-/Rückbaumaßnahmen sollten stets mit Aufwertungen verbunden sein. Nur so kann der Umgang mit den rapide anwachsenden Leerstandsproblemen in Ostdeutschland eine Chance für die Zukunft dieser Städte werden." (Kommission 2000: 54)

b) An anderer Stelle wird dort ausgeführt:

"In Ostdeutschland geht es schon jetzt und künftig darum, Schrumpfung zu steuern. Das ist für Städte und Gemeinden eine neue, immens schwierige Aufgabe. Sie müssen eine realistische und ganzheitliche Neubewertung der Entwicklungsmöglichkeiten der Standorte vornehmen und neue Methoden der Zusammenführung der öffentlichen Belange und der betroffenen wirtschaftlichen Interessen sowie der Investitionspotenziale der Marktteilnehmer entwickeln. Dabei sind die regionalen Zusammenhänge zu berücksichtigen.

Bei der Erfüllung dieser neuen, großen Aufgabe brauchen die Städte und Gemeinden in Ostdeutschland die *finanzielle und gesetzgeberische Unterstützung des Bundes und der Länder.* Als Instrument für diese Aufgabe sollten die Städte einen *neuen Typus der Stadtentwicklungsplanung* konzipieren und praktizieren. Das erfordert u.a. eine nüchterne Prognose der Bevölkerungs- und Haushaltsentwicklung, eine Analyse der Leerstände und des zu erwartenden Wohnungsbaus, insbesondere im Eigentumssektor. Darauf gestützt, müssen eine Abschätzung der erforderlichen Abrisse, eine Bestimmung der zur Aufwertung vorgesehenen Altbauten, der Flächenbedarfe für die Eigentumsbildung und ihre Verortung erfolgen sowie Verwertungskonzepte der freigelegten Flächen entwickelt werden." (Kommission 2000: 8)

c) Beispielhaft sind für *Sachsen* folgende Aufgaben formuliert worden:

"Die integrierten Stadtentwicklungskonzepte beinhalten den Denkansatz, dem wir folgen müssen, damit wir den erforderlichen Stadtumbau in den Städten erfolgreich durchführen können. Wie bereits dargestellt, müssen in großem Umfang unter wohnungspolitischen, aber auch unter städtebaulichen und stadtentwicklungspolitischen Gesichtspunkten Umbau- und Rückbaumaßnahmen im Bereich der Wohnungsbausubstanz, der Industrie und des Gewerbes und der militärischen Flächen, der Post und der Bahn getätigt werden. Stadtentwicklung wird sich als weitgreifendes Management des Stadtumbaus vollziehen.

Daraus ergibt sich die Notwendigkeit, klare Entwicklungsziele festzusetzen und deren Umsetzung auf räumliche Prioritäten, d.h. auf Standorte mit guten Entwicklungsvoraussetzungen zu konzentrieren und die Spielräume, die sich durch den Rückbau ergeben, für eine deutliche Qualitätsverbesserung insbesondere für das Wohnen in der Stadt zu nutzen. Dies wird uns vor allem dann gelingen, wenn wir offen werden für fachübergreifendes Denken, d.h. facheigene Strategien müssen *fachübergreifenden Strategien* weichen. Nur über diesen integrativen Handlungsansatz und unter gesamtstädtischen Betrachtungen sind Entwicklungsprioritäten und Umsetzungsstrategien so festzulegen, dass sie die notwendige Effizienz in der Stadtentwicklung erreichen." (Buttolo 2001)

Mit den "integrierten Stadtentwicklungskonzepten" wird eine Forderung der in Betracht kommenden EU-Programme aufgegriffen, so dass auf diese Weise günstige Voraussetzungen für EU-Fördermittel geschaffen werden sollen. Diese Zusammenstellung zeigt, dass der Beratungsbedarf entsprechend der Sichtweise und des verfügbaren Instrumentariums der Politik bzw. der Experten formuliert wird. Der hier gewählte Bezugsrahmen (siehe Ziff. 2 und 3) und das skizzierte Forschungs- und Entwicklungsprogramm (siehe Ziff. 4) ermöglichen eine erweiterte Beurteilung der bisherigen Empfehlungen; die jetzt ergriffenen Arbeitsschritte und Maßnahmen bedürfen der Auswertung, laufenden Beobachtung und Evaluierung. Gezielter Beratungsbedarf ist insbesondere zu Fragen der Neuorientierung, der Kooperation, der Politikformulierung, der Berücksichtigung sozio-kultureller Besonderheiten sowie der Stadtmarketing- und Finanzierungskonzepte zu vermuten.

Zur Konzipierung und Durchführung der Beratungen bieten sich grundsätzlich zwei Vorgehensweisen an:

a) Die zu beratenden örtlichen Akteure werden von Anfang an in die Durchführung der einzelnen Studien, soweit die betreffenden Städte als Untersuchungsstädte ausgewählt werden können, einbezogen. Dieser Beratungstyp wäre optimal und garantiert einen weitgehenden Transfer der zu erarbeitenden Ergebnisse.

b) Einrichtungen der raumwissenschaftlichen Forschung, soweit sie an dem hier vorgeschlagenen Programm mitwirken, bieten auf der Grundlage des dabei angesammelten Wissens (insbesondere auch komparativer Art) zusätzlich Dienstleistungen gegenüber den Kommunen an. Sie schlagen dazu geeignete Arbeitsformen vor (Workshops, Foren, Fortbildungskurse etc.). Solche Dienstleistungen müssten zusätzlich finanziert werden.

Literatur:

[BMVBW] Bundesministerium für Verkehr, Bau- und Wohnungswesen (Hrsg. 2001): Stadtumbau in den neuen Ländern. Berlin

Buttolo, Albrecht (2001): Umbau der sächsischen Städte – integrierte Stadtentwicklung im Zusammenhang regionaler Entwicklungen. Vortrag am 22.1.2001 im Sächsischen Landtag. Dresden

[DKB] Deutsche Kreditbank AG (Hrsg. 2000): Perspektiven des Wohnungsmarktes in Ostdeutschland. Berlin

Dörner, Dietrich (13. Aufl. 2000): Die Logik des Misslingens. Strategisches Denken in komplexen Situationen, Reinbek

Häußermann, Hartmut; Siebel, Walter (1987), Neue Urbanität, Frankfurt a.M.

Herfert, Günter (2001): Stadt-Umland-Wanderungen nach 1990. In: Institut für Länderkunde (Hrsg.): Nationalatlas Bundesrepublik Deutschland, Bd. 4, S. 116-119

Franz, Peter (2001): Leerstände in ostdeutschen Städten: Keineswegs nur ein wohnungspolitisches Problem. In: Wirtschaft im Wandel 2/2001, S. 27-34

Keim, Karl-Dieter (2001): "Aufbau Ost". Schrumpfende Städte, peripherisierte Regionen. In: Schader Stiftung (Hrsg.): Wohnwandel. Szenarien, Prognosen, Optionen zur Zukunft des Wohnens. Darmstadt

Kempe, Wolfram (2001): Neuer Trend in der Bildungsstruktur der Ost-West-Wanderung? In: Wirtschaft im Wandel 9/2001, S. 205-210

Kommission (2000): Bericht der Kommission "Wohnungswirtschaftlicher Strukturwandel in den neuen Bundesländern". Im Auftrag des Bundesministeriums für Verkehr, Bau- und Wohnungswesen, Bonn

Landry, Charles (2000): The Creative City. A Toolkit for Urban Innovators, London

Mayntz, Renate (1997): Soziale Dynamik und politische Steuerung, Frankfurt/New York; darin: Eigendynamische soziale Prozesse, S. 86-114

Reulecke, Jürgen (1985): Geschichte der Urbanisierung in Deutschland, Frankfurt a.M.

Rietdorf, Werner (2001): Gefahren für die Städte. In: Der Gemeinderat, Heft 5, S. 10/11

Rietdorf, Werner (2001): Stadtumbau als Antwort. Reaktion auf schrumpfende Städte in den neuen Bundesländern. In: DEMO. Die Monatszeitschrift für Kommunalpolitik, Heft 9, S. 60/61

Statistisches Bundesamt (2000): Bevölkerungsentwicklung Deutschlands bis 2050. Ergebnisse der 9. Koordinierten Bevölkerungsberechnung. Wiesbaden

Thierse, Wolfgang (2001): Fünf Thesen zur Vorbereitung eines Aktionsprogramms für Ostdeutschland (Januar 2001)

[VDH] Verband deutscher Hypothekenbanken (2000): Trends der Bevölkerungsentwicklung und ihr Einfluss auf den Bedarf an Wohnraum. Immobilien Focus Nr. 2. Bonn

Hans-Joachim Bürkner

Schrumpfung und Alltagskultur: Blinde Flecken im Stadtumbau-Diskurs

1 Der Schrumpfungs- und Umbaudiskurs – losgelöst von der Alltagswelt?

Gesellschaftliche Umbrüche fordern oft erst mit erheblicher zeitlicher Verzögerung zum politischen Handeln heraus, dann aber umso nachhaltiger. Über ein Jahrzehnt haben Abwanderung, Geburtenrückgang und ökonomische Krise in Ostdeutschland der Stadtentwicklung immer engere Grenzen gesetzt und die nach der Vereinigung aufkeimende Entwicklungseuphorie nach und nach gedämpft. Jetzt scheint es keinen anderen Ausweg mehr zu geben: Die Städte müssen umgebaut, ihre Struktur muss an die demographischen Entwicklungen angepasst werden. Der Eindruck der Unausweichlichkeit täuscht nicht – allerdings weniger in Bezug auf die faktischen Problemlagen als vielmehr hinsichtlich der politischen Choreographie der Bewältigung städtischer Entwicklungskrisen. Ob es der Wohnungsmangel im Nachkriegsdeutschland (West) war, die nachfolgende Phase der Stadtsanierung, die Zuwanderung von Aussiedlern und Flüchtlingen in den 80er Jahren oder die Auswirkungen der postsozialistischen Transformationskrise auf die Entwicklung der ostdeutschen Städte: Die Probleme wurden lange ignoriert und dann – sehr spät - mit Hilfe von kurzfristigen Aktionsprogrammen angegangen. Angesichts der vermeintlichen Dramatik der Krisenentwicklung wird üblicherweise der Ruf nach technokratischen Lösungen laut, vorzugsweise mit Hilfe staatlich finanzierter Maßnahmen.

Es deutet einiges darauf hin, dass sich das scheinbar Unausweichliche auch in Bezug auf die aktuellen Bevölkerungsrückgänge in Ostdeutschland wieder ereignet. Die Bundesregierung hat jüngst das Programm "Stadtumbau Ost" aufgelegt, die Bundesländer haben Förderprogramme entwickelt, allerorten werden Krisenszenarien und neue Stadtentwicklungsprogramme entworfen. In den öffentlichen Diskursen spiegeln sich – nach einer Periode der Problemverdrängung – die Stoßrichtungen der strukturbezogenen Handlungskonzepte wider: einerseits das Bestreben, die Schrumpfungssymptome zu dämpfen, anderseits das Bemühen, mit möglichst wenig Aufwand zu Strukturanpassungen zu kommen.

Allem guten Willen zum Trotz: Technokratische Problemlösungen allein sind meist nicht von langer Dauer und zudem in vielerlei Hinsicht unbefriedigend. Die Monotonie und Unwirtlichkeit des westdeutschen sozialen Wohnungsbaus der 50er und 60er Jahre legt davon ein ebenso beredtes Zeugnis ab wie die Kahlschlagsanierung der Innenstädte in den 60er Jahren oder die schroffe "Füllung" leerstehender Wohnungsbestände mit neuen Migranten in benachteiligten städtischen Wohnquartieren der 80er und 90er Jahre. In all diesen Fällen wurden die sozialen und kulturellen Kontexte der "Umbauten" auf der lokalen Ebene zu wenig beachtet. Die Logik der Lösung von materiellen Verteilungsproblemen des Wohnungsmarktes, die als Folge von ökonomischen und demographischen Umbrüchen entstanden waren, erwies sich als weitgehend blind gegenüber den Eigenheiten der lokalen Soziokulturen, sozialen Konflikten, soziokulturellen Ortsbindungen und den differentiellen Raumansprüchen der jeweils ortsansässigen und zugewanderten Gruppen.

Deutet sich im Schrumpfungsdiskurs, aber auch in den "harten" Umbauprojekten, die derzeit auf den Weg gebracht werden, eine Wiederholung vergangener Planungs- und Steuerungssünden an? Müssen in Ostdeutschland nach einem Jahrzehnt der Angleichung "harter" Strukturen im Rahmen des deutschen Einigungsprozesses nicht gerade diejenigen Probleme ins Visier von Politikern und Planern rücken, die von materiellen Umbaumaßnahmen nicht oder zumindest nicht direkt erreicht werden? Und müssen nicht die Folgen dieser Umbauten für lokale Soziokulturen viel stärker beachtet werden, als dies bislang der Fall gewesen ist?

Um einige (vorläufige) Antworten auf diese Fragen zu finden, sollen im Folgenden zunächst die strukturellen bzw. materiellen Problemdimensionen des städtischen Bevölkerungsrückgangs skizziert werden. Anschließend wird ein bislang vernachlässigter Problembereich erkundet: die Auswirkungen ökonomischer Krisen und demographischer Veränderungen auf die lokale Alltagskultur. Aus der Diskussion der hier sichtbar werdenden Problembezüge werden Anforderungen an und Handlungsperspektiven für neue integrierte Politikansätze abgeleitet.

2 Bislang thematisierte und ausgeblendete Problemaspekte

2.1 Demographie

Zunächst also ein Blick auf die dominanten Problemdefinitionen und die zugehörigen Argumentationsstrukturen in den öffentlichen und sozialwissenschaftlichen Stadtentwicklungs-Diskursen. In den öffentlichen Debatten wird Schrumpfung derzeit vor allem mit Bevölkerungsverlusten in Ostdeutschland in Verbindung gebracht; teilweise wird der Eindruck erweckt, als handle es sich um ein spezifisches Transformationsproblem. Grundsätzlich ist der Rückgang städtischer Bevölkerung jedoch kein neues und erst recht kein genuin ostdeutsches Problem, wie ein kurzer Blick auf die Nachkriegsgeschichte Westdeutschlands zeigt. Ökonomisch periphere Regionen und ihre Städte sind dort in den 60er und 70er Jahren zyklisch von Abwanderungswellen betroffen gewesen. Seit den 80er Jahren stand wenigen Aufsteigerregionen und -städten in Süddeutschland eine zunehmende Zahl von stagnierenden und schrumpfenden Städten in den anderen Regionen der Bundesrepublik gegenüber (Friedrichs et al. 1986). Überlagert wurde dieser großräumige Trend von neuen innerregionalen Disparitäten: Wachsende soziale Mobilitäten der Stadtbevölkerung, Knappheit von nachfragegerechtem Wohnraum in den Kernstädten und Selbstverstärkungsdynamiken der Suburbanisierung haben in den 70er und 80er Jahren zur demographischen Ausdünnung und zum Attraktivitätsverlust der Innenstädte sowie zur Aufwertung des Stadtumlands beigetragen. So konnten Häußermann und Siebel (1988) bereits vor geraumer Zeit die "schrumpfende Stadt" als – damals neuen – städtischen Entwicklungstypus ausrufen und auf diesbezügliche soziale Probleme und strukturelle Schieflagen hinweisen.

Der Verdienst dieser frühen Konzeptualisierungsversuche liegt vor allem darin, dass der Versuchung, demographisch fassbare Prozesse (vor allem regionale Mobilität) monokausal erklären zu wollen (z. B. ausschließlich mit Hilfe demographischer Faktoren), souverän widerstanden wurde. Im Gegenteil, es wurde nachdrücklich auf den engen Zusammenhang von gesamtgesellschaftlichen Entwicklungsbrüchen und ihren lokalen Verarbeitungsformen hingewiesen (Häußermann/Siebel 1988, S. 88 f.). Damit wurden Positionen abgesteckt, die zwischenzeitlich in den politisch-planerischen sowie teilweise auch in den wissenschaftlichen Schrumpfungsdiskursen wieder verlorengegangen zu sein scheinen. In den öffentlichen Debatten Ostdeutschlands wird allgemein der natürliche Bevölkerungsrückgang als zentrales Problem anerkannt. Genauer gesagt, geht es um ein mit der politischen Wende schlagartig verändertes generatives Verhalten, das sich mit dem Übergang der ostdeutschen Bevölkerung in neue, flexibilisierte Arbeitswelten, der Entwicklung veränderter Konsumorientierungen, veränderten Rollen von Frauen im Erwerbsleben und der geringen materiellen Attraktivität der Kindererziehung erklären ließe (Beck-Gernsheim 1997, Hullen 1998). Weniger intensiv diskutiert werden hingegen Mobilitätsprozesse, die vor allem in regional variierenden, in der Regel aber durchweg hohen Abwanderungsraten aus den ostdeutschen Städten zum Ausdruck kommen. Abgesehen davon, dass Migrationsdiskurse in Ostdeutschland derzeit ohnehin mit negativen Erwartungshaltungen gekoppelt sind, führt die Thematisierung von Abwanderungen in bestimmten Entwicklungskontexten regelhaft in politische Erklärungsnöte und wird daher gemieden. Auf der Ebene der Makroregionen betrifft die Abwanderung vor allem Stadtregionen mit geringer Entwicklungsdynamik und akuter Peripherisierungsgefahr (z. B. die Städte im deutsch-polnischen Grenzraum). Die Stadtregionen selbst sind in den vergangenen Jahren von Suburbanisierungsprozessen erfasst worden, deren quantitativen Größenordnungen und politisch unerwünschten Folgen für die Kernstädte erst mit Verzögerung in den lokalen Öffentlichkeiten sichtbar geworden ist.

Wenn schon demographische Faktoren für den Kern des Schrumpfungsproblems gehalten werden, so ist es unumgänglich, ihre Verknüpfung zu diskutieren. Es ist nämlich die spezifische Überlagerung von nach 1990 plötzlich einsetzenden natürlichen Bevölkerungsrückgängen aufgrund sinkender Geburtenraten und hoher Abwanderungsdynamik, die das Besondere an der Schrumpfung in Ostdeutschland ausmacht (vgl. Münz/ Ulrich 1993/94, Birg 2001). Derartige Überlagerungen sind im 20. Jahrhundert in Europa nicht allzu häufig aufgetreten. Geburtenrückgänge sind in Westeuropa in der Regel langfristigen säkularen Trends gefolgt, wie sie etwa durch das Modell der Zweiten demographischen Transition abgebildet werden (Bähr 1997, S. 230 f.; vgl. Dorbritz 2000).

Charakteristisch für Ostdeutschland ist auch, dass die negative natürliche Bevölkerungsentwicklung und hohe Abwanderungsraten nicht durch Zuwanderungen ausgeglichen werden. Während in Westdeutschland im zeitlichen Verlauf insgesamt positive jährliche Wanderungssalden überwiegen, haben sich nach einer größeren Abwanderungswelle zu Beginn der 90er Jahre in Ostdeutschland Zu- und Abwanderung gegen Mitte der 90er Jahre in etwa die Waage gehalten– zuwenig, um den kumulativen Bevölkerungsrückgang entscheidend dämpfen zu können. Seit 1998 sind negative Wanderungssalden mit wachsender Tendenz zu beobachten (vgl. die Überblicksdarstellung bei Werz 2001).

Für Stadtentwicklungsprozesse sind allerdings nicht nur globale demographische Entwicklungstrends und interregionale Wanderungen von Belang, sondern vor allem auch die kleinräumige Bevölkerungsmobilität. In Ostdeutschland hat der "nachholende" Suburbanisierungsschub der 90er Jahre für erhebliche Bevölkerungsverluste in den Kernstädten zugunsten des Umlandes gesorgt. Spätestens bei der Analyse der Ursachen der ostdeutschen Suburbanisierung wird deutlich, dass "Schrumpfung" nicht allein mit demographischen Ursachen zu erklären ist. Migrationen ins Stadtumland sind immer selektiv. Es sind vor allem Familien und Besserverdienende, die ein Eigenheim oder eine Wohnung mit hohem Wohnwert im suburbanen Raum anstreben. Und es sind vor allem Einkommensschwache und Ältere, die in den Kernstädten zurückbleiben (Harth/Herlyn 1996) – häufig in den mittlerweile unbeliebten Plattenbausiedlungen des sozialistischen Wohnungsbaus, die sich nun meist Seite an Seite, aber ohne soziale und strukturelle Verbindungen mit neuen Eigenheimsiedlungen wiederfinden. Ausschlaggebend sind also neue soziale Mobilitäten, zunehmende soziale Disparitäten, die Veränderung von Lebensstilen und Wohnbedürfnissen im Überschneidungsfeld von Transformation und Globalisierung, individuelle Reaktionen auf lokal und regional variierende Arbeitsmarktbedingungen in der Transformationskrise usw. Sind Abwanderungen und nachfolgende Wohnungsleerstände erst einmal eingetreten, so sorgen ausgedünnte Infrastrukturen, zerbröckelnde Nachbarschaften und die zunehmende soziale Stigmatisierung der verbliebenen Quartiersbewohner für eine Selbstverstärkung der Abwanderungstrends.

2.2 Ökonomie

Ältere sozialwissenschaftliche Schrumpfungsdiskurse haben den ökonomischen Verursachungszusammenhängen und gesellschaftlichen Umbruchfaktoren besondere Aufmerksamkeit geschenkt (s. Häußermann/ Siebel 1988). Allerdings sind ökonomische Faktoren wie z.b. die Durchsetzung flexibler Produktionsmodelle damals hauptsächlich in nationalstaatlichen Zusammenhängen thematisiert worden. Die Folgen von Globalisierungsprozessen für die Stadtentwicklung wurden erst in den 90er Jahren auf breiter Basis diskutiert. Mittlerweile ist dank Global-City-Forschung (Sassen 1994, Hitz u.a. 1995) und Untersuchungen zu Prozessen der "Mikro-Globalisierung" (Noller 1999, Dürrschmidt 2000) mehr Licht in die Dynamik von lokalen Restrukturierungsprozessen gekommen, lebensweltliche Veränderungen eingeschlossen. Unter dem Aspekt der Schrumpfung ist jedoch hier bislang kaum systematisch geforscht worden.

Was sich im wissenschaftlichen Diskurs als prinzipiell schließbare Forschungslücke präsentiert, genießt im politisch-öffentlichen Diskurs gegenwärtig noch den Status einer argumentativen Tabuzone. Der "Schrumpfungsdiskurs" in Ostdeutschland blendet ökonomische Globalisierungsprozesse und gesellschaftliche Transformationsprobleme als treibende Kräfte der demographischen Veränderungen weitgehend aus. In der Tat sind ihre Wirkungen oft nicht einfach zu rekonstruieren geschweige denn in politischen Argumentationszusammenhängen differenziert zu benennen. Hinzu kommt allerdings auch, dass sich in vielen ostdeutschen Kommunen eine Mauer des Schweigens in Bezug auf die lokalen Auswirkungen krisenhafter Wirtschaftsentwicklungen herausgebildet hat. Befürchtungen, dass sich das Image einer Stadt verschlechtern könnte, wenn das wahre Ausmaß der Probleme beim Namen genannt wird, treffen dabei mit politischer Ohnmacht angesichts der geringen wirtschaftspolitischen Spielräume zur Behandlung der lokalen Transformationsfolgen zusammen. Spätestens seit der auf Bundesebene kontrovers diskutierten Einschätzung des Bundestagspräsidenten Wolfgang Thierse, dass die ostdeutschen Regionen wirtschaftlich "auf der Kippe" stünden (Thierse 2001), hat der politische Druck auf die lokalen Akteure eher zu- als abgenommen. Für die Lokalpolitik ist es in diesem diskursiven Kontext allemal aussichtsreicher, auf globale Krisen oder die natürliche Bevölkerungsentwicklung – als Ausdruck höherer Gewalt – zu verweisen als etwa auf lokale Krisen auf dem Arbeitsmarkt, die in den eigenen Zuständigkeitsbereich fallen und mit eindeutigen Handlungsaufforderungen seitens der eigenen Bevölkerung verknüpft sind. Umso wichtiger für die Erarbeitung künftiger Entwicklungsszenarien erscheinen daher sozialwissenschaftliche Ursachenanalysen, die die lokalen bzw. regionalen ökonomischen Ursachen von Schrumpfungsprozessen gezielt in den Blick nehmen.

Zumindest was den Aspekt der räumlichen Bevölkerungsmobilität im Zusammenhang mit Schrumpfungsprozessen angeht, spielt die ökonomische Attraktivität von Regionen eine herausragende Rolle als Erklärungsfaktor. Die relativ geringe Attraktivität der ostdeutschen Regionen für Zuwanderer steht in unmittelbarem Zusammenhang zur anhaltenden Transformationskrise. Außer in wenigen dynamischen Industriekernregionen (z.B. Dresden und Leipzig), die allerdings weiterhin mit Hilfe von massiven Subventionen gestützt werden müssen, ist das Arbeitsplatzangebot quantitativ zu gering und sektoral meist zu einseitig, um potenziellen Binnen- und Fernwanderern entscheidende Anreize zu bieten. Niedrigere Lohnniveaus als in Westdeutschland tragen ein Übriges dazu bei, dass der chronische Attraktivitätsüberhang der westdeutschen Ballungszentren nicht kompensiert werden kann. Da globale ökonomische Akteure (z.B. transnationale Unternehmen) kaum in die ostdeutschen Regionalökonomien eingebettet sind und unterkapitalisierte, kaum vernetzte ostdeutsche Klein- und Mittelunternehmen häufig isoliert von den *global players* agieren, bleibt die bereits früh installierte duale Struktur der Wirtschaft (s. Grabher 1994) mit ihren krisenhaften Entwicklungstendenzen auf absehbare Zeit erhalten. Hinsichtlich der Ausprägung der wanderungsbeeinflussenden Faktoren sind daher auch künftig kaum Veränderungen zu erwarten.

Innerhalb der Stadtregionen hat die Ansiedlung von neuen ökonomischen Funktionen im suburbanen Raum im Verein mit der fortschreitenden Verlagerung von Gewerbe, Bevölkerung und Versorgungsinfrastrukturen ins Umland für eine Ausdünnung ökonomischer Potenziale in den Kernstädten und somit für einen weiteren Attraktivitätsverlust gesorgt. "Schrumpfung" erhält auf diese Weise eine sich selbst verstärkende sozioökonomische Eigendynamik. Hier lediglich auf demographische Ursachen abzuheben, wie dies regelmäßig in öffentlichen Diskursen und gelegentlich auch in bevölkerungswissenschaftlichen Analysen geschieht, greift viel zu kurz und geht auch am Kern des Problems vorbei.

2.3 Wohnungsmarkt und Stadtentwicklungspolitik

Die Folgen des Bevölkerungsrückgangs sind in Ostdeutschland vor allem in Form von Wohnungsleerständen sichtbar geworden. An diesem Bereich setzen die jüngeren Umbau- und Stadtentwicklungskonzepte bevorzugt an, nicht zuletzt aus ökonomischen Gründen. Leer stehende Wohnungen stellen einen erheblichen Kostenfaktor für private und staatliche Eigentümer sowie letztlich für die finanzierenden Banken dar, einem durch Fehlspekulationen insgesamt bedrohten Sektor. Die Reduzierung von Leerständen durch Umbau, Umnutzung und Abriss ist langfristig gesehen erheblich kostengünstiger als die Konservierung nicht genutzten Wohnraums. Dennoch erstaunt momentan die Vehemenz, mit der Leerstände von Seiten der Politik innerhalb kurzer Zeit zum drängenden Problem erklärt worden sind. Leerstände sind nämlich in ostdeutschen Städten keineswegs ein neues Problem. Sie stellen eine Hypothek der sozialistischen Stadtentwicklung dar, die in vollem Umfang erst nach 1989 sichtbar wurde (Expertenkommission 2000, S. 17). Ausbleibende Erhaltungsinvestitionen hatten insbesondere zum Verfall des Altbaubestands in den Innenstädten und zu gravierenden Bevölkerungsverlusten in Altbauquartieren geführt (Häußermann 1996, S. 35f.). Bis Mitte der 90er Jahre überstiegen die Leerstände in den Innenstädten daher in vielen Kommunen diejenigen in den Großwohnsiedlungen der Stadtränder. Erst danach hat sich vor allem der Trend zum Fortzug aus der "Platte" und zum familiengerechten Wohnen vor der Stadt in erhöhten Leerständen in den Großwohnsiedlungen bemerkbar gemacht. Recht plakativ wurde in der Öffentlichkeit von einem "Leerlaufen der Platte" gesprochen (Rietdorf u.a. 2001). Andere zwischenzeitlich eingetretene Leerstandsentwicklungen, z.B. in den neuen suburbanen Siedlungen, wurden dagegen vergleichsweise wenig thematisiert.

Die Ursachen für das späte Reagieren der Stadtentwicklungspolitik sind darin zu suchen, dass die Abwanderungstrends erst zur Jahrtausendwende eine für die politische Steuerung kritische Schwelle überschritten hatten, und zwar in mehrfacher Hinsicht:

- In einer Zeit der rapide wachsenden Verschuldung der öffentlichen Haushalte führen ungünstiger werdende wohnungswirtschaftliche Kostenrechnungen sowie unaufschiebbare Investitionen in die Erhal-

tung von materiellen Infrastrukturen mit sinkendem Auslastungsgrad dazu, dass Staat und Kommunen unter erheblichen Handlungsdruck geraten.
- Leerstände sind in vielen Städten weithin sichtbar und symbolisieren weniger einen demographischen als vielmehr einen ökonomischen Niedergang. Die geringe Attraktivität der Kernstädte wird durch die entstehenden Imageverluste weiter verringert.
- Die betroffenen Wohnquartiere dünnen nicht nur in sozialer Hinsicht aus, sondern veröden auch in ökonomischer und infrastruktureller Hinsicht. Dadurch werden weitere Abwanderungen wahrscheinlich.
- Wie selten eine bauliche Struktur haben die Plattenbaugebiete das Überdauern sozialer Verhältnisse und somit eine gewisse Kontinuität von Struktur **und** Lebenswelt in der Transformation symbolisiert. Von dem offensichtlichen Verfall dieses Symbols werden von Seiten der Politik weitere Imageverluste für die Städte erwartet. Offen bleibt in diesem Zusammenhang allerdings die Frage, inwieweit das noch in den 90er Jahren propagierte "Weiterwohnen in der Platte" (Rietdorf 1997 mit Bezug auf sich abzeichnende Kontroversen) tatsächlich als ein Indikator der Kontinuität von lebensweltlichen Orientierungen angesehen werden kann. Plausibel ist die Vermutung, dass weniger frei gewählte Lebensstile, sondern eher mangelnde ökonomische Ressourcen die Bewohner von Plattenbaugebieten zunächst dazu veranlasst hatten, in ihren alten Wohnungen zu verbleiben.
- In technisch-baulicher und auch finanzieller Hinsicht sind Lösungen in Plattenbausiedlungen, zumal in Stadtrandlage, aufgrund der Bauweise und der Eigentumsverhältnisse leichter zu finden und zu realisieren als in innerstädtischen Leerstandsgebieten. Die Förderung von Wohneigentum in Altbauquartieren, wie sie etwa im Programm "Stadtumbau Ost" verankert ist, reicht bei weitem nicht aus, um Leerstände effektiv zu beseitigen. Entsprechende Handlungsansätze der Kommunen haben hier wesentlich geringere Aussichten auf sichtbaren Erfolg als in der "Platte".
- Nicht übersehen werden sollte auch der Umstand, dass mit der Verschärfung der ökonomischen Krise und der zunehmenden politischen Einschätzung, dass die Entwicklung Ostdeutschlands "auf der Kippe" stehe, auch laterale Möglichkeiten der Stützung und Steuerung der regionalen Ökonomien und Arbeitsmärkte aktiviert werden mussten.

Die Wohnungsmärkte hatten hierbei speziell in Ostdeutschland in den 90er Jahren die wichtige Funktion, die Krise aussteuern zu helfen. Zusammenbrechende Wohnungsmärkte hätten diese Steuerungsmöglichkeiten stark verringert.

2.4 "Maßstabsprobleme"

Bei der Problemanalyse muss beachtet werden, dass nicht lediglich die lokale Ebene Entstehungs- und Austragungsort konkreter Probleme und Konflikte ist. Zusätzlich zu berücksichtigen sind zumindest die folgenden gesellschaftlichen bzw. räumlichen Maßstabsebenen:

- die regionale Ebene. Sie ist besonders im Zusammenhang mit der kontinuierlichen Verteuerung des Unterhalts von Einrichtungen der technischen, kulturellen und sozialen Infrastruktur von Bedeutung. Da die Auslastung dieser Einrichtungen durch den Bevölkerungsrückgang abnimmt, geraten die Städte zusehends in Finanzierungskrisen. Für Abhilfe könnte hier eine Neudefinition der Einzugsbereiche für zentrale Infrastruktureinrichtungen sorgen. Maßstabsvergrößerungen, d.h. die Erweiterung von Einzugsbereichen und die Entwicklung von darauf abgestimmten Finanzierungsmodellen, könnten die Städte erheblich entlasten, stellen aber zugleich konfliktreiche Aushandlungsprozesse in Aussicht. So werden derzeit Auswege in neuen Kooperationsformen zwischen den Städten sowie zwischen den Städten und ihrem Umland gesucht, allerdings mit bislang geringen Erfolgen und absehbar langwierigen Erprobungsphasen.
- die Bundesebene. Hier sorgt vor allem das Agieren des Staates für ungünstige Rahmenbedingungen zur Bewältigung des "Umbaus". So wird z.B. die Suburbanisierung durch Steuererleichterungen für pendelnde Arbeitnehmer (hohe Kraftfahrzeug-Kilometerpauschalen) weiterhin gefördert – entgegen der in politischen Umbau-Programmen geäußerten Zielsetzungen zur Regenerierung der Innenstädte. Zugleich belasten die Folgen der fortgesetzten Abwälzung von Bundesaufgaben auf die Kommunen die lokalen Haushalte über Gebühr. Die Steuerungsmöglichkeiten der Kommunen im Hinblick auf die Siedlungsentwicklung und die Ausgestaltung von Infrastrukturen nehmen dadurch erheblich ab. Auch die Praxis der Arbeitsverwaltungen, Prämi-

en für mobilitätswillige Arbeitnehmer zu zahlen, fördert die Abwanderung in Richtung Westen und erschwert den Kommunen eine realistische Abschätzung der künftigen Bevölkerungsentwicklung.
- die Entwicklung der Gesamtgesellschaft und der von ihr geschaffenen Rahmenbedingungen. So wird etwa die natürliche Bevölkerungsentwicklung maßgeblich vom Grad der Kinderfreundlichkeit bzw. –feindlichkeit der Gesellschaft, von der Ausdifferenzierung von Konsumstilen und –normen oder den Bedingungen für die Erwerbstätigkeit von Frauen beeinflusst. Wanderungsbereitschaften hängen häufig mit (global und lokal generierten) Lebensstilen und dem Grad der Internalisierung von zurechenbaren Ideologien des Konsumismus und des Mobilismus zusammen. Zusätzlich werden durch Schrumpfungsprozesse selbst die Grundsätze gewohnter Lebensweisen und -entwürfe der lokalen Bevölkerung in Frage gestellt und herausgefordert. Bisherige Selbstverständlichkeiten wie z.b. die leichte räumliche und soziale Erreichbarkeit von Infrastrukturen nehmen ab; die aus ihnen entstehenden gruppenspezifischen Mangellagen können ihrerseits zum Auslöser neuer sozialer und sozialräumlicher Disparitäten werden.

Die von den genannten Punkten berührten gesamtgesellschaftlichen Debatten um grundlegende Ansprüche der Individuen (z.B. des Anspruchs auf eine selbstbestimmte Lebensweise) und die Ausdifferenzierungsformen lokaler Zivilgesellschaft können nicht ohne weiteres vernachlässigt werden – sie müssten in die Schrumpfungsdiskurse einbezogen werden, um der Tragweite des Problems auch nur annähernd gerecht zu werden. Allerdings würde damit auch deutlich werden, dass es nicht lediglich um sektoral eingrenzbare Probleme des Stadtumbaus geht, sondern um die laufende Transformation der bundesdeutschen Gesellschaft (ob lediglich der Teilgesellschaft Ost, sei dahingestellt). Zum gegenwärtigen Zeitpunkt dürfte eine derart geweitete Umbaudebatte in Ostdeutschland – mitten in einer lang anhaltenden Transformationskrise – allerdings zu weiteren Verunsicherungen in der Bevölkerung beitragen und daher auf wenig Resonanz stoßen – ganz abgesehen davon, dass allein die Thematisierung derart heikler Themen durch die Politik am Vorabend weiterer globaler Umwälzungen wie der EU-Osterweiterung durch den Verlust von Wählerstimmen bestraft werden dürfte. Dennoch: Tragfähige Problemlösungen werden absehbar nicht durch technische Umbaumaßnahmen zu erreichen sein; die Probleme liegen zu großen Teilen in sozialen, soziokulturellen, ökonomischen und politischen Bereichen, die von den bisher erkennbaren Maßnahmen nicht oder nur randlich tangiert werden. Umso wichtiger erscheint es, nach konkreten Ansatzpunkten für Problemlösungen zu fragen, die deutlich über technokratische Maßnahmen hinausgehen.

Ansatzpunkte, die Modellwirkung auch für Stadtumbauprogramme haben könnten, lassen sich gegenwärtig in den laufenden Aktivitäten im Rahmen des Programms Soziale Stadt finden, nämlich dort, wo konkrete lokale Handlungsoptionen für den Umgang mit sozialen, ökonomischen und kulturbezogenen Problemdynamiken im Zusammenhang mit baulichen Strukturen erarbeitet werden. Im Handlungsraum zwischen Staat, Kommune und Zivilgesellschaft sollten Erfahrungen mit integrierten Planungsprozessen (unter Einbezug aller relevanten Akteursgruppen vor Ort), Quartiersmanagement und der Reaktivierung lokaler Handlungspotenziale gezielt ausgewertet und für den Stadtumbau Ost nutzbar gemacht werden. Auf dieser Basis wäre dann eine gezielte Revision der bislang überwiegend als "top-down"-Programm konzipierten Umbauperspektiven der Bundesregierung zu leisten.

3   Zur (Wieder-?)Entdeckung der Alltagswelt im Umbaugetriebe

3.1 Struktur und Alltagskultur in lokalen Transformationskontexten Ostdeutschlands

Wie die Überlegungen zur Beschaffenheit relevanter Problemdimensionen unter Pkt. 2 gezeigt haben, ist in ostdeutschen Transformationskontexten davon auszugehen, dass demographische Veränderungen lediglich Oberflächenphänomene darstellen: Sie verweisen auf tiefer liegende gesellschaftliche Umbrüche. Genauer gesagt, werden durch die demographischen Entwicklungen in den ostdeutschen Städten soziale und ökonomische Probleme, die aus der Überlagerung von Globalisierungs- und Transformationsprozessen entstanden sind, stärker akzentuiert. Ihre Bedeutung für die Ausprägung von lokalen Entwicklungspfaden wird deutlicher sichtbar.

Um die Bandbreite der beteiligten Strukturen und Handlungsbereiche zu skizzieren, sind in Abb. 1 idealtypische, kontrastierende Entwicklungsvarianten einander gegenübergestellt. Die Darstellung fußt auf der Annahme, dass sich abnehmende Bevölkerungszahlen mit sehr unterschiedlich gelagerten lokalen Entwicklungssituationen verbinden können und für jeweils eigene, teilweise zirkulär-kumulativ angelegte Dynamiken der Problementfaltung sorgen, die hier unter dem Begriff "Schrumpfungsketten" gefasst werden. Als Schrumpfungskette ist eine Abfolge von aufeinander bezogenen Ereignissen und lokalen Restrukturierungen zu verstehen, die sich in unterschiedlichen regionalen Entwicklungskontexten jeweils im Zusammenhang mit dem Rückgang der Wohnbevölkerung vollziehen.

Abb. 1: Schrumpfungsketten in ökonomisch stagnierenden und prosperierenden Stadtregionen

Stagnierende Stadtregion	Prosperierende Stadtregion
▼ gesellschaftliche Transformation	▼ gesellschaftliche Transformation
▼ fortschreitende ökonomische Krise	▼ differentielle soziale Mobilität
▼ Arbeitsplatzverlust in der Region	▼ zunehmende soziale Disparitäten
▼ selektive Abwanderung (interregional)	▼ Ausdifferenzierung von Lebensstilen
▼ hoher Wohnungsleerstand	▼ neue Raumbedarfe
▼ zunehmende räumlich-soziale Segregation	▼ selektive Abwanderung aus den Kernstädten
▼ Abbau sozialer und technischer Infrastruktur	▼ moderater Wohnungsleerstand
▼ Attraktivitätsverlust der Stadt	▼ zunehmende räumlich-soziale Segregation (v.a. im suburbanen Raum)
▼ fortschreitende ökonomische Krise	▼ Rückbau sozialer/technischer Infrastruktur in der Kernstadt
...	▼ Attraktivitätsverlust der Kernstadt
	...

Quelle: eigener Entwurf

Die Gegenüberstellung von stagnierenden und prosperierenden Stadtregionen in Abb. 1 geht von stark vereinfachten Annahmen aus. So wird eine Region als prosperierend begriffen, die sowohl von den statistischen Entwicklungs-Indikatoren (z.B. dem Bruttoinlandsprodukt) als auch von der Wohlstandsentwicklung der Bevölkerung her eine überdurchschnittlich positive Entwicklung zu verzeichnen hat. Dabei sind "Mischtypen" der Prosperität, die z.B. trotz wachsenden Regionseinkommens zunehmende soziale Disparitäten und stagnierende Wohlfahrtsentwicklung aufweisen, aus Gründen der Übersichtlichkeit der Darstellung zunächst nicht berücksichtigt worden. Die Exploration dieser Mischtypen und der in sie eingebetteten Schrumpfungsdynamiken stellt eine Aufgabe für künftige detailliertere Analysen dar.

Für Stadtregionen, die derzeit ökonomische Krisen durchlaufen, ist anzunehmen, dass sich Schrumpfungsketten zunächst entlang von "harten" Strukturen und ihrer Veränderung zu entwickeln. So wird die negativ saldierte natürliche Bevölkerungsentwicklung massiv überlagert von Bevölkerungsverlusten auf der Basis von ökonomischen Faktoren. Die Kette der aufeinander bezogenen Ereignisse ist hier weitgehend zirkulär-kumulativ angelegt. Sie bezieht ihre besondere Dynamik aus der wechselseitigen Verstärkung von Bevölkerungsverlust und ökonomischer Krise: Arbeitsplatzverluste und die Abwanderung von Fachkräften ziehen die Ausdünnung regionaler Qualifikationsbasen nach sich; durch Abwanderung und Suburbanisierung anwachsende Wohnungsleerstände haben zunehmende räumlich-soziale Segregationen zur Folge; der Ab- und Rückbau sozialer und technischer Infrastruktur geht häufig mit zusätzlichen regionalen Arbeitsplatzverlusten einher; wachsender Image- und Attraktivitätsverlust der Stadt sorgen für ausbleibende Investitionen und fortgesetzten ökonomischen Niedergang. Hier deuten sich Negativspiralen der Entwicklung an, die aufgrund der Komplexität und Interdependenz der beteiligten Prozesse als schwer beeinflussbar erscheinen und erhebliche Steuerungsprobleme aufwerfen.

Dem gegenüber scheint sich in den wenigen, vergleichsweise prosperierenden Stadtregionen Ostdeutschlands der "Normalfall" sanfter Schrumpfungsverläufe einzustellen. Hier fehlen zwar die harten ökonomischen Defizite, die direkt auf Schrumpfungsprozesse durchschlagen könnten. Aber auch hier entstehen wesentliche Antriebe für Schrumpfungsdynamiken, und zwar durch zunehmende soziale Disparitäten, divergierende Lebensstile und neue gruppenspezifische Raumbedarfe, die ihrerseits Suburbanisierungsprozesse und Segregationen in Gang setzen und zu einem fortschreitenden Attraktivitäts- und Bedeutungsverlust der Kernstädte beitragen.

Die notwendigerweise vereinfachende Gegenüberstellung der beiden Extreme mag nun den Eindruck erwecken, als bildeten sich innerhalb des Typus "stagnierende Stadtregion" Schrumpfungsketten ausschließlich unter dem Einfluss von "harten" Entwicklungsfaktoren (regionale Wirtschafts- und Arbeitsmarktentwicklung), während der Typus "prosperierende Stadtregion" eher "weiche" Faktoren (Lebensstile, veränderte Ansprüche der Bevölkerung an das Wohnen) zum Zuge kommen ließe. Dieser Eindruck täuscht: In beiden Fällen kommen "weiche" Faktoren zum Tragen, allerdings in unterschiedlichem Ausmaß. So stellt die differentielle soziale Mobilisierung der ehemals monolithischen sozialen Großgruppen der ostdeutschen Gesellschaft mit ihrer neuen Ausdifferenzierung von Lebensstilen auch im Fall der stagnierenden Städte einen Schrumpfungsfaktor dar – Suburbanisierung und Segregation finden auf ihrer Grundlage ebenso statt wie in den prosperierenden Städten, allerdings häufig auf einer quantitativ schwächeren Basis, weil aufwärtsmobile, zahlungskräftige Gruppen als Träger von Suburbanisierungsprozessen hier in geringerem Ausmaß vertreten sind. "Harte" interregionale Abwanderungen erscheinen daher als statistisch dominant.

In beiden Fällen ist also davon auszugehen, dass vorgängige gesellschaftliche Verwerfungen, soziokulturelle Schließungen und lokale alltagskulturelle Bedingungen für die Ausprägung von Schrumpfungsketten jeweils konstitutiv sind. Besonders über die alltagskulturellen Komponenten der Schrumpfung existieren bislang in den öffentlichen und wissenschaftlichen Diskursen jedoch noch zu wenige Erkenntnisse, um politische und planerische Entwicklungskonzepte zur Bewältigung des Umbruchs aus ihrer technokratischen Fixierung herausführen zu können. Dass die Beschäftigung mit "Alltagskultur" sowohl für die Problemanalyse als auch für die Gewinnung von Lösungsansätzen unabdingbar ist, soll im Folgenden anhand eines konkreten lokalen Falles aus der ostbrandenburgischen Peripherie verdeutlicht werden.

3.2 Guben: ein lehrreicher Fall

Die geteilte Stadt Guben/Gubin an der deutsch-polnischen Grenze kann als Extremfall möglicher Negativentwicklungen gelten. Intensität und Dramatik des Schrumpfungsverlaufs sind hier stärker ausgeprägt als in vielen anderen ostdeutschen Städten. Die lokalen Akteure selbst sprechen mittlerweile bereits von ihrer "sterbenden Stadt", nicht ohne die künftige Entwicklung zumindest teilweise im Sinne einer "self-fulfilling prophecy" vorwegzunehmen. Schrumpfungsketten bilden sich hier auf der Basis von Spiralen der fortschreitenden ökonomischen Peripherisierung. Diese Spiralen sind zwar bereits aus der Analyse "harter" Strukturveränderungen ableitbar, ihre volle Tragweite tritt jedoch erst durch den analytisch geschärften Blick auf die alltagskulturellen Dimensionen der ablaufenden Prozesse in ihrer ganzen Tragweite zutage. Empirische Ergebnisse aus zwei Forschungsprojekten des Instituts für Regionalentwicklung und Strukturplanung zur Konstitution und Entwicklung von Grenzmilieus und alltagskulturellen Konfliktdynamiken im deutsch-polnischen Grenzraum (Bürkner 2002, Dürrschmidt 2002, Matthiesen 2002, Matthiesen/Bürkner 2002) sollen diese Perspektive verdeutlichen.

Die deutsche Teilstadt Guben, um die es hier geht, hatte im Frühjahr 2001 25.000 Einwohner. Seit 1989 hat sie durch Abwanderung 8.000 Einwohner verloren. Die Folgen der massiven Deindustrialisierung nach der politischen Wende beherrschen das Stadtbild. Von einem ehemaligen Zentrum der europäischen Textilindustrie und einem Schwerpunkt der Chemiefaserproduktion zu DDR-Zeiten ist die Stadt zu einem bedeutungslosen Reststandort der Leichtindustrie mit schlechten Entwicklungsprognosen abgestiegen. Die Arbeitslosenquote befand sich seit dem Systemwechsel 1989/90 stets über dem Landesdurchschnitt. Im Herbst 2001 lag sie bei 19 Prozent. Die noch in der ersten Hälfte der 90er Jahre ansässigen industriellen Fachkräfte sind mittlerweile zum größten Teil abgewandert. Der Wohnungsleerstand beträgt 12,5 Prozent mit steigender Tendenz. Hauptleerstandsgebiete sind die Plattenbausiedlungen am Stadtrand.

Es sind jedoch nicht nur harte ökonomische Entwicklungsprobleme, die die Stadt kennzeichnen. Hinzu kommt ein auffälliger Kontrast zwischen Lokalpolitik und Lebenswelt. Er zeigt sich allgemein in Bezug auf Fragen der Wirtschaftsentwicklung: Akteure innerhalb von lokalen Basismilieus, aber auch Unternehmer sprechen der lokalen Politik kaum wirtschaftspolitische Handlungskompetenz zu und erwarten allenfalls von zentralstaatlichen Instanzen Hilfe (s. Bürkner 2002). Der Kontrast zeigt sich aber ganz besonders auch in der Behandlung der Schrumpfungsprozesse durch die Kommune. Auf der einen Seite formuliert die kommunalpolitische Elite eine ausgesprochen pro-aktive Einstellung zur lokalen Schrumpfungsproblematik. So wird z. B. nicht nur der Rückbau von leerstehenden Industriegebäuden und Wohngebieten diskutiert, sondern auch der Neubau eines städtischen Zentralbereichs. Ein richtiges Stadtzentrum hatte es seit dem Krieg auf der deutschen Seite (der ehemaligen Industrie- und Klostervorstadt) nicht mehr gegeben – das historische Zentrum liegt jenseits der Neiße auf der polnischen Seite. Es ist im Zweiten Weltkrieg fast völlig zerstört und nicht wieder aufgebaut worden. Auf der anderen Seite jedoch stellen die Akteure an der lokalen Basis im alltagskulturellen Diskurs die Kompetenz der Stadtverwaltung zur strategischen Problemlösung in Frage.

In Bezug auf Schrumpfungsprozesse sind politische Logik und lebensweltliches Empfinden also in erheblichen Konflikt zueinander geraten. Die Positionen sind klar umrissen:

a) Stadtverwaltung und Stadtpolitik spekulieren darauf, dass sie den Schrumpfungsdiskurs zur Legitimation einer eher paternalistischen Politik nutzen können. Zwar können sie die demographischen und ökonomischen Entwicklungstrends kaum beeinflussen, aber sie können zumindest den Anspruch erheben, per Rückbau und "Gesundschrumpfen" steuernd eingreifen zu wollen. Vorteilhaft ist dabei, dass dieser Anspruch nicht unbedingt eingelöst werden muss. Gerade **weil** die zur Verfügung stehenden Mittel äußerst gering sind, haben die politischen Akteure stets die Möglichkeit, auf ihre eigene Ohnmacht gegenüber quasi-natürlichen Entwicklungen und "höherer Gewalt" zu verweisen. Schrumpfung trägt in diesem Fall also ganz erheblich zur gefahrlosen politischen Sinnstiftung bei: Die Artikulation von exklusiven lokalistischen Haltungen wird erleichtert, und Tendenzen zur trotzigen Selbstisolierung der kommunalen Akteure gegenüber einer nicht beeinflussbaren Welt der exogenen Umbrüche (hier ganz augenfällig repräsentiert durch die EU-Osterweiterung) werden unterstützt.

b) Für den lebensweltlichen Diskurs bedeutet ein scheinbar kalkulierbares "Schrumpfen" hingegen Identitäts- und Sinnverlust, auch und gerade dann, wenn die etablierte Politik die Losung "Zusammenrücken und widerstehen" ausgegeben hat. Jeder zusätzliche Abwanderer trägt nicht nur zur Leerstandsentwicklung bei, sondern verursacht auch einen Verlust von sozialen Beziehungen und vermehrt die Brüche in den lokalen Netzwerken. Die Daheimgebliebenen reagieren mit einem Rückzug in die Privatsphäre. Zivilgesellschaftliches Engagement dünnt aus und wird durch kollektive Resignation ersetzt.

Der Widerspruch könnte kaum größer sein: Auf der einen Seite steht ein politisches System, das sich auf technokratische Verfahren zur Behandlung sozialer und ökonomischer Probleme konzentriert und sich dabei vorzugsweise auf sich selbst bezieht. Auf der anderen Seite stehen große Gruppen von Politikbetroffenen und Basisakteuren, deren eigene Gestaltungsmöglichkeiten zusehends schwinden. Aus den vorliegenden empirischen Befunden zu dieser widersprüchlichen, dennoch sich selbst verstärkenden Entwicklung lassen sich folgende Schlussfolgerungen für die Problembehandlung ziehen:

1. Die Reaktionen der Bevölkerungsbasis können nicht als eine folgenlose alltagsweltliche Kommentierung demographischen Wandels und seiner politischen Behandlung abgetan werden. Denn trotz aller resignativen Rückzüge entstehen immer wieder informelle Reaktionen auf politische Problembehandlungen "von oben", durchaus mit der Option auf politisches Handeln. Dies geschieht allerdings kaum im Sinne der Erzeugung von Gegenmacht oder der Mobilisierung innovativer Potenziale. Vielmehr werden Handlungspotenziale der Basis derzeit in Guben allenfalls im Rahmen von symbolischen Voten für populistische "Widerständler" gegen Politiken der europäischen Einigung, der überlokalen Vernetzung und der Verhinderung von lokalen Einigelungen sichtbar (Bürkner/Matthiesen 2002). Jüngsten Ausdruck hat dies in der Abwahl des europafreundlichen Bürgermeisters und den Wahlsieg seines lokalistisch orientierten Herausforderers im Winter 2001 gefunden (vgl. Steyer 2001). Die Potenziale der Basis drohen durch derartige Prozesse allerdings buchstäblich auf entwicklungspolitische Nebengleise gelenkt zu werden und dort stecken zu bleiben.
2. Weiterhin gilt, dass die alltagsweltliche Dramaturgie der Hoffnungslosigkeit in maximalem Kontrast zur hoffnungsfrohen Politik des Kurierens an Schrumpfungssymptomen steht. Es entsteht eine asymmetrische Interaktionsstruktur: hier das aktive politische Funktionssystem, dort die passiv-resignative Lebenswelt. Latente Konflikte lassen sich innerhalb dieser Asymmetrie nicht austragen geschweige denn für die Lösung des Strukturproblems "Schrumpfung" produktiv nutzen. Andererseits wirkt eben diese Verbindung von Konfliktlatenz und Asymmetrie massiv auf das Strukturproblem zurück: Weil wechselseitige Sprachlosigkeit zwischen "oben" und "unten" herrscht, werden Anstöße für weitere Abwanderungsprozesse geliefert. In Interviews wird immer wieder beschrieben, dass ein "kritischer Punkt" überschritten

worden sei: Die Entwicklung sei angesichts des Versagens der Politik schon jetzt nicht mehr umkehrbar. Spätestens hier wird deutlich, dass die lokale Basis dringend zurückgewonnen und in politische Planungsprozesse integriert werden muss, wenn Schrumpfungsprozesse effektiv bearbeitet werden sollen. Die Manipulation technischer Parameter, wie sie in den bisherigen Stadtumbauprogrammen überwiegend beabsichtigt ist, reicht zumindest innerhalb dieses lokalen Kontextes keinesfalls aus.

3. Lokale Bindungen spielen innerhalb der lebensweltlichen "Bearbeitung" von Schrumpfungsprozessen eine wesentlich größere Rolle, als dies in den öffentlichen Debatten bislang sichtbar geworden ist. Diese Bindungen lassen sich mit dem Begriff "Sässigkeit" beschreiben. Damit ist nicht nur das gemeint, was landläufig unter "Ortsbindung" verstanden wird, z.b. die Bindung von Individuen an ihren Arbeitsplatz und ihre Wohnung – Bindungen also, die an jedem beliebigen anderen Ort vergleichsweise schnell wieder hergestellt werden können. Gemeint sind damit vielmehr auch vielschichtige soziale Bindungen, die durch die lokale Geschichte und Lokalstolz, durch örtliche soziale Netzwerke und durch Generationenlagen gehalten werden. Aus der Alltagsperspektive heraus würde es beispielsweise sinnvoll sein, über infrastrukturelle Maßnahmen und steuernde Eingriffe gezielt die Befriedigung der Bedürfnisse der jungen Generation (der 18- bis 25-Jährigen) zu fokussieren. Allerdings muss auch in Betracht gezogen werden, dass dadurch möglicherweise eine Mobilitäts- bzw. Optionenfalle geschaffen wird, denn gerade diejenigen, die in den Vorzug solcher Maßnahmen kommen, würden dadurch vielleicht überhaupt erst in die Lage versetzt werden, in andere Regionen abzuwandern – und sie würden diese Chance zunächst angesichts des Fortschreitens der Krise und des Vertrauensverlusts in die lokale Politik vermutlich auch in größerem Umfang nutzen.

4 Handlungsperspektiven für integrierte Lösungsansätze

Aus dem hier geschilderten Beispiel können und sollen keine allgemein gültigen Handlungsempfehlungen abgeleitet werden. Es handelt sich um einen zwar markanten, aber für stagnierende Stadtregionen in Ostdeutschland nicht zwangsläufig repräsentativen Fall. Jede Stadt hat ihre eigene, alltagskulturell eingebettete Entwicklungsdynamik. Der kurze Blick auf die lokalen Konfliktdynamiken und politischen Verwerfungen sollte allerdings deutlich gemacht haben, dass es für die Lösung von Schrumpfungsproblemen keine Patentrezepte geben kann. Es reicht nicht aus, Maßnahmen auf der Grundlage von allgemeinen Entwicklungstrends ohne Ansehen ihrer lokalen Ausprägungen zu definieren. Erst dann, wenn eine offene und schonungslose Bestandsaufnahme der **lokalen** Ursachen erfolgt, haben wirtschaftliche und stadtplanerische Initiativen auch einen ausreichenden Resonanzboden in der lokalen Bevölkerung und können zu einer "nachhaltigen" Stadtentwicklung beitragen – einer Entwicklung, die zivilgesellschaftlich getragen und lebensweltlich verankert ist. Unter diesen Bedingungen wäre Schrumpfung dann auch im positiven Sinne lebbar. Sie wäre nämlich mit Perspektiven für eine pro-aktive Gestaltung sozialer Umwelten im Nahbereich sinnvoll auszufüllen.

Als wichtige Voraussetzung für eine solche Bestandsaufnahme ist zu nennen, dass die Situationswahrnehmungen der Milieus an der Basis und der von ihnen gespeisten zivilgesellschaftlichen Initiativen durch den Diskurs der etablierten Lokal- und Regionalpolitik zur Kenntnis genommen werden müssen, und zwar aus zwei Gründen: Zum einen stellt das lebensweltliche Praxiswissen der Akteure an der Basis, das "local knowledge", ein erhebliches innovatives Potenzial dar. Dieses Potenzial ist bislang in ostdeutschen Städten sehr häufig ungenutzt geblieben. Kommunale Selbstfindungsprozesse, die die Basis ausschließen, dürften angesichts der enormen passiven Widerstands- und Blockierungspotenziale, die insbesondere in ostdeutschen Transformationspfaden regelmäßig für die Entstehung von Totpunkten der Stadtentwicklung gesorgt haben, allenfalls von symbolischem Wert sein. Zum anderen würde sich anlässlich der grundlegenden Restrukturierungen, die im Zusammenhang mit Schrumpfungstherapien anstehen, die Chance bieten, ein zentrales Transformationsdilemma konkret zu bearbeiten: nämlich das Problem der verunsicherten Handlungsinteressen im Zusammenhang mit schnell umbrechenden Stadtentwicklungen. Eine dezidierte Rückbesinnung der Akteure in Planungsgruppen, Entwicklungsinitiativen und zivilgesellschaftlichen Institutionen auf lebensweltliche "Essentials" (etwa entlang der Frage: "Was macht den Alltag in dieser Stadt lebenswert?") könnte es erleichtern, gruppenspezifische Interessen klarer zu definieren, zu artikulieren und öffentlich zu verhandeln. Nebenbei würde damit auch ein neuer, offener Lokalismus gefördert werden, der die kommunikativen Abschottungen des bisherigen Entwicklungspessimismus überwindet.

Erste Ansätze dazu existieren bereits, allerdings eher im Zusammenhang mit politischen Aktions- und Forschungsprogrammen, die das Problem der Regenerierung von Städten nicht ausschließlich unter Schrumpfungsaspekten bearbeiten. Dies gilt beispielsweise für das bereits angesprochene Programm "Soziale Stadt", aber auch für den vom Bundesministerium für Bildung und Forschung ausgeschriebenen Ideenwettbewerb "Stadt 2030". Um die Brücke zum konkreten Fall zurück zu schlagen: Seit 2001 ist die Stadt Guben innerhalb des Stadt 2030-Wettbewerbs in ein Gemeinschaftsprojekt mit der ostbrandenburgischen Kommune Beeskow einbezogen, das sich die Entdeckung von lokalen Entwicklungspotenzialen, die Schaffung neuer Identifikationsangebote für die Bevölkerung und die Formulierung von Visionen für eine sozialintegrative Stadtregenerierung zur Aufgabe gesetzt hat (BMBF 2002). Wenn auch die vielfältigen Kommunikationsprozesse und Entwicklungsideen, die dadurch bereits nach kurzen Projektlaufzeiten entstanden sind, bislang aufgrund fehlender Förderstrukturen nicht in konkrete politische bzw. planerische Programme übersetzt werden können, so führen sie doch die Mächtigkeit der lokalen Potenziale eindrücklich vor Augen. Zugleich verdeutlichen sie, dass diese Potenziale überraschend leicht freigesetzt werden können, sobald die passenden offenen Kommunikationsforen und kreativen Mischungen von Akteuren aus unterschiedlichen Handlungsbereichen gefunden worden sind.

Schließlich ist auf innovative planerische Ansätze zu verweisen, wie sie etwa vom Bauhaus Dessau für den Stadtumbau in Ostdeutschland derzeit entworfen werden. Unter dem Schlagwort "experimenteller Umbau" wird hier ein planerischer Paradigmenwechsel gefordert, der neben konkreten strukturellen Umbaumaßnahmen vor allem Vernetzungen einer Vielzahl städtischer Akteure als Bestandteil von Planungskonzepten vorsieht (Oswalt und Overmeyer 2001). Die ebenfalls vom Bauhaus Dessau initiierte Internationale Bauausstellung Stadtumbau Sachsen-Anhalt 2010 geht noch einen Schritt weiter. Ihr programmatischer Entwurf sieht vor, dass alle gesellschaftlichen Kräfte mögliche Pioniere des Stadtumbaus und entsprechend einzubeziehen seien. Insbesondere die Bevölkerungsbasis sei hier gefragt: "Bewohner eignen sich Räume an, bilden Netzwerke und werden zu urbanen Akteuren – bis hin zu 'Stadtgründern'"(Internationale

Bauausstellung 2002). Zwischen den Interessen von privaten Eigentümern, Wohnungsunternehmen und Nutzern müsse von Anfang an vermittelt werden. So könnten neue Möglichkeiten einer kreativen Stadtentwicklung erschlossen werden: "Raumpioniere und ihre innovativen Verhaltensmuster setzen in bestehenden Strukturen unkonventionelle Handlungsmöglichkeiten frei – das gilt insbesondere für Jugendliche und Existenzgründer, die in ihrer gewerblichen Selbständigkeit unterstützt werden." (ebd.).

5 Die Grenzen der Rettungsversuche

Die gegenwärtigen Schrumpfungsprobleme rütteln an festsitzenden politischen Grundüberzeugungen – sie stellen nämlich das Scheitern städtischer Entwicklungspolitiken in Aussicht. Teilweise werden sie von den lokalen Akteuren auch bereits als konkreter Ausdruck des Scheiterns begriffen, und zwar dann, wenn sie gegen die normative Hintergrundfolie des Wachstums gehalten werden. Die Zukünfte der Städte sind hierzulande – analog zur Durchsetzung neoliberaler Entwicklungsideologien – von Politikern, Planern und auch Stadtforschern jahrzehntelang in Wachstumskategorien beschrieben und imaginiert worden. Die Erwartungen der Akteure aus den unterschiedlichsten gesellschaftlichen Bereichen sind entsprechend hoch gesteckt. Dies gilt insbesondere für Politik und Planung. Das wachstumsbezogene Selbstbewusstsein von Stadtplanern und -politikern hat zwar in den weiter zurückliegenden Phasen der Suburbanisierung, teilweise auch der Desurbanisierung, etliche Dämpfer erhalten, konnte sich aber aufgrund der Aussicht auf die Wirksamkeit von Revitalisierungsstrategien bislang immer wieder stabilisieren. Mit den jüngsten Schrumpfungsprozessen wird nun das Menetekel des endgültigen Scheiterns sichtbar: Was ist zu tun, wenn extrem transformationsgeschädigte, peripherisierte Städte in Ostdeutschland nur noch am Tropf spärlicher staatlicher Zuwendungen hängen, ihren Bewohnern keine Aussicht auf eine lebenswerte Zukunft mehr geben können und von der Bevölkerung faktisch (per Abwanderung) oder latent (per Abwanderungsbereitschaft und innerer Emigration) aufgegeben worden sind?

Der Gedanke, dass es auch vereinzelt sterbende Städte geben kann, sollte nicht länger ein Tabu sein. Es ist bereits jetzt absehbar, dass einige ostdeutsche Städte den transformationsbedingten strukturellen Bedeutungsverlust und den Abbau alltagskultureller Sozialbezüge nicht mehr verkraften können, d. h. in ihrer Funktionalität so nachhaltig gestört sind, dass sie nur noch mit immenser finanzieller und politisch-moralischer Stützung von außen am Leben erhalten werden können. Auch für diese extrem schwierigen Entwicklungssituationen müssen angepasste Umbaukonzepte erarbeitet werden, die auf lokale alltagskulturelle Problematiken besondere Rücksicht nehmen. Dabei sollte u. a. über Varianten nachgedacht werden, die ein "Sterben in Würde" ermöglichen, d. h. denjenigen, die aufgrund ihrer Sässigkeit den Wohnort nicht verlassen wollen oder können, ein Leben auf dem Grundniveau der materiellen und kulturellen Existenzsicherung garantieren, darüber hinaus aber vorsehen, dass zentrale Funktionen an benachbarte Städte oder kommunale Verbünde abgegeben werden. Diese Städte würden dann in der Hierarchie der zentralen Orte absteigen und Entwicklungsinitiativen auf den Erhalt stark reduzierter Funktionen beschränken. Ein Leben mit zwar verringerten, aber kalkulierbaren, realistischen lokalen Handlungsperspektiven könnte für die verbliebenen sozialen Akteure im Alltag langfristig befriedigender sein als eines mit vagen Entwicklungshoffnungen, die von der Politik zwar immer wieder genährt, von den ökonomischen Realitäten aber hartnäckig Lügen gestraft werden. Zudem würden sich auch die begehbaren Wege einer neuen sozialen und kulturellen Binnenentwicklung gezielter ins Auge fassen lassen, wenn die nötigen Handlungspotenziale nicht länger durch das "Warten auf Godot" gelähmt werden.

6 Resümee

Der Stadtumbau-Diskurs in Ostdeutschland bewegt sich in einem vielschichtigen Spannungsfeld zwischen globalen gesamtgesellschaftlichen Umbrüchen und ihren lokalen Verarbeitungsformen. Der Komplexität der Entwicklungen und ihrer Ursachen trägt der Diskurs bislang kaum Rechnung. Reduktionistisches Denken beherrscht die politische Agenda ebenso wie Teile der wissenschaftlichen "Begleitforschung". Allzu verlockend erscheint der Rückzug auf Denkfiguren, die um demographische Faktoren kreisen (auf der Analyseebene) oder auf Strategien der materiellen Restrukturierung der Städte abhaeben (auf der politischen Aktionsebene).

Um die Gefahren des Aktionismus, die in derartigen "Umbauphasen" zunehmen, einzudämmen, sind vertiefte Problemanalysen unerlässlich. Sie müssen zweierlei leisten:

1.) In Bezug auf die strukturelle Seite von Schrumpfungsproblemen sollten sie dazu beitragen, die gedankliche Fixierung von Wissenschaft und Praxis auf die Kategorie "Demographie" zu überwinden.

2.) Neugierige, sorgfältige Erkundungen der Schrumpfungsfolgen für lokale Lebenswelt und Milieuentwicklungen sollten für alltagskulturbezogene Problemsensibilisierungen bei allen beteiligten Akteuren sorgen. Wie aus einer ersten Analyse von Extremfällen der Stadtentwicklung unter Schrumpfungsvorzeichen abgelesen werden kann, geben strukturelle Entwicklungsdilemmata leicht Anlass zu latenten und offenen Konfliktdynamiken, die jeweils in lokale Soziokulturen und Milieus eingebettet sind. Die kreativen Veränderungs- und Lernpotenziale, die in diesen Konflikten enthalten sind, freizulegen und für Umbauprozesse produktiv zu nutzen, stellt eine zentrale Herausforderung für die Bewältigung des Schrumpfungsproblems dar.

Literatur

Bähr, Jürgen: Bevölkerungsgeographie. 3. Aufl. Stuttgart: Ulmer, 1997 (UTB für Wissenschaft: Uni-Taschenbücher, 1249)

Beck-Gernsheim, Elisabeth: Geburtenrückgang und Kinderwunsch - die Erfahrung in Ostdeutschland. In: Zeitschrift für Bevölkerungswissenschaft, 22. 1997. H. 1. S. 59-71

Birg, Herwig: Die demographische Zeitenwende. Der Bevölkerungsrückgang in Deutschland und Europa. Berlin: C. H. Beck, 2001

Bürkner, Hans-Joachim: Border Milieux, Transboundary Communication and Local Conflict Dynamics in German-Polish Border Towns: The Case of Guben and Gubin. In : Die Erde, 133. 2002. H. 1. (im Druck)

Bürkner, Hans-Joachim; Matthiesen, Ulf: Antagonistic Structures in Border Areas: Local Milieux and Local Politics in the Polish -German Twin City Gubin/Guben. In: Geojournal Special Issue on "Twin Cities", 2002 (im Druck)

Bundesministerium für Bildung und Forschung (BMBF): BMBF-Forschungsschwerpunkt Stadt 2030: Ideenskizze Beeskow. Online-Publikation 2002 (www.stadt2030.de/staedte/beeskow.htm; 12.03.2002)

Dorbritz, Jürgen: Europäische Fertilitätsmuster. In: Zeitschrift für Bevölkerungswissenschaft, 25. 2000. H. 2. S. 235-266

Dürrschmidt, Jörg: Everyday Lives in the Global City: The Delinking of Locale and Milieu. London, New York: Routledge, 2000

Dürrschmidt, Jörg: 'They're worse off then us' - the Social Construction of European Space and Boundaries in the German/Polish Twin-City Guben/Gubin. In: Identities. Global Studies in Culture and Power, 9. 2002. H. 2 (im Druck)

Expertenkommission der Bundesregierung: Wohnungswirtschaftlicher Strukturwandel in den neuen Bundesländern. Bericht der Kommission. Berlin, 2000

Friedrichs, Jürgen; Häußermann, Hartmut; Siebel, Walter (Hrsg.): Süd-Nord-Gefälle in der Bundesrepublik? Sozialwissenschaftliche Analysen. Opladen: Westdeutscher Verlag, 1986

Grabher, Gernot: Instant Capitalism: Fragile Investment in Eastern German Regions. In: Dicken, Peter, Michel Quévit (eds.): Transnational Corporations and European Regional Restructuring. Utrecht 1994. S. 109-130 (Netherlands Geographical Studies, 181)

Häußermann, Hartmut: Von der Stadt im Sozialismus zur Stadt im Kapitalismus. In: Häußermann, Hartmut; Neef, Rainer (Hrsg.): Stadtentwicklung in Ostdeutschland. Soziale und räumliche Tendenzen. Opladen: Westdeutscher Verlag, 1996. S. 5-46

Häußermann, Hartmut; Siebel, Walter: Die schrumpfende Stadt und die Stadtsoziologie. In: Friedrichs, Jürgen (Hrsg.): Soziologische Stadtforschung. Opladen: Westdeutscher Verlag, 1988. S. 78-94 (Kölner Zeitschrift für Soziologie und Sozialpsychologie, Sonderheft)

Harth, Annette; Herlyn, Ulfert: "... und dann geht's doch 'n bißchen auseinander". Zum Wandel städtischer Wohnmilieus in den neuen Bundesländern. In: Häußermann, Hartmut; Neef, Rainer (Hrsg.): Stadtentwicklung in Ostdeutschland. Soziale und räumliche Tendenzen. Opladen: Westdeutscher Verlag, 1996. S. 139-163

Hitz, Hansruedi; Keil, Roger; Lehrer, Ute; Ronneberger, Klaus u.a. (Hrsg.): Capitales Fatales. Urbanisierung und Politik in den Finanzmetropolen Frankfurt und Zürich. Zürich 1995

Hullen, Gert: Die ostdeutsche Geburtenentwicklung nach der Wende - Aufschub unter Unsicherheit. Aus: Fleischhacker, Jochen, Rainer Münz (Hrsg.): Gesellschaft und Bevölkerung in Mittel- und Osteuropa im Umbruch. 31. Arbeitstagung der Deutschen Gesellschaft für Bevölkerungswissenschaft (DGBw), 24. und 25. April 1997 in Berlin. Tagungsband. Berlin 1998 (Demographie aktuell, 13). S. 112-122

Internationale Bauausstellung Stadtumbau Sachsen-Anhalt 2010 (IBA STADT): Grundsätze des Stadtumbaus. "Weniger ist mehr". Online-Dokument 2002 (www.bauhaus-dessau.de/de/projects.asp?p=stadt; 10.04.2002)

Matthiesen, Ulf: Transformational Pathways and Institutional Capacity Building: The Case of the German-Polish Twin City Guben/Gubin. In: Goran, Cars; Healey, Patsy; Madanipour, Ali; de Magalhaes, Claudio (eds.): Institutional Capacity, Urban Governance and the Social Life of Cities. Aldershot: Ashgate, 2002 (im Druck)

Münz, Rainer; Ulrich, Ralf: Demographische Entwicklung in Ostdeutschland und in ausgewählten Regionen. In: Zeitschrift für Bevölkerungswissenschaft, 19. 1994. S. 475-515

Noller, Peter: Globalisierung, Stadträume und Lebensstile. Kulturelle und lokale Repräsentationen des globalen Raums. Opladen: Leske + Budrich, 1999

Oswalt, Philipp; Overmeyer, Klaus: Weniger ist mehr. Experimenteller Stadtumbau in Ostdeutschland. Dessau: Stiftung Bauhaus Dessau, 2001

※ Rietdorf, Werner; Haller, Christoph; Liebmann, Heike: Läuft die Platte leer? Möglichkeiten und Grenzen von Strategien zur Leerstandsbekämpfung in Großsiedlungen. Berlin 2001

Rietdorf, Werner (Hrsg.): Weiter wohnen in der Platte. Probleme der Weiterentwicklung großer Neubauwohngebiete in den neuen Bundesländern. Berlin: edition sigma, 1997

Sassen, Saskia: Cities in a World Economy. Thousand Oaks, London, New Delhi: Pine Forge Press, 1994

Steyer, Claus-Dieter: "Der träumt von Europa, und uns geht's schlecht". Der Tagesspiegel, 13.11.2001

Thierse, Wolfgang: Zukunft Ost - Perspektiven für Ostdeutschland in der Mitte Europas. Berlin: Rowohlt, 2001

Werz, Nikolaus: Abwanderung aus den neuen Bundesländern von 1989 bis 2000. In: Aus Politik und Zeitgeschichte, 2001. H. 39

Sigrun Kabisch

Stadtumbau aus Akteursperspektive
Stadtsoziologische und stadtplanerische Perspektiven zur Auseinandersetzung mit dem Problem des Wohnungsleerstandes

1 Einleitung

Mit dem Programm "Stadtumbau Ost" auf Bundesebene, welches auf Initiativen der Länder aufbaut und sich mit diesen verschränkt, erfährt die aktuelle Problemlage vieler ostdeutscher Städte im Hinblick auf den Wohnungsleerstand die notwendige Beachtung. Denn mit diesem, in seiner Dimension bislang unbekannten gesellschaftlichen Phänomen sind ökonomische, städtebauliche, ökologische und nicht zuletzt auch soziale Fragen hinsichtlich der weiteren Stadtentwicklung verbunden. Erstmals in der jüngeren Geschichte muss nicht der Wohnungsmangel sondern der Wohnungsüberschuss als Problem thematisiert werden. Die Größenordnung von mehr als einer Million unbewohnter Wohnungen beeinträchtigt in erheblichem Maße die Leistungsfähigkeit der Wohnungsunternehmen und der Privateigentümer. Das städtische Erscheinungsbild leidet, da mit Leerstand häufig baulicher Verfall und soziale Erosion verbunden sind. Darauf folgende Sicherheitsprobleme mindern die Wohnqualität sowie das Ansehen gesamter Viertel und tragen damit zur Abwanderung der noch ansässigen Bevölkerung bei. Diese Problemkumulation stellt die Stadtbewohnerinnen und –bewohner sowie städtische Entscheidungsträger vor neuartige Fragestellungen. Deren Beantwortung erfordert konsensuale, demokratisch legitimierte Grundlagen. Es ist zu prüfen, wie die jeweiligen Betroffenheiten der verschiedenen Akteursgruppen gelagert sind, wo Allianzen möglich sind, welche Strategien im Umgang mit dem überdimensionierten Wohnungsleerstand entsprechend der vorgefundenen Problemlage greifen und welche Chancen sich hinsichtlich der Umgestaltung des Stadtgebildes und des Angebotes von mehr Wohn- und Lebensqualität im Rahmen des nachhaltigen Stadtumbaus ergeben.

In den nachfolgenden Kapiteln werden diese Aspekte betrachtet, wobei der Schwerpunkt auf die Betroffenheit der verschiedenen Akteursgruppen gelegt wird, mögliche Strategien als Reaktion auf den Wohnungsleerstand diskutiert werden und das Herangehen an die Problemlage in unterschiedlichen Stadttypen thematisiert wird.

2 Paradigmenwechsel im Transformationsprozess

Während in Ostdeutschland noch bis etwa 1995 die Anzahl der bewohnbaren Wohnungen nicht ausreichte und ein "bis ins nächste Jahrtausend nicht behebbarer Wohnungsmangel" prognostiziert wurde (Friedrichs 1995, S. 57), fehlen heute die Nachfrager (zu den Ursachen des Wohnungsüberhangs vgl. Kabisch - im Erscheinen -). Das Phänomen des Wohnungsleerstandes in der jetzt existenten Dimension gehört zu den Begleiterscheinungen des Transformationsprozesses in Ostdeutschland, in dem alle Bereiche des gesellschaftlichen und des persönlichen Lebens eine Beeinflussung und Veränderung erfahren. Adäquate Handlungsstrategien zu der neuartigen Problemlage sind erforderlich, um diesbezüglich relevante Begleiterscheinungen der Transformation in ihrer Breite und Tiefe zu berücksichtigen und relativ kurzfristig passende Antworten anzubieten. Die Suche nach Lösungsangeboten geht dabei von einem Paradigmenwechsel aus, der in der Abwendung von den Strategien des quantitativen Wachstums und der Präferierung qualitativer Entwicklungsmuster besteht. Dabei gilt es, die Chancen eines entspannten Wohnungsmarktes im Rahmen neuer Möglichkeiten von Stadtentwicklung auszuloten.

Petzold (2001, S. 3 ff.) macht darauf aufmerksam, dass in den vergangenen fünfzig Jahren bereits mehrere Paradigmenwechsel bezüglich des Wohnungs- und Städtebaus vorgenommen wurden. Das Leitbild der "gegliederten und aufgelockerten Stadt" hatte ebenso seine befristete Konjunktur wie jenes der "kompakten Stadt der kurzen Wege" oder der "Urbanität durch Vielfalt". Weitere Beispiele ließen sich anfügen. Bezogen auf die aktuelle Leerstandsdiskussion ist zu bemerken, dass das Thema Wohnungsleerstand an sich als Erscheinung auf dem Wohnungsmarkt nicht neu ist. Es lassen sich in der Geschichte des Wohnens und der Stadtentwicklung durchaus entsprechende Beispiele dafür finden, die zumeist mit wirtschaftlichen Krisensituationen gekoppelt waren.

Im Zusammenhang mit dem Schlagwort der "Schrumpfung" und den sich daraus ergebenden möglichen Chancen städtischer und städtebaulicher Entwicklung sind schon in den vergangenen Jahrzehnten zahlreiche Diskurse geführt worden. Bereits 1988 stießen Häußermann und Siebel eine Diskussion zu Schrumpfung als "andere lokal spezifische gesellschaftliche Realität" an. Sie wendeten sich ab von dem Wachstumsprozess als "einzige Form kulturell akzeptabler Entwicklung von Städten" (Häußermann, Siebel 1988, S. 86 f.) und fragten nach den "Chancen der Schrumpfung". Die sich dahinter verbergende Aufforderung zur Suche nach qualitativen Entwicklungsmustern und Maßstäben für die städtische Zukunft hat nichts an ihrer Bedeutung eingebüßt. Im Gegenteil, die aktuellen Rahmenbedingungen für die Städte in den neuen Ländern sind fast durchgängig von einem Abschmelzungsprozess die Bevölkerungszahl, die Arbeitsplätze, die infrastrukturellen Angebote, die Vielfalt der städtischen Angebote und das kommunale Finanzvolumen betreffend, bestimmt. Dieser erfordert zwangsläufig einen Paradigmenwechsel hin zu "Modellen der Stadtentwicklung, die unabhängig sind von der Idee quantitativen Wachstums" (Weiske, Schmitt 2000, S. 161). Dabei erscheint der Begriff der Schrumpfung offenbar nicht als vollständig passfähig, denn in den benannten Abschmelzungsprozess fließen z.B. nach wie vor sich vollziehende Raumausdehnungen nicht ein. Während sich in den neunziger Jahren die Einwohnerzahl verringerte, vergrößerte sich die Fläche vieler Kommunen durch die Gemeindegebietsreform. Aufgrund der Eingliederung bislang eigenständiger kleiner Kommunen in größere wurde die kommunale Hoheit und damit die Entscheidungsbefugnis ausgedehnt. Es sind demnach auf unterschiedlichen Ebenen gelagerte und auch gegenläufige Tendenzen zu konstatieren, aus denen sich veränderte Handlungsoptionen ergeben und die im Zusammenhang mit dem notwendigen Stadtumbau Berücksichtigung finden müssen.

Qualitative Entwicklungsoptionen rücken in das Zentrum der Betrachtung, die den Umgang mit überschüssiger Wohnbausubstanz so gestalten, dass ein Attraktivitätsgewinn des Wohnortes in Verbindung mit der Erhöhung der Lebensqualität gewährleistet ist. Ein Aufgreifen von früheren Leitbildideen gepaart mit den aktuellen Zielvorstellungen des Stadtumbaus könnte die qualitative Umorientierung unterstützen.

Da ein Ungleichgewicht zwischen Wohnungsangebot und –nachfrage existiert, ist aus marktwirtschaftlicher Sicht zwangsläufig eine Aussortierung von Wohngebäuden notwendig. Die Schwierigkeit besteht darin, die am besten geeigneten Standorte für die Bestandsreduzierung im Sinne eines möglichst hohen Folgeeffektes herauszufiltern. Diese Entscheidung aus unternehmerischer und stadtplanerischer Perspektive muss mit den noch in den Wohnhäusern wohnenden Mietern konsensual abgestimmt werden. Transparenz und Plausibilität des Entscheidungsprozesses sind unabdingbare Voraussetzungen für die Unterstützung des Vorhabens seitens der Mieter und schließlich für deren Bereitschaft, die bisherige Wohnung zu verlassen.

Der Wohnungsleerstand konzentriert sich heute nicht nur auf marode, also aufgrund ihrer mangelhaften Ausstattungsqualität und des schlechten Bauzustandes nicht vermietbare Wohnungen. Auch im sanierten und neugebauten Bestand machte sich Leerstand breit. Ein Überblick über den Leipziger Wohnungsbestand zeigt beispielhaft, dass im Jahr 2000 von etwa 108.000 Gründerzeitwohnungen, das sind 37 Prozent des gesamten Bestandes, 39.000 leer waren. Im unsanierten Anteil betrug der Leerstand 71 Prozent, im sanierten 23 Prozent (vgl. Stadt Leipzig 2000, S. 29). Leerstand ist sowohl innerstädtisch als auch in den randstädtischen Plattenbaugebieten präsent. Diese Gleichzeitigkeit "führt zu dem Dilemma, dass die städtischen Siedlungsformen und Nutzungszusammenhänge in ihrer Ausbalancierung und Vielgestaltigkeit insgesamt gefährdet erscheinen, ganz gleich, welche einzelne Maßnahme ergriffen wird". (Keim 2001, S. 72) Es werden Modelle gebraucht, die zum einen überschüssige und langfristig nicht haltbare Kapazitäten reduzieren und zum anderen Möglichkeiten des Umgangs mit daraus entstehenden Spielräumen sowohl hinsichtlich der Neugestaltung der Stadtkulisse als auch des nachfrageorientierten Angebots an Wohnraum aufzeigen.

3 Betroffenheit städtischer Akteure

Im Zuge des ablaufenden Transformationsprozesses sind die ostdeutschen Städte mit einer Vielzahl von Einflussfaktoren konfrontiert. Aufgrund ihrer Massivität und der Gleichzeitigkeit des Eintreffens in einem historisch kurzen Zeitraum führen sie zu existentiellen Schwierigkeiten, Verunsicherungen aber auch zu neuen Wirkungsmöglichkeiten der städtischen Akteure. Keim bemerkt dazu, dass "Transformation auch eine Restrukturierung des

Sozialen, eine neue Sozialstruktur, umfasst, dass neue gesellschaftliche Relevanzstrukturen, neue Legitimierungen organisiert werden müssen. Sowohl die wirtschaftlichen als auch die politischen und sozio-kulturellen Dimensionen werden, gerade in ihrer wechselseitigen Durchdringung, neu buchstabiert. Alle lokalen Akteure, die Kommune vorneweg, sehen sich daher vor die Situation gestellt, im alltäglichen Konzipieren und Handeln neue, mit hoher Elastizität ausgestattete Akteurskonzepte zu erproben." (Keim 1995, S. 10) Diese Schlussfolgerungen sind auf den Prozess der Auseinandersetzung mit dem Leerstandsproblem als Auslöser der Debatte zum Stadtumbau zu übertragen. Keim unterstreicht die neuartige Problemlage, für die es bisher keinen Vergleich und demzufolge keine allgemeingültigen Lösungsangebote gibt. Die eher auf Wachstum ausgerichteten Denkkulturen im Bereich der Stadtplanung und der Stadtentwicklung sowie der Unternehmensführung müssen zwangsweise an ihre Grenzen stoßen. Es sind andere und der Problemlage besser entsprechende ökonomische sowie rechtliche Denkweisen und Instrumente erforderlich. Für alle Beteiligten unabhängig von ihrem fachlichen Hintergrund ist eine veränderte Situation mit dem Charakter des Lernens und Experimentierens eingetreten. Wird diese Ausgangsposition von den Akteuren respektiert, besteht die Chance, innovative Formen der Problemlösung zu erarbeiten. Eine Kultivierung des Experiments im Sinne des verantwortungsbewussten Umgangs mit Risiken und offenen Ergebnissen, die auch die Notwendigkeit veränderter Instrumentarien und Verfahren begründet, wäre ein möglicher Zugang. Dazu sind neue Allianzen der betroffenen Akteursgruppen, die möglichst schnell und treffsicher auf die aufgeworfenen Problemstellungen reagieren können, notwendig. Dies setzt einerseits die vor Ort angepasste, auf den jeweiligen Verantwortungsbereich bezogene Problemanalyse und die Ableitung geeigneter Handlungsentscheidungen sowie andererseits ein verändertes Rollenverständnis der einzelnen Akteure voraus. Letzteres ist durch die Auflösung eines einseitigen Abhängigkeitsverhältnisses aufgrund von Marktbeschränkungen begründet. Die neuen Akteurskonstellationen zeichnet die Verschiedenheit ihrer Konstituierung und Positionierung auf den Entscheidungsebenen aus. Alle Beteiligten verfügen über Entscheidungs- und Gestaltungsmacht in räumlichen Zusammenhängen, wenn auch in unterschiedlichem Maße. Kommunikation und Kooperation gewinnen als Medien der Konsensfindung und Regulierung verstärkt an Bedeutung (vgl. Hannemann et al. - im Erscheinen).

Für das einzelne Wohnungsunternehmen wie für den privaten Miethauseigentümer besteht das vorrangige Interesse an der Sicherung seiner eigenen wirtschaftlichen Überlebensfähigkeit. Die Rahmenbedingungen verlangen jedoch, dass Wohnungsunternehmen als Marktkonkurrenten in Teilbereichen ihres Handlungsspektrums zusammenarbeiten, um tragfähige Konzepte für den Umgang mit dem Wohnungsleerstand zu entwickeln. Allerdings ist aufgrund der Marktlage nicht auszuschließen, dass einzelne Unternehmen vom Markt verschwinden werden. Möglicherweise werden künftig Fusionen von Unternehmen auch in der Wohnungsbranche zu beobachten sein.

Die Rolle der Banken und Kreditinstitute wird im Zusammenhang mit der Anwendung vorhandener und der Entwicklung neuer Finanzierungsinstrumente für den Stadtumbau immer bedeutungsvoller. In diesem Zusammenhang ist die Frage der Rückzahlung der DDR-Altschulden noch offen.

Rückbaumaßnahmen infolge des Einwohnerschwundes betreffen neben den Wohngebäuden auch überschüssige Infrastruktur- und Versorgungseinrichtungen. Die entsprechenden Unternehmen bzw. Betreiber müssen deshalb in diesen Allianzen berücksichtigt werden. Der Stadtverwaltung kommt die wichtige Funktion des Moderators zu, der auf der Basis des Stadtentwicklungsplans die verschiedenen Interessen zu harmonisieren versucht. Sie ist für die Entwicklung des städtischen Gesamtkörpers zuständig. In dieser Rolle ist es ihr Anliegen, die verschiedenen Interessenkonstellationen einschließlich ihrer eigenen in Übereinstimmung zu bringen.

Der Erfolg des Stadtumbaus wird letztlich von den Einwohnern bestimmt. Deshalb bedarf es ihrer engagierten Mitwirkung. Die Konkretisierung von Rückbauvorhaben mit Rücksicht auf die spezifischen Betroffenheiten von Bewohnergruppen setzt geordnete und klare Kommunikationsformen voraus, in denen verlässlich und transparent Informationen übermittelt werden können. Klare und akzeptierte Gremien dieses Kommunikationsprozesses, die zum Mittun einladen, sich nicht doppeln oder gar konkurrieren und überzeugende Zwischenergebnisse vorlegen können, sind erforderlich. Grundvoraussetzungen für eine offene und zielorientierte Diskussion sind erstens die plausible Darstellung der zwingenden Gründe für den notwendigen Stadtumbau und zweitens der nachvollziehbare Beleg, dass sie im Zuge dessen einen Gewinn für ihre Lebens- und Wohnbedingungen erzielen werden. Nicht zu unterschätzen ist in diesem Kommunikationsprozess der sensible Sprachgebrauch, welcher den "Gewinner" hervorhebt und nicht vorrangig die "Vermeidung einer Verliererposition" thematisiert.

Der Stadtumbau muss mit positiven Signalen einer Erhöhung der Lebensqualität verbunden sein. Nur dann sind seitens der Bewohner Akzeptanz und Engagement zu erwarten. Beispiele für Gewinne im Stadtumbau sind ein Zuwachs an Wohnumfeldqualität durch die Beseitigung von ruinöser Bausubstanz und die Anlage einer Grünfläche; aber auch der Umzug in eine höherwertige Wohnung ohne erhebliche körperliche Belastung und mit garantierter Bezahlbarkeit gehören dazu. Die Teilhabe an einer Umgestaltung des persönlichen Lebensumfeldes durch die Berücksichtigung von Vorschlägen und Hinweisen aus der ansässigen Bevölkerung sowie die Erlebbarkeit des Veränderungsprozesses stärken die Bindung an das Wohnquartier und den Vermieter. Wegzugsabsichten können eingedämmt werden, wenn eine akzeptable Bleibeperspektive erkennbar ist[1]. Es sind somit zwei Zielrichtungen zu berücksichtigen: Zum Einen ist die Bereitschaft der Mieter zum Umzug erforderlich, um einen vollständigen Leerzug für zum Abriss vorgesehene Blöcke zu erreichen; zum Anderen ist der Vermieter bestrebt, seine Mieterklientel trotz Wohnungswechsel in seinem Bestand zu halten. Um dies zu erreichen, ist eine enge Zusammenarbeit zwischen beiden Gruppen unerlässlich.

Ein aktuelles Beispiel für die Kooperation vieler Stadtakteure ist die Erarbeitung von gemeindlichen "Integrierten Stadtentwicklungskonzepten" (vgl. Beitrag von Haller/Liebmann/Rietdorf/Aehnelt in diesem Band). Sie sind die Voraussetzung für die Bereitstellung von Fördermitteln für Stadtumbaumaßnahmen. Seitens des Sächsischen Staatsministeriums des Innern werden diese Fördermittel mit dem Ziel ausgereicht, zur "Sicherung und Herstellung der Funktionsfähigkeit der lokalen Wohnungsmärkte durch den Ausgleich von Angebot und Nachfrage" (SMI 2001, S. 2) beizutragen. Gegenwärtig erarbeiten 104 sächsische Kommunen plausible gesamtstädtische Entwicklungsziele im Rahmen eines "Integrierten Stadtentwicklungskonzeptes", wobei als Ausgangspunkt eine in sich schlüssige Konzeption zum gezielten Abbau des Wohnungsleerstandes

---

1 Diese kausalen Zusammenhänge können mit Untersuchungsergebnissen belegt werden, die im Rahmen eines siedlungssoziologischen Forschungsprojektes zu Revitalisierungschancen niedergegangener Gemeinde-strukturen im Braunkohlebergbaugebiet entstanden (vgl. Kabisch, Linke 2001).

gilt. Gleichzeitig beteiligen sie sich an dem vom Bundesministerium für Verkehr, Bau- und Wohnungswesen ausgelobten Wettbewerb "Stadtumbau Ost – Für lebenswerte Städte und attraktives Wohnen". Die Initiativen auf Landesebene korrespondieren mit denen auf Bundesebene (vgl. BMVBW 2001). Es verzahnen sich darin Fördermöglichkeiten der Länder und des Bundes. Zugleich werden Best-Practice-Beispiele aufgezeigt, um methodische Zugänge für die Erarbeitung und Weiterentwicklung von Integrierten Stadtentwicklungskonzepten anzubieten. Diese sind ein dynamisches Instrument, das den sich ändernden Rahmenbedingungen der Stadtentwicklung anzupassen ist und die strategischen Ziele eines qualitativen Stadtumbaus konsequent verfolgt.

4 Wider den Wohnungsleerstand – mögliche Gegenstrategien

Der Umgang mit dem Wohnungsleerstand erfordert jeweils konkrete und auf die lokalen Bedingungen angepasste Strategien. Dabei muss Elastizität gegeben sein. Die verschiedenen Varianten sollten die Wandlungsfähigkeit von Wohnimmobilien und neue Nutzungsideen aufzeigen (vgl. Kunze 2000, S. 320 ff.). Der Erprobungscharakter kann Fehlschläge nicht vollständig ausschließen. Doch daraus sind Lerneffekte abzuleiten, um künftige Vorhaben qualitativ zu verfeinern. Es wird nicht nur eine Lösungsstrategie geben, sondern komplexe Varianten mit verschiedenen Maßnahmepaketen sind angemessen.
Seitens der Kommission zur Untersuchung des wohnungswirtschaftlichen Strukturwandels, werden zwei Strategien präferiert (vgl. BMVBW 2000):
1. Abriss
2. Eigentumsförderung im Bestand

Als weitere Strategien können angeführt werden:
3. Rück- und Umbau
4. Konservieren

(1) Der *Abriss* wird aktuell vordergründig unter ökonomischem Vorzeichen diskutiert. Punktuell sind in verschiedenen Städten, darunter in Leipzig, Gebäudeabrisse vorgenommen worden. Nach Angaben des VSWU (2001) sind in Sachsen durch die kommunalen Wohnungsunternehmen

bis Jahresende 2000 bereits 1.357 Wohnungen abgerissen worden. Für 2001 ist ein Umfang von 3.800 Wohnungen vorgesehen. Im Freistaat ist für den Zeitraum bis etwa 2010 nach Meldungen des sächsischen Innenministeriums der Abriss von zirka 150.000 Wohnungen geplant. Die vergangenen Abrisse betrafen baufällige sowie seit längerem leer stehende Gebäude. Damit fanden bisher eher symbolische Aktionen, die die Handlungsfähigkeit des städtischen Wohnungsunternehmens bzw. der Genossenschaften signalisieren, statt. Die herausfordernden Problemstellungen, nämlich der Abriss von zum Teil bewohnten Gebäuden in größerer Zahl, warten noch auf ihre Lösung. Weder für den Umgang mit den verbliebenen Mietern hinsichtlich einer Umzugsstimulierung noch für die Übernahme der Kosten eines möglichen Abrisses sind bislang stabile Instrumente und Mechanismen vorhanden. Des weiteren sind die Interessen und Problemlagen der Kleineigentümer bzw. der verwertungsorientierten Eigentümer nicht ausreichend berücksichtigt.

(2) Die *Eigentumsförderung im Bestand* soll durch eine Zulage bei Erwerb im Bestand in der Größenordnung, wie sie bisher für den Neubau gezahlt worden ist, erfolgen. Damit wird ein interessantes Angebot für mögliche Eigentumserwerber offeriert. Es wird aber voraussichtlich nur dann Interessenten finden, wenn neben den finanziellen Konditionen auch die weiteren Rahmenbedingungen mit den Erwartungen der Eigentumserwerber harmonisiert werden können. Denn bisher ist es eher fraglich, ob die Verschiebung der Anreize ausreicht, einen Teil der Haushalte mit dem Wunsch nach einem Einfamilienhaus zum Erwerb einer Eigentumswohnung im Bestand umzulenken (vgl. Franz 2001, S. 33). Des weiteren ist zu berücksichtigen, dass die Nachfrage nach zusätzlicher Wohnfläche im Geschosswohnungsbau laut Aussage der Wohnungsprognose 2015 mittelfristig sinken wird, wenn auch regional in unterschiedlichem Maße (vgl. Iwanow et al. 2001, S. 27, Karte 1: Nachfrageentwicklung 1998/2015 nach Wohnfläche in Mehrfamilienhäusern für Ostdeutschland). Somit sind Effekte hinsichtlich einer Eindämmung des Leerstandes durch den zusätzlichen Flächenkonsum im Bestand nur begrenzt zu erwarten (vgl. ebenda, S. 26). Weiterhin ist nach Meinung des Direktors des Verbandes Thüringer Wohnungswirtschaft e.V. der Bedarf nach Wohneigentumsbildung aus dem Bestand fast verschwunden. Er begründet dies wesentlich mit dem Ausbleiben der erhofften Verbesserung auf dem Arbeitsmarkt und

hinsichtlich der Einkommensverhältnisse (vtw 2000, S. 15). Damit ist ein wichtiges Kriterium für Zurückhaltung bei der Eigentumsbildung genannt worden, wenn auch seitens der Bausparkassen darauf verwiesen wird, dass in nächster Zeit Bausparverträge in größerem Umfang zuteilungsreif werden.

(3) Der *Rück- und Umbau* von Wohngebäuden korrespondiert mit der Zielstellung, den Eigentumserwerb im Bestand zu forcieren. Damit muss Kriterien entsprochen werden, die einerseits den Wohnbedürfnissen und Qualitätsmaßstäben der künftigen Nutzer verpflichtet sind und die andererseits die Bezahlbarkeit im Auge haben. Die auf Plattenbaugebiete bezogenen Vorhaben eröffnen aus städtebaulich-architektonischer Sicht die Möglichkeit, neue experimentelle Umbauten vorzunehmen, diese mit den zukünftigen Nutzern gemeinsam zu planen und umzusetzen und damit den Ruf der "Platte" neu zu bestimmen. Das Ziel besteht darin, Diversifikation in die Nutzungsmöglichkeiten und Vielfalt in das Erscheinungsbild der Plattenbauten und Großsiedlungen zu bringen. Erste realisierte Projekte orientieren auf einen positiven Umgang mit Plattenbauten und auf einen Qualitätsgewinn, der auf schon vorhandenen qualitativen Grundlagen beruht. In diesen Baukörpern eröffnen sich Möglichkeiten des kreativen Umgangs durch Baukastensysteme, flexible Wände, dem Spiel von Licht und Schatten durch ehemalige Treppenhauswände u.v.m.

Aber auch in gründerzeitlichen Mehrfamilienhäusern der inneren Stadt existieren bauliche Voraussetzungen für typologische Verbesserungen, um "einfamilienhausnahe" Wohnangebote, z.B. durch die Umgestaltung der Erdgeschossbereiche, die Schaffung einer attraktiven Freiraumatmosphäre oder einen direkten Wohnungszugang, zu unterbreiten. Weitgehende Transparenz der Umbaumöglichkeiten in Form von Musterwohnungen, Fotos, Modellen sind erforderlich, um die Chancen des Rück- und Umbaus zu verdeutlichen und sie mit den Wohnbedürfnissen zu spiegeln. Um treffsichere Angebote unterbreiten zu können, sind Analysen hinsichtlich möglicher Zielgruppen und deren Wohnwünsche unerlässlich (vgl. Schneider, Spellerberg 1999).

(4) Das *Konservieren* bezieht sich auf leerstehende Gebäude, für die aktuell kein Handlungsbedarf besteht, die aber für den Stadtbilderhalt wertvoll bzw. aus ökologischen Gründen wie dem Lärmschutz notwendig sind. Um diese einem möglichen künftigen Verwendungszweck zuzuführen, müssen finanzielle Mittel vorhanden sein, um sie zu sichern und

unzugänglich zumachen. Eine Fassade ist erforderlich, die die Bewahrung des Gebäudes signalisiert und nicht dessen fortschreitenden Verfall verfolgen lässt. Kann dieses Erscheinungsbild geschaffen werden, dann ordnen sich derartige Gebäude auch unproblematisch in die Nachbarschaft genutzter Bausubstanz ein. Neben dem Konservieren ganzer Gebäude ist auch die Stilllegung einzelner Geschosse denkbar. Damit sind ökonomische Vorteile für die Unternehmen verbunden, weil die Grundsteuer auf der Grundlage der verringerten Wohnfläche abgesenkt wird und sich der Umlageschlüssel für die Betriebskosten ändert.

Die baulichen Strategien, mit denen auf den Wohnungsleerstand reagiert werden soll, richten sich letztlich auf die Erhaltung der Funktionsfähigkeit des städtischen Organismus mit seinen sozialen, ökologischen, wirtschaftlichen und baulichen Bestandteilen. Deshalb gehören die baulichen Strategien zu einem komplexen Wirkungszusammenhang, der sozialräumliche, stadtökologische, infrastrukturelle und stadtästhetische Komponenten einschließt.

5 Sozialräumliche Auswirkungen des Wohnungsleerstandes

Der Wohnungsleerstand ist ein neuer Indikator für die Fragmentierung der Stadt. Er korrespondiert mit der Einwohnerzahl und dem sozioökonomischen Status der Bevölkerungsgruppen. Letzterer differenziert sich aus, wesentlich bedingt durch die Lage auf dem Arbeitsmarkt. Eine zunehmende soziale Ungleichheit und eine Teilung der Stadtgesellschaft in Teilhabende und Benachteiligte ist die Folge. Diese Entwicklung schlägt auch auf den Wohnungsmarkt durch, sowohl in Großstädten als auch in kleineren Kommunen. In den ostdeutschen Stadtgebieten sind Wegzüge ohne nachfolgende Wiederbelegung der Wohnungen vor allem, aber nicht ausschließlich, aus den Lagen zu beobachten, die bauseitige und Umfeldmängel aufweisen. Haushalte mit höherem Einkommen und Aufstiegschancen ziehen aus Gebieten mit unattraktivem Erscheinungsbild verstärkt weg oder vermeiden es, dort hinzuziehen. Zurück bleiben eher einkommensschwache Haushalte, die die Voraussetzungen für einen Wegzug in bessere Lagen nicht aufbringen. Sind zudem in diesen Gebieten Reserven im belegungsgebundenen Wohnungsbestand vorhanden, werden wohnungssuchende Haushalte dort eingewiesen. Diese Haushalte weisen häufig Mehrfachbenachteilungen auf und sind auf Unterstützung der öffentlichen Hand angewiesen. Es kommt zur Konzentration von Bevölkerungsgruppen mit gleichen oder ähnlichen Charakteristika in städtischen Teilräumen. Somit verschränken sich Erscheinungen der sozialen Aussortierung und des Wohnungsleerstandes. In der Folge verstärken sich räumliche Spaltungstendenzen zwischen den Wohngebieten der Stadt. Wird diese Entwicklung in Kauf genommen und bleiben gegensteuernde Maßnahmen aus, kann eine sich allmählich selbstverstärkende Abwärtsspirale in Gang kommen. Am Ende stehen die bauliche und die soziale Erosion und der Niedergang gesamter Gebiete (vgl. Kabisch 2001, S. 12).

Im vergangenen Jahrzehnt ist die sozialräumliche Differenzierung jedoch nicht so weit vorangeschritten, dass in den ostdeutschen Städten bereits eindeutig benachteiligte und stigmatisierte Wohnquartiere, ohne eine Chance der Aufwertung, existieren. Anzeichen für sozialräumliche Disparitäten sind erkennbar, deren Verstärkung ist wahrscheinlich. Einzelne Teilräume mit einer Kumulation benachteiligter Gruppen und benachteiligender Faktoren bilden sich in Konturen heraus.

Diese Einschätzung konnte anhand des "Sozialatlas der Stadt Leipzig" (vgl. Kabisch et al. 1997) exemplarisch belegt werden. Im Rahmen dieses Sozialatlas wurde erstmalig für eine ostdeutsche Großstadt ein Gesamtüberblick über sozialräumliche Entwicklungstendenzen auf der Grundlage der im Arbeitszeitraum verfügbaren kleinräumigen Daten erarbeitet. Die integrierte Betrachtung von sozialstrukturellen, städtebaulichen, stadtökologischen und infrastrukturellen Merkmalen führte zur Herausarbeitung von Typen sozialer Räume. Diese wurden in ihrer jeweiligen historischen Entstehungsgeschichte betrachtet und in ihrer aktuellen sozialen und räumlichen Situation beschrieben. Auf dieser Basis konnten Kontinuitäten, Brüche und Persistenzen in der Entwicklung der Gebiete belegt und die jeweiligen Entwicklungschancen in die Kategorien Aufwertung, Abwertung und Stabilisierung eingeordnet werden. In diesem Kontext bildete das Ausmaß des Wohnungsleerstandes einen wichtigen Indikator. Die östlich und westlich nahe des Stadtzentrums gelegenen Wohngebiete mit hochverdichteter einfacher Gründerzeitbebauung weisen die höchste Konzentration leerstehender Wohnungen auf. Zugleich wurden hier die stärksten baulichen und sozialen Verfallserscheinungen festgestellt.

Zwischenzeitlich hat sich der Abwärtstrend dieser Gebiete fortgesetzt, allerdings in verminderter Geschwindigkeit. Denn die Stadt Leipzig hat mit gezielten Maßnahmen und Fördermitteln im Rahmen der Programme "Soziale Stadt" und "Urban II" reagiert. Insgesamt ist weiterhin der Einschätzung zuzustimmen, dass der "Segregationsprozess erst zögerlich in Gang gekommen ist. Ob und inwieweit er ... zukünftig weiter fortschreiten wird, hängt neben der sozialstrukturellen Differenzierung, der Lokalisierung belegungsgebundener Wohnungsbestände, der Ausweisung neuer Wohnbaustandorte ganz entscheidend von den Schwerpunktsetzungen der Stadtentwicklungsmaßnahmen sowie dem planerischen Umgang mit Segregation ab" (Harth et al. 1998, S. 228).

Der Wohnungsleerstand gibt in Abhängigkeit von seiner Dimension Auskunft über die Attraktivität einzelner Stadtteile und speist damit die Außensicht auf den Wohnstandort. Das gebietsspezifische Ausmaß des Wohnungsleerstandes ist zugleich ein Barometer für die Akzeptanz eines Standortes durch seine sesshaften bzw. ehemaligen Bewohner. Ein entspannter Wohnungsmarkt eröffnet Möglichkeiten für Bewohnergruppen, ihren Wohnstandard in einem Maße zu erhöhen, wie dies unter angespannten Marktkonstellationen finanziell nicht zu bewältigen wäre. Die Gebietsauswahl für einen Wohnstandort kann ausgedehnt werden. Durch diese Mechanismen verzögert sich der sozialräumliche Differenzierungsprozess innerhalb der Stadt. Während ein überschaubarer Leerstand Verdrängungstendenzen abbremst und damit eine sozialstrukturell stabilisierende Wirkung haben kann, kippt diese bei Überschreiten eines Schwellenwertes in ihr Gegenteil um. Hinzu kommt eine nachlassende Nutzung, die die Funktionalität der Wohnviertel bedroht (vgl. Reichart 2001, S. 43). Loslösungserscheinungen vom Quartier werden verstärkt. Diese können durch ruinöse Gebäude mit fortschreitendem Verfall weiter befördert werden. Denn derartige Störfaktoren strahlen auf das Gesamtbild des Quartiers aus und beeinträchtigen dessen Erscheinung. Wird der Verfall nicht wahrnehmbar zurückgedrängt, sondern ist eine Ausweitung sichtbar, kann sich in der Folge die Unzufriedenheit mit dem Wohnumfeld bei den verbliebenen Mietern vergrößern. Betrifft der Leerstand gesamte Häuser und Häuserzeilen, lassen "blight"-Phänomene (vgl. Lichtenberger 1991, S. 246) nicht lange auf sich warten. Ein beschleunigter Niedergang des betroffenen Gebietes sowohl baulich, infrastrukturell als auch sozial ist die Folge.

Dieses mögliche Szenario vor Augen werden Konzepte gesucht, um den Abwärtsstrudel aufzuhalten und umzukehren. Vorrangig zielen sie auf die Beseitigung ruinöser Baukörper und die Beräumung von vermüllten Flächen. Damit kann bereits eine relativ einfache Form der Aufwertung in Gang gesetzt werden. Die Realisierungschancen werden allerdings durch häufig unklare Eigentumsverhältnisse der verfallenen Bausubstanz, fehlende finanzielle Mittel der Eigentümer oder deren Desinteresse aufgrund des zu geringen wirtschaftlichen Handlungsdrucks gebremst.

Die Bemühungen um eine Aufwertung der Stadt orientieren auf die Vermeidung extremer Negativausprägungen in städtischen Teilräumen bezüglich der Kombination von baulichem Verfall und sozialer Erosion. Dies ist die Grundlage, um den Stadtzusammenhalt zu sichern. Bereits existente punktuelle Perforationen sollen durch gezielte Interventionen im kleinen Maßstab langfristig Umbaustrategien in Gang setzen, die zu einem veränderten Stadtteiltypus führen (vgl. Lütke Daldrup in diesem Band). In den ostdeutschen Städten ist aktuell eine Problemüberlagerung eingetreten, die bauliche Maßnahmen erfordert, in deren Rahmen seitens der Verantwortlichen auch gezielt soziale Intentionen verfolgt werden können. Es wäre zu diskutieren, ob damit eine Chance der Loslösung von der "Pfadabhängigkeit" für die Entwicklung von Stadtgebieten, die einen sozialen Wandel nur innerhalb eines bestimmten Möglichkeitskorridors zulässt, entstanden ist (Häußermann/Siebel 2000, S. 130). Diesem Anspruch sind die Konzepte zum qualitativen Stadtumbau aufgrund der leerstandsbedingten Konfliktlage verpflichtet. Soziale Zielstellungen bilden einen wesentlichen Bestandteil dieser Konzepte, ohne dabei dem utopischen Anspruch zu verfallen "mit einer besseren Stadt eine bessere Gesellschaft bauen zu können" (Häußermann 1999, S. 72).

6 Beispielcharakter kleinerer Städte

6.1 Zur Bedeutung der Klein- und Mittelstadtforschung

In der Debatte um die Auseinandersetzung mit dem Wohnungsleerstand und der Suche nach Handlungsalternativen wird der Fokus vorrangig auf Großstädte gerichtet. Hier treten die Probleme geballt und in großer Dimension auf (vgl. Beitrag von Lütke Daldrup in diesem Band). Allerdings fehlen bisher vielerorts erfahrbare und überzeugende Beispiele für einen erfolgreichen städtischen Umbauprozess mit dem Ziel der Zurückdrängung des Wohnungsleerstandes. Zudem ist die soziale Vielschichtigkeit bzgl. Betroffenheiten, Interessenlagen und Erwartungen nicht in dem Maße aufgearbeitet, dass schrittweise auf Erfahrungen aufgebaut werden könnte. Zu neuartig und verflochten ist offensichtlich die Problemlage, wodurch ein klar strukturiertes Vorgehen noch nicht möglich ist.

Dem gegenüber sind in kleineren Städten bereits erste Beispiele für innovative Problemlösungen wahrzunehmen. Jedoch ist auch in diesem Stadttyp die wissenschaftliche Aufarbeitung der Veränderungsprozesse bislang zu gering (vgl. Hannemann 2001). Generell muss konstatiert werden, dass in der Debatte um die Stadt der Zukunft kleinere Städte kaum Beachtung erfahren. Dies ist nicht gerechtfertigt, denn "die" deutsche Stadt ist eher mittel- und/oder kleinstädtisch geprägt. Nach der statistischen Zusammenstellung und der sich daran anschließenden Erläuterung von Hannemann (vgl. Hannemann, - im Erscheinen -) gehören in den alten Bundesländern knapp zwei Drittel (62 Prozent) aller Städte in die Stadtgrößenklassen mit einer Einwohnerzahl unter 20.000. In den neuen Bundesländern müssen sogar etwa vier Fünftel (83 Prozent) aller Städte dazu gerechnet werden. Der Anteil der städtischen Bevölkerung beläuft sich in den westlichen Klein- und Mittelstädten auf 18 Prozent, in den ostdeutschen Städten dieses Typs beträgt er 32 Prozent. Schon rein quantitativ ist somit die Beschäftigung mit klein- und mittelstädtischen Entwicklungsperspektiven angemessen. Hinzu kommt der Sachverhalt, dass Entwicklungsperspektiven von Städten auch an ihren jeweiligen Stadttyp geknüpft sind. Denn gesellschaftlicher Raum strukturiert sich nicht nur durch Unterschiede zwischen Stadt und Land, sondern auch und vor allem durch differente Stadttypen. Mit dem Blick auf kleinere Städte werden somit weitere Facetten der Konstitution des gesellschaftlichen Raums im Sinne einer räumlichen Differenzierung beleuchtet. Sie eröffnen möglicherweise neue Erklärungs- und Lösungspfade für soziale Beziehungsmuster und Konfliktlinien im urbanen Zusammenhang, die durch eine Maßstabsverkleinerung des Bezugsrahmens auf Großstädte und deren Stadtteile übertragbar sind.

6.2 Leinefelde und Weißwasser als Fallbeispiele

Erste Analyseergebnisse in Leinefelde und Weißwasser zeigen, dass bauliche Umgestaltungsmaßnahmen erfolgreich begonnen werden konnten. In deren Ergebnis zeigte sich eine Variabilität im Erscheinungsbild mit dem Effekt einer Imageverbesserung. In der thüringischen Kleinstadt Leinefelde, wo der Stadtumbau schon zu konkreten Ergebnissen geführt hat, war ein relativ hoher Auslastungsgrad des neuen Wohnungsangebotes die Folge, da die Rückbau-, Umbau- und Abrissmaßnahmen nicht nur zu interessanten Wohnungsangeboten führten und das Wohnumfeld aufwerteten, sondern auch hinsichtlich der Kostenkalkulation auf Akzeptanz der potenziellen Nutzer stieß. Leinefelde hat für sein Umbauprojekt zur Modernisierung von Plattenbauten sogar den Bauherrenpreis 1999 erhalten (vgl. Abb. 1 und 2). Die Stadt ist eine von 10 Geehrten bundesweit, immerhin im Kreis von 426 Bewerbern (vtw 2000, S. 171). Obwohl Leinefelde sich in der prominenten Position eines besonders geförderten Korrespondenzstandortes der Weltausstellung EXPO 2000 befand und dadurch die finanziellen Rahmenbedingungen für den Stadtumbau komfortabel waren, muss den kommunalen Entscheidungsträgern zugute gehalten werden, dass sie sehr zeitig die Problemlage richtig eingeschätzt und mit Phantasie und Kreativität originelle Lösungsstrategien erarbeitet haben. Dies zahlt sich nun für die Stadt hinsichtlich Positivimage und Stabilisierung der vorhandenen Strukturen aus. (vgl. auch den Beitrag Liebmann/Haller in diesem Band)

Abb. 1: Umgebaute Fassade und erneuerter Hauseingangsbereich eines Wohnblocks in Leinefelde, eingebunden in Lehrpfad für Stadtnatur

Abb. 2: Neue Ecklösung als Ergänzungsbau und vergrößerte Balkone sowie Laubengänge, teilweise zur Erschließung übereinanderliegender Wohnungen

Im Unterschied zu Leinefelde befindet sich Weißwasser - eine sächsische Mittelstadt in der Oberlausitz, 7 km von der polnischen Grenze entfernt - noch in der Startphase des Stadtumbaus[2]. Erste Beispiele für eine hochwertige Sanierung sind existent, jedoch ist der Leerstand nicht zu übersehen (vgl. Abb. 3 und 4). Die Stadtverwaltung hat in Kooperation mit weiteren städtischen Akteuren einen integrierten Stadtentwicklungsplan erarbeitet, auf dessen Grundlage der Stadtumbau mit Hilfe von Fördermitteln konzentriert vollzogen werden soll (Stadtverwaltung Weißwasser 2001).

Abb. 3: Neuer Hauseingangsbereich und neu gestaltetes Wohnumfeld in Weißwasser

Abb. 4: Bewohnte und leerstehende Wohnblöcke in enger Nachbarschaft in Weißwasser

(Fotos: S. Kabisch)

Weißwasser ist eine typische DDR-Stadt, die aufgrund wirtschaftlicher Stärkung der Glasindustrie und der nahe gelegenen Braunkohlentagebaue sowie des Kraftwerkes Boxberg ab den sechziger Jahren einen sprunghaften Einwohnerzuwachs erfuhr, der mit erheblichem Wohnungsbau begleitet wurde. Die in industrieller Bauweise entstandenen Wohnhäuser, meist Plattenbauten, dominieren heute das Stadtbild. Ein historischer

---

2 In einem vom Bundesministerium für Bildung und Forschung geförderten Projekt wird aus sozialwissenschaftlicher Perspektive die Vorbereitung und der laufende Prozess des Stadtumbaus in Weißwasser begleitet. Das Projekt ist am UFZ-Umweltforschungszentrum Leipzig-Halle GmbH angesiedelt und wird von Sigrun Kabisch und Matthias Bernt im Zeitraum von Juli 2001 bis Juni 2003 bearbeitet. Vertragliche Kooperationspartner sind die Wohnungsgenossenschaft Weißwasser und die Universität Cottbus.

Altstadtkern ist nur in Resten zu erkennen, da dieser im Zweiten Weltkrieg weitgehend zerstört wurde. Die Stadt ist mit z.Z. etwa 26.000 Einwohnern die größte im Umkreis von 25 km.

Aufgrund des wirtschaftlichen Zusammenbruchs und des massiven Verlusts an Arbeitsplätzen ist etwa ein Viertel der gesamten Bevölkerung in den vergangenen zehn Jahren abgewandert (vgl. Abb. 5). Dieser Einwohnerverlust ist noch nicht zum Stillstand gelangt. Die Bevölkerungsprognosen veranschlagen einen weiteren Rückgang der Zahlen bis zum Jahr 2010 auf ca. 20.000 und bis 2020 auf 19.000. Würde diese Entwicklung eintreten, dann hätte sich die Einwohnerzahl bezogen auf ihren höchsten Stand im Jahr 1987 (37.000) halbiert und den Wert von 1970 erreicht.

Die Stadt durchlebt demnach eine erhebliche Schwankung bezüglich ihrer Einwohnerzahl und den damit verbundenen materiellen wie geistigen Positionen. Denn ca. 30 Jahren wirtschaftlichem Bedeutungsgewinn folgen Jahrzehnte des Bedeutungsverlustes. Eine Generation (im bevölkerungsstatistischen Verständnis) ist von diesem Aufschwung betroffen.

Die bis 1990 hier lebende Bevölkerung war zu etwa der Hälfte zugezogen, konnte sich aber aufgrund der relativ kurzen Zeitdauer nicht verwurzeln. 1990 haben die ungünstigen sozioökonomischen Rahmenbedin-

Abb. 5: Reale und prognostizierte Einwohnerentwicklung von Weißwasser seit 1939, dem Jahr der Verleihung des Stadtrechts, bis 2020

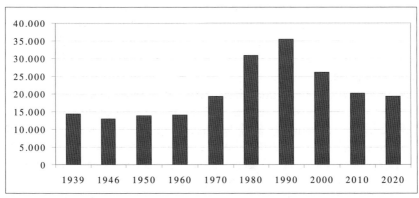

Quelle: Stadtverwaltung Weißwasser 2001: Integriertes Stadtentwicklungskonzept für Weißwasser. Weißwasser, S. 7, 21

gungen eine Gegenbewegung in Form der massiven Abwanderung ausgelöst, die bis in die Gegenwart nicht gestoppt werden konnte. Die altersstrukturelle Übersicht belegt, dass vorrangig junge, gut ausgebildete Menschen abwanderten, um andernorts einen Arbeitsplatz einzunehmen. Allerdings ist zu beachten, dass auch ältere Menschen, die in den siebziger Jahren arbeitsbedingt hierher gezogen sind, die Stadt verlassen. Sie nehmen den Ausstieg aus dem beruflichen Arbeitsverhältnis zum Anlass, an ihren Herkunftsort zurückzukehren oder an den Ort, an dem sich bereits Familienangehörige befinden, zu ziehen. Damit werden Untersuchungsergebnisse unterstrichen, die belegen, dass die Umzugsbereitschaft älterer Menschen eine weithin unterschätzte Größe ist (vgl. Eichener 2001, S. 174). Wie im Falle von Weißwasser gezeigt werden kann, beschränkt sich der Umzug nicht nur auf den Wechsel in eine andere Wohnung mit angemessener Größe oder in ein Altenheim innerhalb der Stadt. Auch weiträumigere Ortswechsel werden realisiert.

Der wesentliche Stimulus für den aktuellen und den prognostizierten Einwohnerrückgang ist die problematische Lage auf dem Arbeitsmarkt. Zukunftsträchtige Wirtschaftszweige sind nicht existent und in absehbarer Zeit nicht zu erwarten. Hinzu kommen die relative Randlage und die beschränkte Anbindung an überregionale Verkehrsverbindungen (vgl. Danielzyk, Zettwitz 2001, S. 158). Obwohl die Bewohner durchaus die Vorzüge der Lebensbedingungen, insbesondere das grüne Wohnumfeld und die Nähe zum Wald unterstreichen, ist damit kein hinreichender Grund für Sesshaftigkeit gegeben.

Der Einwohnerschwund spiegelt sich im Wohnungsleerstand wider. Während 1995 bei einem Wohnungsbestand von 13.842 Wohnungen der Leerstand 7 Prozent betrug, ist dieser bei dem zwischenzeitlich gewachsenen Bestand von 14.531 Wohnungen (Stand 5/2001) auf 22 Prozent hochgeschnellt.

Erste Blöcke mit überdimensioniertem Leerstand konnten freigelenkt und abgerissen werden. Im Rahmen des Stadtumbaus wird seitens der Stadtverwaltung und der Wohnungsunternehmen die Chance gesehen, Defizite im städtebaulichen Erscheinungsbild zu beseitigen, die Faktoren der städtischen Lebensqualität zu stärken und damit die Einwohnerzahl auf einem niedrigerem Niveau zu stabilisieren.

Motor dieser Entwicklung waren die beiden großen Wohnungsunternehmen in Weißwasser, die zusammen über etwa zwei Drittel des Wohnungsbestandes verfügen. Dieser besteht fast ausschließlich aus Wohngebäuden des industriellen Wohnungsbaus. Bereits vor dem Erarbeitungsprozess des integrierten Stadtentwicklungsplanes sahen sie sich den Problemen des wachsenden Leerstandes gegenüber und suchten nach Auswegen aus dem Problemfeld. Gezielt wurden hochwertige Sanierungsvorhaben und Aufwertungsmaßnahmen, z.B. durch Loggiavergrößerung und -verglasung, den Umbau der Hauseingangsbereiche und den Einbau von Aufzügen durchgeführt. In diesen Wohnbereichen konnte eine hohe Wohnungsauslastung erreicht werden. Daneben verblieben zahlreiche Blöcke im unsanierten Zustand, in denen der Leerstand zunahm. Auch in sanierten Gebäuden konnte teilweiser Leerstand nicht überall verhindert werden. Seitens der Wohnungsunternehmen wird die Chance des Stadtumbaus auf der Basis des Stadtentwicklungsplanes darin gesehen, dem weiter zunehmenden Leerstand durch Rückbau und Abriss zu begegnen. Die Erwartung einer Zunahme der Einwohnerzahl und damit ein Wachstum der Wohnungsnachfrage ist auf längere Sicht unrealistisch. Allerdings verursachen nicht nachgefragte Wohnungen Kosten, die eine Größenordnung erreichen, welche bei Überschreitung einer Obergrenze durch die Unternehmen nicht mehr getragen werden können. Eingeschränkte Handlungsfähigkeit in Bezug auf die Erfüllung laufender Aufgaben und das Aussetzen von Sanierungsarbeiten sind die Folgen, die bis zu drohender Insolvenz reichen können. Um diesem Szenario erfolgreich entgegenzuwirken, sind hausweise Rückbau- und Abrissvorhaben benannt worden. Während der mehrmonatigen Erarbeitungsphase des Integrierten Stadtentwicklungskonzeptes war eine breite Öffentlichkeit zur Beteiligung eingeladen. Allerdings war die Resonanz eher bescheiden, weder seitens der Politik, der Verwaltung, der ortsansässigen Unternehmen noch der Einwohner war ein großes Interesse spürbar. Dieses wurde erst dann geweckt, als die konkreten Umbaupläne den betroffenen Mietern schriftlich zur Kenntnis gegeben wurden. An dem Punkt, an dem die eigene Betroffenheit spürbar wird, wird eine Auseinandersetzung mit dem Vorhaben in Gang gesetzt, dass zunächst in artikuliertem Widerstand mündet. Gründe gegen die Rückbauabsichten werden gesammelt und an prominenter Stelle vorgetragen. Damit beginnt nun, nachdem der integrierte Stadtentwicklungsplan bereits durch die Stadtverordneten beschlossen worden ist, die Diskussion und der Austausch von Interessenlagen, die zunächst unvereinbar scheinen.

Aus sozialwissenschaftlicher Perspektive stellen sich nun mehrere Fragen: Warum wurde das Diskussionsangebot im Rahmen der Erarbeitung des Stadtentwicklungskonzeptes kaum angenommen? Wie formiert sich der Widerstand gegen die Stadtumbaupläne? Wie sind die Wortführerpositionen charakterisiert? Wie sollte der Aushandlungsprozess gestaltet sein, um zu akzeptablen Lösungen für die Beteiligten zu gelangen? Diese Punkte werden in den Forschungsprozess eines laufenden sozialwissenschaftlichen Projektes in Weißwasser eingebettet (vgl. Fußnote 2). Das Projekt hat eine explorierende Funktion und besitzt Pilotcharakter.

6.3 Erste Begründungen für den Beispielcharakter kleinerer Städte

Die typischen Lebenszusammenhänge für kleinere Städte könnten sich als Vorzüge für den Stadtumbau erweisen. Die Funktionsfähigkeit sozialer Netzwerke, die Vertrautheit mit der Umgebung, die Verlässlichkeit im Umgang miteinander aufgrund langfristig gewachsener Handlungsbezüge aber auch die direkte Konfrontation beim Aufeinandertreffen gegensätzlicher Meinungen drücken sich in Form des ausgeprägten Sozialkapitals aus (vgl. Hannemann - im Erscheinen -). Die unmittelbare Sichtbarkeit lokalen Engagements, die Vorzüge der Überschaubarkeit städtischer Strukturen, die niedrigschwelligen Möglichkeiten zur Mitwirkung in Vereinen und Initiativen sowie der hohe Bekanntheitsgrad und die gewährleistete persönliche Ansprechbarkeit von Mieter und Vermieter sind wichtige Kriterien der Wohnqualität. Es lässt sich ein Zusammentreffen von räumlicher Kompaktheit und sozialer Nähe konstatieren, womit auch eine Voraussetzung zur Risikominimierung in unsicheren Zeiten benannt ist. Diese Ausgangssituation stärkt die Gewissheit, dass kleinstädtische Strukturen trotz Bevölkerungsschwund weiter Bestand haben werden. Eine Stabilisierung der Einwohnerzahl auf niedrigerem Niveau in Kombination mit der hier möglichen Ausprägung hoher Lebensqualität, die sich in die Vorzüge des kleinstädtischen Lebenszusammenhangs einordnet, ist deshalb ein vielversprechender Entwicklungspfad.

Die genannten Einzelmerkmale, die die Überlebensfähigkeit klein- und mittelstädtischer Strukturen absichern, sind in größeren kommunalen Einheiten in Teilstrukturen, z.B. unter den Mitgliedern einer Wohnungsgenossenschaft oder den Bewohnern eines überschaubaren Stadtteils, zu finden. Von daher lassen sich übertragbare Merkmale herausfiltern. So scheint die Kombination von räumlicher Kompaktheit und sozialer Nähe eine bedeutende Variable im Kommunikationsprozess zwischen Mieter und Vermieter zu sein. Auch unter großstädtischen Bedingungen lassen sich Begegnungsradien abstecken, die einen intensiven Kommunikationsprozess befördern. Eine gute Öffentlichkeitsarbeit, die zur Bekanntheit aussagefähiger Ansprechpartner führt, ist entscheidend. Jene sind für die Verbreitung von zuverlässigen, aktuellen und leicht verständlichen Informationen verantwortlich. Die Entscheidungsträger erreichen wachsende Akzeptanz, wenn eine überzeugende Darlegung der Berücksichtigung der Mieterinteressen und deren Einflussnahme auf Entscheidungen dargelegt wird. Eine Partnerschaft auf gleicher Augenhöhe kann das Engagement aller Betroffenen und das Verständnis für unpopuläre aber unumgängliche Entscheidungen erhöhen.

7 Stadtumbau unter Nachhaltigkeitskriterien – ein Fazit

Um den Stadtumbau im Sinne einer qualitativen Weiterentwicklung der Stadtstrukturen zu gestalten, ist die Kenntnis von Potenzialen und Chancen einer neuen Organisation des städtischen Lebenszusammenhangs unverzichtbar. Dabei erhalten Aspekte der Lebens- und Wohnqualität eine prominente Stellung. Sie können zu den wichtigsten Potenzialen der Städte entwickelt werden, wenn es gelingt, eine wirklich ökologische Stadtpolitik durchzusetzen. Dazu gehört die Ermöglichung von Wohnangeboten, die sich an den Qualitätsmerkmalen der suburbanen Eigenheimbesitzer orientieren und diese letztlich übertreffen. Bedürfnisgerechte Grünstrukturen ohne Lärm- und Emissionsbelastung inmitten der Kernstadt sind Voraussetzungen, die gepaart mit der Inanspruchnahme städtischer Gelegenheiten für unterschiedliche Bewohnergruppen unter Nutzung öffentlicher Verkehrsmittel echte Alternativen zum suburbanen Wohnen bieten. Dies erfordert Managementstrategien, die sozial akzeptabel, ökonomisch vertretbar, ökologisch wertvoll, juristisch umsetzbar und städtebaulich angemessen sind.

Der Wohnungsleerstand in ostdeutschen Städten als einer Problemdimension bisher unbekannten Ausmaßes beeinflusst die Stadtlandschaft in ihren sozialen, baulichen und natürlichen Umweltkomponenten erheblich. Aus wissenschaftlicher Perspektive sind deren Interdependenzen zu erklären und Gestaltungsempfehlungen für den nachhaltigen Stadtumbau als neue gesellschaftspolitische Herausforderung zu entwickeln. Das Ziel besteht darin, die städtischen Strukturen auf einem niedrigeren Niveau der Einwohner- und Arbeitsplatzzahlen zu stabilisieren. Dazu ist es notwendig, die Prozesse der Deinvestition, des Rückbaus und des Rückzugs aus Gebäuden sowie Flächen bewusst zu lenken und nachfolgend ein sinnvolles Management einschließlich der Wiedernutzung der vorhandenen Immobilien anzuschließen. Es werden Ergebnisse angestrebt, die die Lebensfähigkeit der städtischen Strukturen auch für die nachfolgende Generation absichern. Ausgerichtet an den Prinzipien der Nachhaltigkeit wird dadurch ressourcensparende Stadtentwicklung unterstützt, die unter Ausschluss weiterer Flächeninanspruchnahme innerstädtisch höhere Lebensqualität in sozialer, baulicher und ökologischer Hinsicht bietet.

Damit wird eine wissenschaftliche Thematik betrachtet, welche mittelfristig über Ostdeutschland hinausgeht und auch im nationalen und europäischen Rahmen Bedeutung erlangt. Denn die Struktur räumlicher Disparitäten innerhalb der Bundesrepublik und Europas wird sich aufgrund der Ungleichverteilung von wirtschaftlicher Prosperität und Schrumpfung sowie grundlegender demographischer Wandlungen weiter verändern.

Auf Regionen in Westdeutschland, z.B. das Ruhrgebiet, bezogene Analyseergebnisse machen bereits heute mit Nachdruck auf die vielgestaltigen Dimensionen und Implikationen der demographischen Veränderungen aufmerksam (vgl. Klemmer 2001). Untersuchungen zum Umfang des Wohnungsleerstandes in Wuppertal kommen zu der Schlussfolgerung, dass der Handlungsbedarf steigt, um das Ungleichgewicht am dortigen Wohnungsmarkt zu reduzieren (vgl. Rosenkranz 2001, S. 46). Die Wohnungsmärkte in Deutschland stehen vor einer gewaltigen Umbruchsituation (vgl. Eichener, Schauerte - im Erscheinen -). Die zu beobachtende Nachfrageschwäche auf vielen Wohnungsteilmärkten wird nicht von kurzer Dauer sein. Da sich laut aktuellen Bevölkerungsprognosen ab 2015 die rückläufige Bevölkerungsentwicklung auch in einer sinkenden Haushaltszahl niederschlagen wird, ist ein gnadenloser Qualitätswettbewerb zu erwarten, der zur Polarisierung des Wohnungsmarktes führen kann. Neben Objekt- und Standortqualität werden wohnbegleitende Serviceleistungen, die Kundenbetreuung, die Flexibilität bei der Vermietung u.a. über den Vermarktungserfolg entscheiden. In der Vorausschau dieser künftigen Entwicklungen reichen "wohnungsmarktpolitische Flurbereinigungen" nicht aus, um den Stadtumbau nachhaltig zu gestalten. Vielmehr ist, um mit den Worten des Bundestagspräsidenten Thierse zu sprechen, "Experimentieren [ist] besonders da geboten, wo das Beharren auf konventionellen Lösungen kaum noch Erfolg verspricht." Als Beispiel führt er das Programm "Stadtumbau Ost" an, in dessen Rahmen "Keimzellen einer neuen Stadtkultur und Öffentlichkeit" entstehen und wachsen können (Thierse 2001, S. 61).

Literatur:

BMVBW Bundesministerium für Verkehr, Bau- und Wohnungswesen (2000): Wohnungswirtschaftlicher Strukturwandel in den neuen Bundesländern. Bericht der Kommission unter der Leitung von H. Lehmann-Grube, Berlin

BMVBW Bundesministerium für Verkehr, Bau- und Wohnungswesen (2001): Stadtumbau in den neuen Ländern, Berlin

Eichener, Volker (2001): Mobil bleiben! Über das Umziehen im Alter. In: Schader-Stiftung (Hrsg.): wohn:wandel. Szenarien, Prognosen, Optionen zur Zukunft des Wohnens, Darmstadt, S. 174-185

Danielzyk, Rainer ; Zettwitz, Heike (2001): Aktuelle und künftige Entwicklungen in der Planungsregion Oberlausitz-Niederschlesien. In: Europa Regional, Heft 3, Leipzig, S. 152-161

Eichener, Volker ; Schauerte, Martin: Wohnungsleerstände Herausforderungen für die Wohnungswirtschaft. In: Schröter, Frank (Hrsg.): Städte im Spagat zwischen Wohnungsleerstand und Baulandmangel. Raum-Planung spezial 4, (im Erscheinen)

Franz, Peter (2001): Leerstand in ostdeutschen Städten: keineswegs nur ein wohnungspolitisches Problem. In: Institut für Wirtschaftsforschung Halle (Hrsg.): Wirtschaft im Wandel 2/2001, S. 27-34

Friedrichs, Jürgen (1995): Stadtsoziologie. Opladen

Hannemann, Christine ; Kabisch, Sigrun ; Weiske, Christine: Neue Länder – Neue Sitten? Fazit und weiterführende Forschungsfragen. In: dies. (Hrsg.): Neue Länder – Neue Sitten? Transformationsprozesse in Städten und Regionen Ostdeutschlands, Berlin (im Erscheinen)

Hannemann, Christine: "Soziales Kapital" kleiner Städte – Perspektive für schrumpfende Städte in Ostdeutschland? In: Hannemann, Christine ; Kabisch, Sigrun ; Weiske, Christine (Hrsg.): Neue Länder – Neue Sitten? Transformationsprozesse in Städten und Regionen Ostdeutschlands, Berlin (im Erscheinen)

Hannemann, Christine (2001): Die Herausbildung räumlicher Differenzierungen – Kleinstädte in der Stadtforschung. In: Löw, Martina (Hrsg.): Differenzierungen des Städtischen. Opladen, (im Erscheinen)

Harth, Annette ; Herlyn, Ulfert ; Scheller, Gitta (1998): Segregation in ostdeutschen Städten. Opladen

Häußermann, Hartmut (1999): Eine andere Stadt oder eine andere Gesellschaft? In: Mönninger, Michael (Hrsg.): Stadtgesellschaft. Frankfurt a.M., S. 72-86

Häußermann, Hartmut ; Siebel, Walter (1988): Die schrumpfende Stadt und die Stadtsoziologie. In: Friedrichs, Jürgen (Hrsg.): Soziologische Stadtforschung. Opladen, S. 78-94

Iwanow, Irene ; Metzmacher, Mathias ; Schmid, Ralf ; Waltersbacher, Matthias (2001): Zukünftige Wohnungsnachfrage und Neubaubedarf in Ost- und Westdeutschland. In: IÖR-Texte, 132, Dresden

Kabisch, Sigrun: Kann weniger mehr sein? Strategien im Umgang mit dem Wohnungsleerstand in ostdeutschen Städten. In: Berichte zur deutschen Landeskunde, Heft 1, Leipzig (im Erscheinen)

Kabisch, Sigrun (2001): Wohnungsleerstand und sozialräumliche Differenzierung untersucht am Fallbeispiel Leipzig. In: Petzold, Hans, Reichart, Thomas (Hrsg.): Wohnungsmarkt in Sachsen im Spannungsfeld von Schrumpfung und Wachstum. IÖR-Schriften, Band 35, Dresden, S. 121-135

Kabisch, Sigrun ; Linke, Sabine (2000): Revitalisierung von Gemeinden in der Bergbaufolgelandschaft, Opladen

Kabisch, Sigrun ; Kindler, Annegret ; Rink, Dieter (1997): Sozialatlas der Stadt Leipzig, Leipzig

Keim, Karl-Dieter (2001): "Aufbau Ost". Schrumpfende Städte, peripherisierte Regionen. In: Schader-Stiftung (Hrsg.): wohn:wandel. Szenarien, Prognosen, Optionen zur Zukunft des Wohnens, Darmstadt, S. 66-77

Keim, Karl-Dieter (1995): Vorwort. In: ders. (Hrsg.): Aufbruch der Städte. Räumliche Ordnung und kommunale Entwicklung in den ostdeutschen Bundesländern. Berlin, S. 7-13

Klemmer, Paul (2001): Steht das Ruhrgebiet vor einer demographischen Herausforderung? In: Rheinisch-Westfälisches Institut für Wirtschaftsforschung Essen, Schriften und Materialien zur Regionalforschung, Heft 7, Essen

Kunze, Ronald (2000): Zwischen Abriss und Nachbesserung. Zur strategischen Umsetzung von Projekten im Programm "Stadtteile mit besonderem Entwicklungsbedarf – die soziale Stadt". In: Arbeitskreis Stadterneuerung (Hrsg.): Jahrbuch Stadterneuerung 2000, Berlin, S. 313-333

Lichtenberger, Elisabeth (1991): Stadtgeographie. Begriffe, Konzepte, Modelle, Prozesse. Stuttgart

Lütke Daldrup, Engelbert (2001): Die perforierte Stadt. Eine Versuchsanordnung. In: StadtBauwelt 24, S. 40-46 (Abdruck auch in diesem Sammelband)

Petzold, Hans ; Reichart, Thomas (Hrsg.) (2001): Wohnungsmarkt in Sachsen im Spannungsfeld von Schrumpfung und Wachstum. IÖR-Schriften, Band 35, Dresden

Petzold, Hans (2001): Strategien der Stadtentwicklung für schrumpfende Städte – Überlegungen zum Umgang mit dem Wohnungsleerstand. In: Petzold, Hans, Reichart, Thomas (Hrsg.) a.a.O., S. 1-17

Reichart, Thomas (2001): Entvölkerte Städte – Überkapazitäten auf den ostdeutschen Wohnungsmärkten. In: Petermanns Geographische Mitteilungen, 145, 2001/5, S. 42-50

Rosenkranz, Bruno (2001): Wohnungsleerstand 2001 in Wuppertal. In: Stadtforschung und Statistik 2/2001, S. 44-46

Schneider, Nicole ; Spellerberg, Annette (1999): Lebensstile, Wohnbedürfnisse und räumliche Mobilität, Opladen

SMI Sächsisches Ministerium des Innern (2001): Verwaltungsvorschrift des Sächsischen Staatsministeriums des Innern zur Förderung von Stadtumbaumaßnahmen im Mietwohnungsbestand (VwV-Stadtumbaumaßnahmen) vom 6.4.2001

Stadt Leipzig, Dezernat Planung und Bau (Hrsg.) (2000): Stadtentwicklungsplan - Wohnungsbau und Stadterneuerung, Leipzig

Stadtverwaltung Weißwasser (2001): Integriertes Stadtentwicklungskonzept für Weißwasser, Weißwasser

Thierse, Wolfgang (2001): Zukunft Ost. Perspektiven für Ostdeutschland in der Mitte Europas, Berlin

VSWU Verband Sächsischer Wohnungsunternehmen (2001): Daten und Fakten der kommunalen Wohnungswirtschaft in Sachsen. http://www.vswu.de/statist/statistik2000.htm

vtw Verband Thüringer Wohnungswirtschaft e.V. (2000): Wohnen und Bauen in Thüringen 2000, Erfurt

Weiske, Christine ; Schmitt, Jürgen (2000): Metamorphosen der Stadt: Cities on the Move. In: RaumPlanung 91, August, S. 161-164

Heike Liebmann
Christoph Haller

Wachsende Leerstände in ostdeutschen Großsiedlungen: neue Herausforderungen und Strategien für die Stadtentwicklung

1 Wohnungsleerstand in Ostdeutschland – (k)ein neues Phänomen

Bis hinein in die zweite Hälfte der 1990er Jahre bestimmten im wesentlichen zwei Faktoren den ostdeutschen Wohnungsmarkt: Zum einen die Bestandserhaltung und -verbesserung (sowohl der jahrzehntelang vernachlässigten Altbauquartiere als auch der Plattenbaugebiete) und zum anderen die Ausweitung des Wohnungsangebots durch Planung und Realisierung von Wohnungsneubau in nahezu allen Marktsegmenten. Zehn Jahre nach der Wiedervereinigung hat sich die Situation in der ostdeutschen Wohnraumversorgung nicht nur weitgehend entspannt, sondern regelrecht umgekehrt. Aus dem durch Versorgungsengpässe gekennzeichneten "Anbietermarkt" ist ein "Mietermarkt" mit deutlichem Überangebot geworden: Der zunehmende Wohnungsleerstand bestimmt seit ungefähr drei Jahren den wohnungspolitischen und städtebaulichen Diskurs in den neuen Bundesländern.

Aber bereits vorher gab es massive Wohnungsleerstände in Ostdeutschland: Erste diesbezüglich verwertbare Daten wurden durch die im Jahr 1995 durchgeführte Gebäude- und Wohnungszählung vorgelegt (vgl. dazu ausführlich: Haller 2000: 15ff). Dabei zeigte der Vergleich zu den alten Bundesländern, wo seinerzeit ca. 1,5 Prozent der Wohnungen leer standen, dass sich die Leerstandsquoten in den neuen Bundesländern mit 4,1 bis 8,8 Prozent auf relativ hohem Niveau bewegten. Die Leerstände konzentrierten sich hauptsächlich auf Wohnungen aus der Zeit vor dem Zweiten Weltkrieg mit besonders starkem Anteil in den vor der Jahrhundertwende erbauten Beständen. Von den bereits im Jahr 1995 leerstehenden ca. 450.000 Wohnungen in Ostdeutschland wurden knapp 90 Prozent vor 1948 errichtet (Stürmer 1997: 385). Die betroffenen Wohnungen standen also größtenteils wegen ihres schlechten Bauzustandes, aufgrund anstehender Modernisierungsmaßnahmen oder wegen ungeklärter Eigentumsverhältnisse leer.[1] Durch diese Tatsachen war die Situation erklärbar und wurde somit in den Folgejahren zwar weiterhin wahrgenommen, jedoch nicht in besonderer Weise thematisiert. Außerdem trug sicherlich die äußerst heterogene Eigentümerstruktur dazu bei, dass sich das gesamte Ausmaß der Leerstände in den Altbaubeständen seinerzeit noch nicht überschauen ließ.

Vor diesem Hintergrund verwundert es nicht, dass die Problematik der zunehmenden Wohnungsleerstände nicht am Beispiel der Innenstädte und Gründerzeitquartiere ins Blickfeld der öffentlichen und fachlichen Diskussion rückte, sondern sich (ungefähr seit 1996) zunächst auf die ostdeutschen Großsiedlungen konzentrierte. In Städten wie Schwedt, Wolfen, Hoyerswerda oder Leinefelde, deren Wohnungsbestand nahezu ausschließlich durch Plattenbauten geprägt ist und sich zudem auf wenige große Wohnungsunternehmen als Eigentümer verteilt, waren die steigenden Wohnungsleerstände früher als anderswo nicht mehr zu ignorieren.

Dennoch sorgte im Jahr 1996 eine Studie des Eduard-Pestel-Instituts für Systemforschung im Auftrag der Deutschen Siedlungs- und Landesrentenbank (DSL-Bank 1996, sogenannte "Pestel-Studie") für beträchtliche Entrüstung. Diese Studie prognostizierte, dass sich bis zum Jahr 2010 ein rechnerischer Wohnungsüberhang von insgesamt ca. 950.000 Wohnungen ergeben werde. Weiterhin wurde davon ausgegangen, dass sich dieser Wohnungsüberhang größtenteils auf die Bestände der Plattenbausiedlungen auswirken werde, da diese im Vergleich zu anderen Wohnungen dann nicht mehr konkurrenzfähig seien. Der in der Studie enthaltene Hinweis an die Wohnungsunternehmen, sich Gedanken über langfristige Abrisskonzepte zu machen, stieß bei den Adressaten auf erheblichen Widerspruch. So betonte ein Vertreter des Verbandes der Berliner und

---

[1] Diese Leerstände sind ganz wesentlich auf stadtentwicklungspolitische Entscheidungen zu DDR-Zeiten zurückzuführen. Die Vorstellungen einer modernen Wohnraumversorgung hatten in der DDR zu einer einseitigen Fixierung auf die industrielle Plattenbauweise und die Errichtung zahlreicher Großsiedlungen geführt. Hingegen wurde die Altbausubstanz vor allem in den Innenstädten stark vernachlässigt, was sich vielfach in einer schlechten Ausstattung, einem maroden Bauzustand und schließlich auch Leerstand niederschlug. Nach Schätzungen gab es bereits 1990 in Ostdeutschland einen Leerstand von ca. 420.000 Wohnungen (DSL-Bank 1996).

Brandenburger Wohnungsunternehmen (BBU): "Forderungen nach einem Abriss größerer Teile der industriell gefertigten Wohnungsbausubstanz entbehren jeder ökonomischen und ökologischen Grundlage und sind weder technisch noch sozial zu rechtfertigen!" (Rehberg 1998: 103)

Inzwischen liegen die Ergebnisse der von der Bundesregierung einberufenen Expertenkommission "Wohnungswirtschaftlicher Strukturwandel in den neuen Ländern" vor. Darin wird – ausgehend von den Ergebnissen einer Sonderauswertung des Mikrozensus 1998 – für die neuen Länder insgesamt die Zahl von einer Million leerstehenden Wohnungen genannt, was einem Anteil von ca. 14 Prozent am gesamten Wohnungsbestand entspricht. Die Quoten schwanken zwischen 9,3 Prozent in Thüringen und 16,8 Prozent in Sachsen (Kommission 2000a: 18). Die Prognosen der "Pestel-Studie" sind somit bereits zehn Jahre früher als vorausgesagt eingetroffen bzw. sogar übertroffen worden. Nach wie vor befindet sich zwar der größte Teil der leerstehenden Wohnungen nicht in den Plattenbaugebieten, sondern im Geschosswohnungsbau aus der Zeit vor 1948, jedoch geht – in ebenfalls frappanter Ähnlichkeit zur "Pestel-Studie" – die langfristige Prognose der Leerstandsentwicklung im Osten Deutschlands dem Bericht der Expertenkommission zufolge davon aus, dass sich die Anzahl der Mieterhaushalte bis zum Jahr 2030 von rund 3,8 Millionen auf rund 2,7 Millionen reduzieren wird. Diese Entwicklung wird sich – so die Expertenkommission – nahezu ausschließlich auf die Plattenbauwohnungen auswirken. Daraus ergibt sich, dass von den derzeit noch etwa 1,8 Millionen bewohnten Plattenbauwohnungen in Ostdeutschland (ohne Berlin) im Jahr 2030 nur noch rund eine Million nachgefragt sein werden (Kommission 2000a: 43f).[2] Alleine aufgrund dieser Nachfrageverschiebungen würde sich also der Gesamtleerstand in Ostdeutschland perspektivisch auf 1,8 Millionen Wohnungen erhöhen.

Es handelt sich bei den zunehmenden Wohnungsleerständen in Ostdeutschland – das ist mittlerweile klar – also nicht mehr allein um ein Problem bestimmter benachteiligter Regionen, sondern um ein Phänomen, das nahezu flächendeckend in den neuen Ländern auftritt.

---

2 Nach den Ergebnissen des Mikrozensus standen 1998 in Ostdeutschland (ohne Berlin) bereits mehr als 200.000 Plattenbauwohnungen leer. Untersuchungen des Bundesverbandes der Wohnungswirtschaft (GdW) sagen aus, dass diese Zahl (bezogen auf das Jahr 2000) inzwischen auf über 300.000 angestiegen ist.

Tab. 1: Wohnungsbestand und Wohnungsleerstände in Ostdeutschland nach Bauklassen und Bundesländern 1998*

Land	Ein- und Zweifamilienhäuser		Klein- und vorstädt. Geschosswhg.		Innerstädt. Geschosswhg.		DDR-Wohnungsbau		Neugebaute Geschosswhg.		Gesamt	
	Bestand (in 1.000)	davon Leerstand (%)	Bestand (in 1.000)	davon Leerstand (%)	Bestand (in 1.000)	davon Leerstand (%)	Bestand (in 1.000)	davon Leerstand (%)	Bestand (in 1.000)	davon Leerstand (%)	Bestand (in 1.000)	davon Leerstand (%)
Berlin	170	7,2%	82	9,6%	634	12,1%	780	5,9%	98	9,1%	1.820	8,5%
davon: Berlin-Ost	55	7,7%	31	15,0%	211	19,2%	326	6,4%	52	7,8%	684	11,1%
Brandenburg	489	7,4%	112	22,5%	64	27,9%	372	8,5%	58	22,5%	1.158	11,2%
Mecklenburg-Vorpommern	299	8,7%	81	28,5%	41	26,1%	305	5,9%	40	15,7%	811	11,1%
Sachsen	656	7,5%	382	23,4%	329	44,2%	659	9,5%	122	17,0%	2.238	16,8%
Sachsen-Anhalt	499	6,9%	171	33,7%	100	29,8%	373	10,6%	61	15,0%	1.277	14,4%
Thüringen	498	5,3%	138	17,7%	47	35,1%	340	7,6%	47	10,9%	1.123	9,3%
Ostdeutschland insg.	2.496	7,1%	914	24,5%	791	32,9%	2.375	8,4%	380	15,4%	7.290	13,2%

Quelle: Kommission 2000a: 18

* Keiner Bauklasse zugeordnet sind die Wohnungen in Wohngebäuden mit 3 bis 6 Wohnungen der Baualtersklassen 1949 bis 1990. Diese entsprechen rund 4,5 % des Wohnungsbestandes mit einer leicht unterdurchschnittlichen Leerstandsquote von ca. 12 %.

2 Aktuelle Leerstandssituation in den Großsiedlungen der neuen Länder

Die zunehmenden Wohnungsleerstände in den Großsiedlungen sind nur zu einem Teil den nach wie vor bestehenden Mängeln und Defiziten des Wohnungsbestands geschuldet. Vielmehr hängen sie zusammen mit grundlegenden demographischen, wirtschaftlichen und siedlungsstrukturellen Veränderungen und Umbrüchen im Osten Deutschlands, die insbesondere erhebliche Auswirkungen auf die ostdeutschen Großsiedlungen haben. (Rietdorf/Liebmann/Haller 2001).

Drei Veränderungen spielen in diesem Zusammenhang eine besondere Rolle:
- massive demographische Schrumpfungsprozesse, insbesondere in den großen und mittleren Städten,
- anhaltende überregionale bzw. länderübergreifende Abwanderungen junger, dynamischer Arbeitnehmerhaushalte bzw. Einzelpersonen in wirtschaftlich stabile Regionen der alten Bundesländer,
- erhebliche Suburbanisierungsprozesse bei Mittel- und Großstädten, die durch die erhebliche Subventionierung vorrangig neubauorientierter Investitionen gefördert wurden (vgl. dazu den Beitrag von K.-D. Keim in diesem Band).

Die Expertenkommission der Bundesregierung "Wohnungswirtschaftlicher Strukturwandel in den neuen Ländern" hat darauf hingewiesen, dass von den insgesamt etwa eine Million leerstehenden Wohnungen in den neuen Ländern der größte Teil nicht in der "Platte", sondern im Geschosswohnungsbau aus der Zeit vor 1948, d.h. vorwiegend in den historischen Innenstädten und den Gründerzeit- bzw. Zwischenkriegszeitquartieren zu finden ist. (Kommission 2000a: 18). Dabei ist zu berücksichtigen, dass ein gewisser Anteil dieser Wohnungen schon seit Jahren nicht mehr am Markt angeboten wird.

In den industriell errichteten Gebäuden aus DDR-Zeiten standen im Erhebungsjahr des Mikrozensus 1998 insgesamt ca. 200.000 Wohnungen leer. Das sind "nur" ca. 8 Prozent des gesamten Wohnungsleerstands in Deutschland. Demgegenüber konzentrierten sich über die Hälfte der leerstehenden Wohnungen (57,4 Prozent) in Geschosswohnungen aus der Zeit vor 1945 und weitere 15,4 Prozent in nach 1990 neugebauten Geschosswohnungen (Kommission 2000a: 18).

Die Leerstandsquote Ende 2000, bezogen auf den Bestand der Wohnungen, die von den im GdW zusammengeschlossenen kommunalen bzw. genossenschaftlichen Wohnungsunternehmen verwaltet werden – das sind immerhin 2,8 Mio. Wohnungen (ca. 40 Prozent des ostdeutschen Wohnungsbestandes) – betrug: in Sachsen-Anhalt 17,7 Prozent, in Sachsen 17,5 und in Thüringen 14,6 Prozent, in Brandenburg 12,5, in Berlin-Ost 9,0 und in Mecklenburg-Vorpommern 8,8 Prozent. Insgesamt lag der Leerstand bei den GdW-Mitgliedsunternehmen in den neuen Ländern Ende 2000 bei 374.600 Wohnungen, bzw. einer Quote von 14,4 Prozent (Franz 2001b: 264f.). Sehr unterschiedlich können dabei die Leerstandsquoten in einzelnen Städten sein. In Brandenburg an der Havel beispielsweise beträgt der gesamtstädtische Leerstand ca. 11 Prozent, der Leerstand im größten Plattenbaugebiet der Stadt (Hohenstücken) ca. 20 Prozent. In Magdeburg: gesamtstädtischer Leerstand ca. 21 Prozent, Leerstand im Plattenbaugebiet Olvenstedt 24 Prozent (BMVBW 2001a: 89, vgl. Abb. 1). In Wittenberge

Abb. 1: Wohnungsleerstand in ausgewählten Städten (gesamtstädtisch und in Plattenbaugebieten)

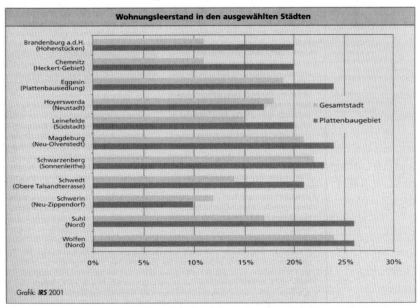

Quelle: Angaben der Städte (Stand: Ende 1999); eigene Darstellung

(Land Brandenburg) liegt der Leerstand in der "Platte" lediglich bei 8 Prozent, im Gründerzeitgebiet Packhofviertel hingegen bei ca. 70 Prozent (Kaufmann 2001).

In einer breit angelegten Befragung von Kommunen zum Wohnungsleerstand in Großsiedlungen, die das IRS im Jahr 2000 – vergleichbar zu einer ähnlich angelegten Befragung 1998 – durchgeführt hat und an der sich etwa 130 Städte beteiligt haben, wurde deutlich, dass in den Flächenstaaten der neuen Länder in den Plattenbaugebieten *im Durchschnitt* mittlerweile überall Leerstandsquoten von knapp 10 Prozent erreicht werden. In 63 Wohngebieten (64 Prozent der Gebiete, zu denen aus beiden Befragungen vergleichbare Daten vorlagen) sind die Leerstandsquoten zwischen 1998 und 2000 z.T. deutlich angestiegen. In immerhin 21 Gebieten sind die Quoten von 1998 bis 2000 um mehr als zehn Prozent (teilweise sogar mehr als 15 Prozent) gestiegen (vgl. Abb. 3). In Studien des Instituts für Stadtforschung und Strukturpolitik (IfS 2000) und des Dresdner Instituts für ökologische Raumentwicklung (IÖR 2000: 9ff.) wird diese Tendenz – bezogen auf sächsische Städte – für den Zeitraum von 1995 bis 1998 ebenfalls nachgewiesen. Es wird dort festgestellt, dass der Wohnungsleerstand in der Baualtersgruppe von 1949 bis 1990 im besagten Zeitraum auf fast das Fünffache angestiegen ist.

In der Kommunalbefragung des IRS aus dem Jahr 2000 gaben nur noch drei von 130 Kommunen an, dass in ihren Wohngebieten kein Leerstand auftritt. Hingegen wurden für über ein Viertel der Gebiete Leerstandsquoten von mehr als 15 Prozent genannt.

Auffallend ist weiterhin, dass die Leerstandsquoten offensichtlich in kausalem Zusammenhang zur Größe der Wohngebiete stehen: Je größer das Wohngebiet, desto höher die (anteiligen) Leerstände. Diese Erkenntnis wird im Prinzip bestätigt durch eine Auswertung der jährlichen Befragung des GdW, die dieser bei seinen Mitgliedsunternehmen durchführt. Daraus geht hervor, dass der Leerstand in Kleinstädten bis 20.000 EW mit im Schnitt 7,6 Prozent deutlich unter dem Durchschnitt von 14,4 Prozent liegt, während er in den größten Städten ab 250.000 EW mit durchschnittlich 20,4 Prozent deutlich darüber liegt (vgl. Franz 2001b: 266).[3]

---

3 Diese Werte kann man vermutlich darauf zurückführen, dass die größten Städte zum einen am stärksten von Suburbanisierungsprozessen betroffen waren bzw. sind und zum anderen auch der Wohnungsneubau in diesen Städten am intensivsten betrieben worden ist (Franz 2001b: 266).

Abb. 2: Kollage zum Thema Leerstand und Großsiedlungen in der Presse

Abb. 3: Wohnungsleerstände im Vergleich der IRS-Kommunalbefragungen 1998 und 2000

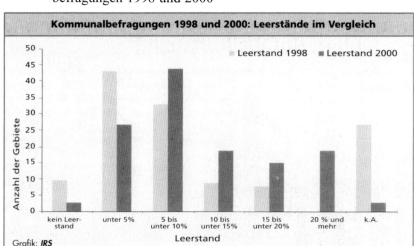

Quelle: IRS-Kommunalbefragungen 1998 und 2000

Sowohl 1998 als auch 2000 wurden die Kommunen nicht nur um eine Einschätzung der jeweils aktuellen Leerstandssituation gebeten, sondern auch um eine Prognose für die künftige Entwicklung (nächste drei bis vier Jahre). Legt man als Vergleichszahlen für die aktuellen Leerstandswerte die Prognosen von 1998 zugrunde, ergibt sich folgendes Bild: In 76 Wohngebieten (78 Prozent der Gebiete aus denen Vergleichszahlen 1998 und 2000 vorliegen) sind die prognostizierten Werte von 1998 bereits erreicht oder sogar überschritten worden, was bedeutet, dass die Prognosen von 1998 in der Mehrzahl der Fälle zu optimistisch waren. Und das Ende dieser Negativentwicklung ist noch nicht erreicht. Bezogen auf die nächsten zwei bis drei Jahre gaben im Jahr 2000 etwa die Hälfte der Kommunen an, dass sie mit einem Anstieg der Leerstandsquoten auf über 15 Prozent rechnen[4] (vgl. Abb. 4). Mehr als ein Drittel der Kommunen prognostizierte sogar einen Wert von über 20 Prozent. In diesen Annah-

---

4 Leerstandsraten zwischen 15 und 20 Prozent werden von vielen Eigentümern als die Schwelle angeben, ab der die Wirtschaftlichkeit eines Unternehmens akut gefährdet ist.

Abb. 4: Derzeitiger Wohnungsleerstand in Großsiedlungen und Prognose für die nächsten zwei bis drei Jahre

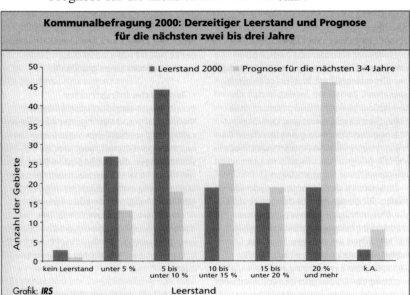

Quelle: IRS-Kommunalbefragung 2000

men wird auch deutlich, dass mit der fortschreitenden Sanierung in den Altbauquartieren erwartet wird, dass sich die aktuellen Tendenzen einer Verlagerung der Leerständen von den Altbau- in die Plattenbaubestände fortsetzen werden.

3 Folgen der Schrumpfung und des Wohnungsleerstandes für die Stadtentwicklung

Der Leerstand von Wohnungen ist nur ein Teil der Probleme, die sich aus den Schrumpfungsprozessen der ostdeutschen Städte ergeben. Mit dem Rückzug der Bevölkerung aus vormals dicht bebauten Stadtgebieten und dem Leerfallen größerer Wohnungsbestände verbindet sich eine Reihe weiterer, teilweise sehr schwieriger kommunaler, sozialer und wohnungswirtschaftlicher Probleme und Fragen, auf die es derzeit vielfach noch kaum eine Antwort gibt.

Positiv ist vorab zu bemerken, dass das Überangebot an Wohnraum die Entwicklung eines mieterfreundlichen Wohnungsmarktes zur Folge hat, der durch niedrige Mieten und vielfältige Wahlmöglichkeiten gekennzeichnet ist. In den meisten Städten ist das Angebot an Wohnungen inzwischen so groß, dass jede Nachfrage in Bezug auf Größe, Ausstattung, Lage und Mietpreis bedient werden kann. Das vor wenigen Jahren noch breit diskutierte Problem der Stellplatzdefizite in Wohngebieten löste sich – ganz nebenbei – von allein.

Doch wenn das Angebot an Wohnungen die Nachfrage so deutlich übersteigt wie derzeit in vielen Städten der neuen Bundesländer, d.h. das "Kleid der Bausubstanz" den Städten zu groß geworden ist, so führt dies zu erheblichen Problemen. Diese Situation setzt sowohl die Kommunen als auch die Wohnungseigentümer unter einen erheblichen Handlungsdruck.

3.1 Leerstand als städtebauliche Herausforderung

Die größte Gefahr für die Stadtentwicklung, die sich aus den massiven Wohnungsleerständen ergibt, ist die der räumlich unkontrollierten Auflösung des funktionalen und städtebaulichen Gefüges der Städte. Wenn aufgrund fehlender Nachfrage keine kontinuierliche Bestandsentwicklung mehr erfolgt, besteht die Gefahr, dass sich stadthistorisch gewachsene, teilweise auch denkmalpflegerisch bedeutsame Zusammenhänge und Ensembles durch abgängige Bausubstanz auflösen, ganze Wohnquartiere "wegbrechen" und die Städte strukturell und sozial "auseinander driften".

Gleichzeitig aber bietet die gegenwärtige Situation auch die einmalige Chance, städtebauliche Missstände im Stadtbild durch Abriss, Um- oder Teilrückbau zu korrigieren. Insbesondere dort, wo die Monotonie des DDR-Städtebaus überdimensioniert auf den historischen Bestand trifft, ergeben sich Möglichkeiten, die ursprüngliche Maßstäblichkeit wiederherzustellen. An anderen Stellen kann es sinnvoll sein, übermäßig verdichtete Wohnquartiere durch Teilrückbau oder Abriss aufzulockern. Weiterhin ergeben sich Möglichkeiten, den nach wie vor bestehenden Flächenbedarf für die Realisierung von Einfamilienhausstandorten innerhalb der Stadtgrenzen zu befriedigen. Eine weiter ausufernde Suburbanisierung könnte damit vermieden werden. Leerstand ist unter diesem Blickwinkel auch als Potenzial für die Steigerung der Attraktivität von Städten zu sehen.

Gleichwohl beeinträchtigen massive Leerstände von Wohnungen und Wohngebäuden das Stadtbild und das Wohnumfeld. Dies schlägt sich in der Identität der Städte, dem Gefühl des heimisch Seins der Bewohner und dem Image von Quartieren und Städten nieder. Gleichzeitig hat ein Image des Leerstandes und des Verfalls einen negativen Einfluss auf die Aktivitäten potenzieller Investoren.

Doch auch für die vorhandenen Einzelhandels- und Gewerbeeinrichtungen wird das Überleben immer schwerer. "Den Einzelhändlern und Gewerbetreibenden in den Abwanderungsgebieten fehlt – auch aufgrund der harten Konkurrenz der Einkaufszentren auf der "grünen Wiese" – die Kundschaft. Der Verfall der traditionellen Geschäftsstraßen ist bildhafter Ausdruck der hohen Bevölkerungsverluste und der sozialen Probleme in diesen Stadtvierteln" (Stadt Leipzig 2000: 7).

In vielen Fällen ist der kurzfristige Abriss nicht mehr benötigter Bausubstanz noch keine Lösung des Problems. So haben die gerade beschriebenen Geschäftsstraßen nicht nur einen wichtigen stadtbildprägenden Charakter sondern wirken gleichzeitig als "Lärmbarriere" für die dahinter liegende Bausubstanz. In anderen Situationen ist die rationelle Bewirtschaftung bzw. Nachnutzung der mit Leerzug und Abriss frei werdenden Flächen, die bis auf weiteres keiner neuen Nutzung zugeführt werden können, völlig offen. Der Abriss entspräche hier, unabhängig vom ebenfalls noch ungelösten Problem der Belastung mit Altschulden (vgl. dazu unten), dem Weg "vom Regen in die Traufe".

3.2 Leerstand als sozial-räumliches Problem

Bisher kaum beachtet wird, dass sich mit den Schrumpfungsprozessen auch die sozialen Disparitäten in den Städten weiter verstärken. Leerstände werden, wenn sie räumlich massiert auftreten, als Zeichen für den Zustand der betroffenen Stadtteile bzw. der Gesamtstadt wahrgenommen. Sie signalisieren ein schlechtes Image als Wohnstandort, ein schrumpfendes Potenzial nachbarschaftlicher Kontakte und einen kontrollfreien Raum für Vandalismus. Die sich daraus ergebenden Wegzugs-, Nicht-Zuzugs- und Nicht-Investitionsentscheidungen haben eine allmähliche soziale "Aussortierung" der Bewohner zur Folge" (Franz 2001a: 31f.). Die soziale Segregation in Plattenbaugebieten und auch in benachteiligten Altbauquartieren nimmt zu. "Zurück bleiben die in ihrem Quartier seit langem verwurzelten Menschen und diejenigen, die sich aus finanziellen Gründen keinen Wohnungswechsel leisten können." (Stadt Leipzig 2000: 7). Derartige sozial selektiv verlaufende (Ab-)Wanderungen verändern die Zusammensetzung der Quartiersbevölkerung um so schneller, je schneller diese schrumpft. Folgen sind die Auflösung bestehender Nachbarschaftsstrukturen sowie eine Überalterung und Verarmung der Einwohnerschaft in den Leerstandsgebieten. Es besteht im Extremfall die Gefahr der Verwahrlosung ganzer Quartiere. Die Gebiete geraten in eine Abwärtsspirale aus Verfall, Resignation, Negativimages und immer weiterer Stigmatisierung.

Auf der anderen Seite besteht für aufstrebende Altbauquartiere theoretisch die Chance, dass sich Gentrifizierungsprozesse deutlich langsamer bzw. gar nicht vollziehen, da sowohl für die einkommensstärkeren wie auch die einkommensschwachen Bewohner ausreichend Wohnungen vorhanden sind. Verdrängungsprozesse haben damit keine Basis, die Stabilität dieser Quartiere müsste wachsen. In der Praxis zeigt sich aber, dass viele Vermieter lieber den Leerstand ihrer aufwändig sanierten Bestände in Kauf nehmen, statt diese zu nicht kostendeckenden Preisen zu vermieten.

Zu beachten ist aber auch, dass der Wohnungsmarkt in den neuen Bundesländern nach wie vor durch die Gleichzeitigkeit von Wohnungsleerstand und beengten Wohnverhältnissen für Menschen am unteren Ende der Einkommensskala gekennzeichnet ist (GdW 2001: 5). Die Städte und die kommunalen Wohnungsunternehmen sind daher gefordert, soziale Verantwortung zu übernehmen, um Wege zur Verbesserung der Wohnverhältnisse einkommensschwacher Bewohner zu finden.

3.3 Sicherung der Funktionsfähigkeit der sozial-kulturellen und technischen Infrastruktur

Für jeden aufmerksamen Betrachter deutlich sichtbar ist der Leerstand von Kindertagesstätten, Schulen und sonstigen Einrichtungen der sozialen und kulturellen Infrastruktur in vielen Wohngebieten. Bevölkerungsrückgänge führen oft zur mangelhaften Auslastung vorhandener Infrastruktureinrichtungen. Wenn aber eine effiziente Bewirtschaftung nicht mehr gewährleistet werden kann, müssen viele Einrichtungen schließen bzw. werden zusammengelegt. Beispielsweise wurden in Magdeburg zwischen 1990 und 1998 insgesamt 83 Kindertagesstätten geschlossen (gleichzeitig sind aufgrund der Umverteilung der Bevölkerung innerhalb der Stadt Neubauten von Kindertagesstätten an anderen Stellen notwendig). Die Zahl der allgemeinbildenden Schulen reduzierte sich zwischen 1991 und 2000 von 121 auf 109, weitere 18 Schulschließungen sind geplant (Stadt Magdeburg 2001: 13). Für die verbliebenen Nutzer ergeben sich oft weitere Wege. Gleichzeitig verringert sich mit der Verschlechterung des Infrastrukturangebotes aber auch die Attraktivität von Städten bzw. Stadtteilen für Zuzugswillige (weiche Standortfaktoren).

Für den außenstehenden Betrachter nicht so deutlich sichtbar, aber nicht minder problematisch und bisher kaum gelöst sind die Probleme der technischen Infrastruktur. Aufgrund verringerter Abnehmerzahlen und gleichzeitig sparsameren Verbraucherverhaltens sind die Netze einzelner Medien heute deutlich überdimensioniert. Dies führt zu einem unwirtschaftlichen und technisch problematischen Betrieb sowie daraus resultierend zu höheren Infrastrukturkosten für die verbliebenen Nutzer. So sind Verschlechterungen der Trinkwasserqualität durch niedrige Fließgeschwindigkeiten, Verschlammung von Abwasserleitungen sowie Probleme bei der Gewährleistung einer wirtschaftlichen Energieversorgung möglich und steigende Kosten für die Verbraucher vorprogrammiert.

Die Stadtwerke Jena-Pößneck GmbH haben in einer ersten groben Berechnung ermittelt, dass sich bei einer Verringerung der Einwohnerzahl in den Plattenbaugebieten Jena-Lobeda und Jena-Winzerla auf die Hälfte, folgende Mehrbelastungen für alle anderen Kunden der Stadtwerke ergeben würden:
- für Fernwärme ca. 75 Euro je Haushalt und Jahr,
- für Strom ca. 18 Euro je Haushalt und Jahr,
- für Wasser ca. 25 Euro je Haushalt und Jahr,
- für Abwasser ca. 25 Euro je Haushalt und Jahr.

In der Summe ergäben sich zusätzliche jährliche Kosten von etwa 143 Euro für jeden Haushalt der Stadt Jena (Thüringer Innenministerium 2001: 43ff.).

Vergleichbare Probleme ergeben sich auch für den öffentlichen Personennahverkehr. Mit dem Rückgang der Einwohnerzahlen und daraus resultierend dem Fahrgastpotenzial verschlechtern sich die Voraussetzungen für einen effizienten und wirtschaftlich betreibbaren öffentlichen Personennahverkehr. Folgen sind ein "Ausdünnen" des Liniennetzes, die Verlängerung der Taktzeiten und mangelnde Investitionen. Damit sinkt aber auch wiederum die Attraktivität der Nutzung des ÖPNV.

3.4 Herausforderungen für die Wohnungswirtschaft

Das Überangebot an Wohnungen führt auf dem Wohnungsmarkt bei sinkenden Mieten zu einem steigenden Anspruchsniveau der Nachfragenden. Die Neuvermietungschancen für Wohnungen ohne Balkon, obere Geschosslagen ohne Aufzug, Wohnungen in lärmexponierten Lagen etc. werden immer geringer. "Die Unternehmen befinden sich in der ökonomischen Zwangslage, einerseits Mietausfälle durch Leerstände verkraften zu müssen und anderseits die Bestände auf hohem Niveau zu modernisieren, um sie vermietungsfähig zu halten." (GdW 2001: 5).

Für die notwendige Sanierung und Modernisierung des Wohnungsbestandes haben die Wohnungsunternehmen umfangreiche Kredite aufgenommen, die über steigende Mieten nach der Sanierung refinanziert werden sollten. In den letzten Jahren allerdings sind die Mietpreise vielfach unter das Niveau gesunken, das zur Erwirtschaftung eines positiven Betriebsergebnisses erforderlich ist. Dies ist in hohem Maße auf die deutliche Zunahme der Konkurrenz zwischen den Wohnungsunternehmen zurückzuführen. Gleichzeitig fehlen durch die aktuelle Marktsituation die Anreize für neue Investitionen, was zum Sanierungsstau und zur Zurückstellung von Baumaßnamen im Bestand führt.

Leerstand selbst verursacht ebenfalls Kosten. Dies resultiert daraus, dass für Leerstandswohnungen keine Mieterträge erwirtschaftet werden, gleichzeitig aber Belastungen aus Betriebs- und Heizkosten, die nicht auf die verbleibenden Mieter umgelegt werden können, entstehen. Nach Angaben des GdW liegen diese Kosten bei etwa ein Drittel der Kosten für bewohnte Wohnungen (GdW 1999: 32). Weiterhin fallen auch für ungenutzte Wohnungen Verwaltungskosten, Instandhaltungskosten und Kapitalkosten an. Beispielsweise liegen die durchschnittlichen Leerstandskosten der Wohnungsunternehmen in der Stadt Magdeburg bei ea. 2,50 Euro/qm und Monat (Stadt Magdeburg 2001: 8). Der GdW benennt Durchschnittswerte zwischen 7,40 Euro/qm pro Jahr (0,62 Euro/qm im Monat) und 39,40 Euro/qm pro Jahr (3,28 Euro/qm im Monat) je nachdem, in welchem Umfang die leer stehenden Wohnungen durch Modernisierungsdarlehen belastet sind (GdW 1999: 33). Bei einer 60 qm großen, leerstehenden Plattenbauwohnung können sich also durchschnittliche Gesamtkosten von jährlich ca. 1.900 Euro (Haller 2000: 54) ergeben. Bei den Mitgliedsunternehmen des GdW führte dies (bei insgesamt 350.000 leerstehenden Wohnungen) im Jahr 1999 zu Einnahmeausfällen von 1,3 Milliarden DM (bzw. 660 Millionen Euro) (Neuhöfer 2001: 22).

Mit dem dauerhaften Leerstand von Wohnungen verschlechtern sich auch die bilanziellen Verhältnisse der Wohnungseigentümer; d.h. es kommt zu einer Verminderung des Anlagevermögens bzw. einer Abwertung der längerfristig leerstehenden Bestände in den Bilanzen. Nicht mehr vermietbare Objekte sind, da sie keine Erträge erwirtschaften, nicht mehr werthaltig. Nach einer Erhebung des GdW betragen die durchschnittlichen Buchwerte leerstehender Wohnungen noch ca. 268 Euro/qm Wohnfläche. Spätestens wenn die Gebäude im Zuge des Abrisses bei den Wohnungsunternehmen "abgehen", entstehen Buchungsverluste in dieser Größenordnung. Die notwendigen buchungsmäßigen Korrekturen verschlechtern die wirtschaftliche Lage und verringern die Kreditfähigkeit der Unternehmen in erheblichem Umfang (GdW 1999: 38). Die geschwächte Leistungskraft der Wohnungsunternehmen wiederum wirkt sich negativ auf die lokale Wirtschaft aus, da die Baugewerbe vor Ort auch von Aufträgen der Wohnungsunternehmen leben.

Es besteht damit die ernstzunehmende Gefahr von Insolvenzen bei Wohnungsunternehmen, die wiederum in besonderem Maße marktgefährdend wirken können. "Im Falle der Insolvenz eines oder mehrerer Unternehmen verschwinden die Wohnungen nicht etwa vom Markt, sondern sie sind schlicht noch vorhanden und werden von einem neuen Anbieter – zum Dumpingpreis und entschuldet erworben – zu niedrigeren Preisen bzw. Mieten wieder auf dem Markt angeboten. Damit kann eine verhängnisvolle Abwärtsspirale in Gang gesetzt werden, die letztlich auch prosperierende Unternehmen bedroht." (GdW 2001: 3f.).

Zusammenfassend lässt sich feststellen, dass das Problem der aktuellen Wohnungsleerstände nicht nur ein Problem der Wohnungswirtschaft ist, sondern ein Problem der Städte und ihrer Stadtteile. Neben einer Neuordnung des vorhandenen Wohnungsbestandes, ist eine umfassende Anpassung der sozialen und technischen Infrastruktur sowie der Verkehrssysteme notwendig. Gleichzeitig ist die soziale Dimension von Schrumpfungsprozessen zu berücksichtigen. Notwendig sind daher integrierte Konzepte zum Umgang mit Wohnungsleerstand, um sich progressiv verstärkenden Abwärtsspiralen aus Zukunftspessimismus, Resignation, Insolvenzen und Verfall entgegenzuwirken (vgl. dazu auch den Beitrag von Haller u.a. in diesem Band).

Im Prinzip geht es hier um einen umgekehrten Verlauf früherer Wachstums- und Verdichtungsprozesse, d.h. es handelt sich um gesamtstädtische Wandlungsprozesse in einer zuvor nicht gekannten Dimension, für die es – so auch die Expertenkommission – "keine Erfahrungen und keine Beispiele und auch keine erprobten Problemlösungsstrategien oder Realisierungserfahrungen" gibt (Kommission 2000a: 54).

Generell muss daran erinnert werden, dass alle unsere Stadtentwicklungstheorien bisher auf der Prämisse des Wachstums aufgebaut waren. Von Schrumpfung war zwar verschiedentlich die Rede, aber entweder wurde nicht deutlich formuliert, was das ist und wie man damit umgehen muss, oder entsprechende Forschungs- und Theorieansätze wurden nicht weiter diskutiert.

Heute wird angesichts der "Deökonomisierung" (Hannemann/Kabisch/Weiske 2001) ganzer Regionen einschließlich der Marginalisierung der Landwirtschaft und allen beschriebenen Folgeerscheinungen die Thematik schrumpfender Städte und Regionen zwar nicht mehr tabuisiert. Es stellt sich jedoch die Frage, ob und wie es gelingen kann, eine Strategie der Überlebenssicherung und der Schaffung subsistenter Infrastrukturen für Ostdeutschland zu entwickeln und die Krise insofern als eine Chance für eine zukunftsweisende, nachhaltige Stadtentwicklung zu begreifen (Rietdorf/Liebmann/Haller 2001).

4 Strategien zur Leerstandsreduzierung in Großsiedlungen

Die Städte in den neuen Bundesländern stehen somit vor einem notwendigen Umbau. Trotz der erheblichen Mittel, die in den letzten mehr als zehn Jahren in die Stadterneuerung – einschließlich die Weiterentwicklung der Großwohnsiedlungen – geflossen sind, konnte der heutige Wohnungsleerstand damit nicht verhindert werden. Für die Konzeption zukünftiger Stadtentwicklung heißt dies, dass die weiterhin notwendige Aufwertung der Städte über viele Jahre hinweg verbunden sein wird mit vielfältigen Schrumpfungsprozessen. "Sollen die Städte und die Wohngebiete attraktiv und funktionsfähig gehalten werden, dann muss als Daueraufgabe die Bewältigung von Wohnungsabrissen einschließlich der anschließenden Aufwertung der freigesetzten Gebiete ins Zentrum der Politik gerückt werden. Das uralte Ziel, den Mangel zu überwinden, wird zwar nicht verschwinden. Es wird jedoch von seiner überragenden Stellung verdrängt. Dabei zeigt sich: Die Bewältigung des Stadtumbaus bei schrumpfender Nachfrage nach Teilbeständen und weiter wachsender Nachfrage nach hochwertigen Wohnformen, stellt im Vergleich zur Vergangenheit zumindest in ihrer Komplexität eine noch größere Herausforderung dar." (Kommission 2000b: 100). Diese Steuerung von Schrumpfungsprozessen ist für die Kommunen vielfach städtebauliches Neuland. Ausgehend von den Empfehlungen der Expertenkommission und gestützt auf erste entsprechende Förderprogramme auf der Ebene einzelner Bundesländer, haben daher im Jahr 2000 zahlreiche Kommunen damit begonnen, ‚Integrierte Stadtentwicklungskonzepte' zu erarbeiten. Seit Ende 2001 wird die Erstellung entsprechender Konzepte auch im Rahmen des Bundeswettbewerbs Stadtumbau Ost gefördert. Mit diesen Konzepten sollen rahmensetzende Entwicklungsziele und -prioritäten der Stadt sowohl gesamtstädtisch als auch auf der Ebene besonders stadtentwicklungsrelevanter Stadtteile definiert werden. Dabei geht es über die Thematik des Wohnens hinaus auch um grundsätzliche Fragen der Wirtschafts-, Gewerbe- und Infrastrukturentwicklung. Die Erarbeitung der Konzepte wird als Gemeinschaftsaufgabe der am Stadtentwicklungsprozess beteiligten Akteure zusammen mit den örtlichen Wohnungseigentümern verstanden (vgl. den Beitrag von Haller u.a. in diesem Band).

Ausgehend von ihrer Lage in der Stadt, den bereits vorhandenen und absehbar weiter steigenden Wohnungsleerständen und damit einhergehenden Abwertungsprozessen sowie der gegebenen Eigentümerstruktur mit einer überschaubaren Anzahl großer Wohnungsunternehmen sind die Großsiedlungen, das lässt sich heute bereits einschätzen, Schwerpunktbereiche vieler Stadtentwicklungskonzepte. Insbesondere in Großstädten wie Leipzig, Halle, Chemnitz, Magdeburg und Gera sowie DDR Entwicklungsstädten wie Hoyerswerda und Leinefelde, sollen sich Stadtumbau- und dabei vorrangig Stadtrückbaumaßnahmen in den nächsten Jahren auf die Großsiedlungen konzentrieren bzw. sind zum Teil bereits angelaufen. Diese Schwerpunktsetzung auf die Großwohnsiedlungen ergibt sich auch aus der Tatsache, dass in den Konzepten eine – in diesem Maße bisher nicht bekannte – Integration wohnungswirtschaftlicher Gesichtspunkte erfolgen muss, um die derzeitige Konfliktsituation auf dem Wohnungsmarkt der Städte, mit wachsenden Wohnungsleerständen und stagnierenden Mieten, abzubauen.

Angesichts ihrer drohenden Existenzgefährdung sind die Wohnungsunternehmen inzwischen vielfach bereit, sich an der Erarbeitung und Umsetzung von Stadtentwicklungskonzepten zu beteiligen. Damit ist die Handlungsfähigkeit der in den Stadtumbauprozess zu integrierenden Akteure in den Großsiedlungen eher gegeben als in den durch eine kleinteilige, diffuse Eigentümerstruktur gekennzeichneten Altbau- und Gründerzeitquartieren. Auch diese Aspekte werden dazu führen, dass sich Stadtumbaumaßnahmen in den nächsten Jahren zu einem großen Teil in Großwohnsiedlungen konzentrieren und das Gesicht vieler Siedlungen grundlegend verändern werden.

Gleichzeitig zeigte sich sowohl in den Ergebnissen der Kommunalbefragung 2000 als auch in der Auswertung erster Stadtentwicklungskonzepte, dass es in der übergroßen Mehrheit der Plattenbaugebiete nicht ausschließlich um die Reduzierung des Wohnungsbestandes geht. Vielmehr sollen Strategien der Schrumpfung mit bestandsaufwertenden Maßnahmen verbunden werden, um damit die Stabilisierung einer Siedlung insgesamt zu erreichen. Bestandsaufwertende Maßnahmen sind daher aus unserer Sicht notwendig:
- Wenn der gesamte Wohnungsbestand eines Wohngebiets langfristig erhalten werden soll.
- Parallel zum Abbruch einzelner Gebäude(-teile), um eine Aufwertung der verbleibenden Bestände zu erreichen.
- Parallel zum Abriss zusammenhängender Gebäudeensembles, um die Stabilisierung von zu erhaltenden Wohnbereichen zu sichern.

Bei der Konzeption und Umsetzung bestandsreduzierender Maßnahmen spielt vor allem die Frage eine Rolle, in welchem Umfang eine Reduzierung der Wohnungsbestände nötig ist. Davon ist – in Abstimmung mit betriebswirtschaftlichen Erfordernissen der Wohnungsunternehmen – die städtebauliche Rückbaustrategie abhängig, die zur Anwendung kommen soll. Dabei bieten sich generell zwei unterschiedliche Herangehensweisen an:
- Disperse Auflockerung der Bebauung (geschossweiser Teilrückbau und punktueller Abriss /Rückbau) und
- Flächenhafter Abriss.

Die konkrete Entscheidung über die Wahl und die Kombination der geeigneten Strategien und Maßnahmen sollte sich in erster Linie aus den

Vorgaben der auf der Basis integrierter gesamtstädtischer Entwicklungskonzepte abgeleiteten Quartierskonzepte ergeben. Parallel zum Planungs- und Umsetzungsprozess ist eine regelmäßige Interessenabstimmung der beteiligten Akteure unabdingbar. (vgl. Abb. 5, vgl. dazu auch Kap. 4.1 im Beitrag von Haller u.a. in diesem Band)

In verschiedenen Städten der neuen Bundesländer konnten in den vergangenen Jahren bereits erste Erfahrungen bei der Umsetzung entsprechender Maßnahmen gesammelt werden:

In Schwedt/Oder, einer unmittelbar an der deutsch-polnischen Grenze gelegenen Industriestadt mit einem Plattenbauanteil von ca. 90 Prozent, wurde für den peripher gelegenen und besonders vom Leerstand betroffenen Stadtteil "Obere Talsandterrasse" (10.100 Wohnungen vor Beginn von Abrissmaßnahmen) im Jahr 1999 eine Sanierungssatzung nach dem besonderen Städtebaurecht des Baugesetzbuchs (BauGB) beschlossen. Voraus-

Abb. 5: Strategien zur Leerstandsreduzierung in Großsiedlungen

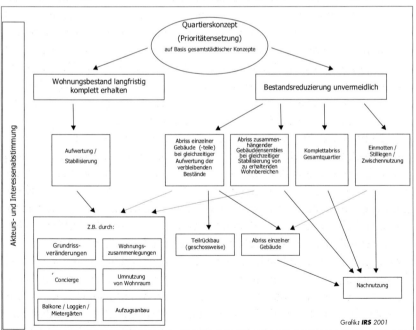

Quelle: eigene Darstellung

gegangen waren umfangreiche vorbereitende Untersuchungen gemäß § 141 BauGB, in deren Ergebnis ein Städtebaulicher Rahmenplan aufgestellt wurde, der bis zum Jahr 2010 den stufenweisen Abriss von 2.850 Wohnungen und weitere Bestandsreduzierungen durch Umnutzungen und Wohnungszusammenlegungen im Umfang von 500 Wohnungen vorsah. In den Jahren 1999 und 2000 wurden auf dieser Grundlage bereits ca. 750 Wohnungen abgerissen – ausschließlich elfgeschossige Plattenbauten. Dadurch konnte nicht nur ein erster Abbau des Wohnungsüberhangs, sondern auch eine spürbare Verbesserung der städtebaulichen Situation im relativ dicht bebauten Wohnkomplex "Talsand" erreicht werden. Außerdem konnten wertvolle Erfahrungen bezüglich der technischen Realisierbarkeit von Abbruchmaßnahmen gesammelt werden (MSWV 2000).

Ebenso wie die Stadt Schwedt wurde auch die im Eichsfeld gelegene thüringische Kleinstadt Leinefelde zu DDR-Zeiten zu einem Schwerpunkt monostrukturierter Industrie ausgebaut. Mit dem Rückgang der Arbeitsplätze nach der Wende (in der Leinefelder Textilindustrie auf ein Zehntel) verlor die Stadt, trotz hoher Pendlerzahlen in die nahegelegenen westdeutschen Wirtschaftsräume Göttingen und Kassel, erheblich an Einwohnern. Besonders betroffen ist die Leinefelder Südstadt (4.850 WE vor Rückbau), ein Plattenbaugebiet, in dem 80 Prozent der Einwohner leben. Diese Siedlung verlor in den vergangenen zehn Jahren 36 Prozent ihrer Bevölkerung, die Wohnungsleerstandsquote beträgt derzeit ca. 25 Prozent (vgl. Abb. 7). Bereits 1994/95 wurde in einer ersten Rahmenplanung versucht, Ansätze zu finden, um ein neues Gleichgewicht zwischen der Anzahl der Arbeitsplätze und der Zahl der Wohnungen zu schaffen. Die Stadt beteiligte sich mit dem Projekt "ZukunftWerkStadt Leinefelde" an der Weltausstellung EXPO 2000. Im Jahr 1999 wurde ein überarbeiteter Rahmenplan zur Entwicklung der Südstadt vorgelegt, der im April 2000 vom Stadtrat beschlossen wurde. Rückbau wird darin als wichtige Chance gesehen, gravierende städtebauliche Mängel wie zu hohe Dichte, stadträumliche Diffusität, fehlende Zentralität usw. zu entschärfen. Aufgrund der trotz detaillierter Untersuchungen gegebenen Unsicherheiten in Bezug auf Quantität und Qualität des auch langfristig vermietbaren Wohnraumes, wurde eine flexible Strategie entwickelt, die einen zusammenhängenden zentralen Bereich stabilisiert und die Randzonen für Veränderungen offen hält (Abriss, Umbau bzw. Neubau). Die Stabilisierung der zentralen Achse, die auch die Verbindung zum alten Ortskern herstellt, soll durch die Modernisierung der Bausub-

Abb. 6: Entwicklung des Wohnungsmarktes in Schwedt

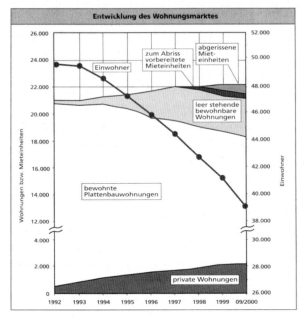

Quelle: BMVBW 2001a:59

Abb. 7: Leerstandsentwicklung in Leinefelde Südstadt 1991 bis 2000

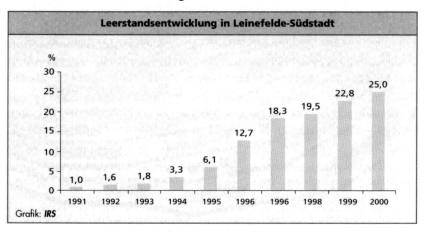

Quelle: Leinefelder Wohnungsunternehmen; eigene Darstellung

stanz, Förderung der Ansiedlung von Einzelhandel und Dienstleistungen sowie Schaffung sozialer Identifikationspunkte und die Gestaltung der öffentlichen Räume erfolgen. Die Strategie wurde in enger Zusammenarbeit mit den örtlichen Wohnungseigentümern konkretisiert und ist Grundlage für künftige Maßnahmen und Investitionen. Durch Abriss, Teilrückbau und Zusammenlegung konnten bisher ca. 500 Wohnungen vom Markt genommen werden. Für 2002 ist der Abriss von weiteren etwa 200 WE geplant. Gleichzeitig ist die hochwertige architektonische Gestaltung des langfristig zu erhaltenden Wohnungsbestandes zu einem wichtigen Imageträger der Südstadt geworden, die weit über die Landesgrenzen hinaus Beachtung findet (Thüringer Innenministerium 2000).

Auch die sächsische Stadt Hoyerswerda, bis zur Wende geprägt durch den Braunkohlentagebau und das nahegelegene Kraftwerk "Schwarze Pumpe", musste in den vergangenen zehn Jahren massive Bevölkerungsverluste hinnehmen. Die Hoyerswerdaer Neustadt (19.900 WE vor Rückbau), in der 70 Prozent der Einwohner leben, verlor alleine zwischen 1994 und 1999 über 22 Prozent ihrer Einwohner; die Leerstandsquote liegt gesamtstädtisch bei 18,5 Prozent. Mit dem 1997 formulierten und seither kontinuierlich fortgeschriebenen "Leitbild Hoyerswerda 2030" und mit einem internationalen städtebaulichen Wettbewerb "Von der Wohnsiedlung zur Stadt" 1998 ergriff die Stadt schon vergleichsweise früh die Initiative zur Umstrukturierung und Neuordnung der Neustadt. Mittlerweile wurden große Bereiche der Neustadt vom Stadtrat in einem städtebaulichen Entwicklungs- und Neuordnungskonzept als Stadtumbaugebiete verbindlich festgelegt. Dabei wird eine Entwicklungsrichtung vorgegeben, die zum einen die Aufwertung des dauerhaft zu erhaltenden Bestandes in verschiedenen, differenzierten Preissegmenten vorsieht, zum anderen den stufenweisen Rückbau nicht mehr benötigter Bestände zum Inhalt hat. Bis zum Jahr 2013 ist in insgesamt 7 Stufen ein Abriss von über 4.000 Wohnungen vorgesehen, wobei diese teilweise durch individuelle Wohnformen ersetzt werden sollen. In der gesamten Neustadt wurden bislang insgesamt ca. 650 Wohnungen abgerissen. Als erste Maßnahme zur Umsetzung der Nachnutzungsstrategie wurde im Januar 2001 mit dem Bau von vier Stadtvillen mit je sechs Wohnungen auf einer Fläche begonnen, auf der noch ein halbes Jahr zuvor ein fünfgeschossiger Wohnblock mit über 150 WE gestanden hatte. Weitere Stadtvillen sowie Einfamilien-, Reihen- und Doppelhäuser für insgesamt 1.100 Bewohner (auf Abrissflächen von

Abb. 8: Nachnutzung von Abrissflächen durch Neubebauung mit Stadtvillen

Foto: IRS 2001

Gebäuden, in denen vorher ca. 3.500 Personen lebten) sind für die kommenden Jahre vorgesehen. Diese direkte Nachnutzung von Abrissflächen durch Neubau ist bislang nur in Ausnahmefällen (weiteres Beispiel Cottbus, Sachsendorf-Madlow) realisiert worden (Lambert 2001).

Abschließend noch ein kurzer Blick auf die Stadt Chemnitz. Chemnitz hat seit der Wende fast 70.000 Einwohner verloren. Etwa 40.000 Wohnungen stehen aktuell leer. Im Rückbau wird dort eine wesentliche Chance für städtebauliche Verbesserungen gesehen: Entflechtung unverträglicher Funktionsmischungen, Schaffung und Ausbau strukturbestimmender Grünzüge und die Integration nachgefragter Wohnformen in das Stadtgebiet. In einem räumlichen Handlungskonzept aus dem Jahr 2001 bestimmt die Stadt kurz- und mittelfristige Entwicklungsziele für die Wohnstandorte. Sie legt Gebiete fest, in denen in den nächsten Jahren Fördermittel zur Sanierung und Wiedergewinnung von Wohnraum beziehungsweise zum Rückbau und Abriss von Gebäuden eingesetzt werden sollen. Besonders stark vom Abriss betroffen sein wird das größte Plattenbauquartier der Stadt: Das Heckert-Gebiet mit ehemals 32.000 Einwohnern verlor in den vergangenen Jahren fast ein Drittel seiner Einwohner. Für die Umsetzung des Konzeptes wurde im November 2001 eine Stadtumbau-GmbH gegründet, an der sich neben der städtischen Wohnungsgesellschaft auch drei Wohnungsgenossenschaften beteiligen. Im Sinne einer Solidargemeinschaft soll so auch das Problem des Interessen- und Lastenausgleichs zwischen den Wohnungseigentümern gelöst werden. In vielen Städten scheitert die Umsetzung konkreter Maßnahmen derzeit nämlich gerade an diesem Problem. (vgl. auch den Beitrag von Haller u.a. in diesem Band)

In den voranstehenden Beispielen ist deutlich geworden, dass es *die* Strategie zur Lösung aller Leerstandprobleme nicht gibt. Vielmehr ist es wichtig, in jeder Stadt und jeder Großsiedlung ein Strategie- und Maßnahmepaket zu entwickeln, das den individuellen Voraussetzungen vor Ort Rechnung trägt. Doch auch die beste Analyse und das Bemühen um fundierte Bevölkerungs-, Haushalts- und Wohnungsbedarfsprognosen erlauben es zum heutigen Zeitpunkt nicht immer, eine endgültige Entscheidung über die Zukunftsperspektive einzelner Gebiete oder Gebietsteile zu treffen. Es wird in bestimmtem Maße notwendig sein, die künftige Entwicklung abzuwarten, um danach – begleitet durch einen kontinuierlichen Monitoring-Prozess – die gewählten Strategien kritisch zu reflektieren und ggfs. zu variieren. Dies bedeutet auch, einen gewissen Leerstand über einen längeren Zeitraum zu akzeptieren. Dies wird auch nötig sein, da es schon aus rein finanziellen Erwägungen illusorisch ist, den derzeitigen Wohnungsüberhang kurz- bzw. mittelfristig durch Abriss/Rückbau vollständig abbauen zu wollen.

Mit dem Stadtumbauprogramm Ost sowie den weiteren flankierenden Aktivitäten wurden durch die Bundesregierung Rahmenbedingungen geschaffen, die die Umsetzung der in den Stadtentwicklungskonzepten vorgeschlagenen Maßnahmen unterstützen. Es gilt nun, den mittel- und langfristig notwendigen Stadtumbau und damit auch den Umbau der Großwohnsiedlungen als Chance für die ostdeutschen Städte zu erkennen und zu nutzen.

Literatur

[BMVBW 2001a] Bundesministerium für Verkehr, Bau- und Wohnungswesen 2001: Läuft die Platte leer? Möglichkeiten und Grenzen von Strategien zur Leerstandsbekämpfung in Großsiedlungen. Berlin; (bearbeitet vom Institut für Regionalentwicklung und Strukturplanung, Erkner)

[BMVBW 2001b] Bundesministerium für Verkehr, Bau- und Wohnungswesen 2001: Stadtumbau in den neuen Ländern. Integrierte wohnungswirtschaftliche und städtebauliche Konzepte zur Gestaltung des Strukturwandels auf dem Wohnungsmarkt der neuen Länder. Berlin; (bearbeitet vom Institut für Regionalentwicklung und Strukturplanung, Erkner, in Kooperation mit dem Institut für ökologische Raumentwicklung (IÖR), Dresden und ADVIS, Berlin)

[DSL-Bank 1996] Deutsche Siedlungs- und Landesrentenbank (Hrsg.) 1996: Zwischen Sanierung und Abriss. Plattenbauten in den neuen Bundesländern, Leipzig

Franz, Peter 2001a: Leerstände in ostdeutschen Städten: keineswegs nur ein wohnungspolitisches Problem. In: Wirtschaft im Wandel 2/2001, S. 27-34

Franz, Peter 2001b: Wohnungsleerstand in Ostdeutschland: differenzierte Betrachtung notwendig. In: Wirtschaft im Wandel 11/2001, S. 263-267

[GdW 1999] Bundesverband deutscher Wohnungsunternehmen e.V. 1999: Zukunft sichern! Programm zur nachhaltigen Stadtentwicklung und zur Sicherung des Bestandes der Wohnungsunternehmen in strukturschwachen Regionen der neuen Länder. Berlin/Köln (GdW Informationen 87)

[GdW 2001] Bundesverband deutscher Wohnungsunternehmen e.V. 2001: Stadtentwicklungskonzepte als Voraussetzung für Aufwertung und Rückbau. Wie Wohnungsunternehmen und Kommunen gemeinsam den Strukturwandel der Städte und Wohnungsmärkte in den neuen Ländern gestalten können, Berlin/Köln (GdW Arbeitshilfe 32)

Haller, Christoph 2000: Wohnungsleerstand in Plattenbaugebieten der neuen Bundesländer. Ausmaß – Ursachen – Gegenstrategien. Berlin (Diskussionsbeiträge des Instituts für Stadt- und Regionalplanung der TU Berlin Nr. 52)

Hannemann, Christine ; Kabisch, Sigrun ; Weiske, Christine 2001: Neue Länder - neue Sitten? Überlagerungen von Transformation und Globalisierung in ostdeutschen Städten. (Bericht von der Tagung am 2./3. Februar 2001 in Chemnitz.). In: Berliner Journal für Soziologie, H. 3/2001, S. 405-408

[IfS 2000] Institut für Stadtforschung und Strukturpolitik GmbH (IfS) 2000: Stand und Perspektiven des Mietwohnungsmarktes im Freistaat Sachsen, Berlin

[IÖR 2000] Institut für ökologische Raumentwicklung e.V. (IÖR) 2000: Wohnungsleerstand und Wohnungsversorgung in sächsischen Städten, Dresden

Kaufmann, Wolf 2001: Wittenberge. Kleinstadt mit Gründerzeitgebieten. In: Bauwelt 24 (Stadtbauwelt 150), S. 62-65

[Kommission 2000a] Bericht der Kommission "Wohnungswirtschaftlicher Strukturwandel in den neuen Ländern" (im Auftrag des Bundesministeriums für Verkehr, Bau- und Wohnungswesen), Berlin

[Kommission 2000b] Arbeitspapier der Kommission "Wohnungswirtschaftlicher Strukturwandel in den neuen Ländern" (im Auftrag des Bundesministeriums für Verkehr, Bau- und Wohnungswesen) – Materialsammlung (Arbeitspapier 23), Berlin

Lambert, Helmut 2001: Städte im Umbau. Erfahrungen aus den neuen Bundesländern – 10 Thesen. In: PlanerIn 2/01, S. 57-60

[MSWV 2000] Ministerium für Stadtentwicklung, Wohnen und Verkehr des Landes Brandenburg (Hrsg.) 2000: Umgestaltung der Wohngebiete auf der Oberen Talsandterrasse in Schwedt/Oder, Potsdam

Neuhöfer, Manfred 2001: Expertenvortrag. In: PDS-Fraktion im Deutschen Bundestag/PDS-Fraktion im Sächsischen Landtag (Hrsg.): Zwischen Stadtsanierung und Abriss: Der Wohnungsmarkt in Ostdeutschland. Wohnungspolitische Konferenz der PDS-Fraktion im Bundestag und der PDS-Fraktion im Sächsischen Landtag am 27. Januar 2001, Dresden, S. 22-25

Rehberg, Siegfried 1998: Wohnungswirtschaftliche Anforderungen an die Weiterentwicklung der industriell errichteten Wohnsiedlungen. In: Institut für Regionalentwicklung und Strukturplanung (Hrsg.): Perspektiven der großen Neubaugebiete in den neuen Bundesländern, GRAUE REIHE 17, S. 103-108. Dokumentation eines wissenschaftlichen Symposiums am 21. April 1997 im IRS, Erkner

Rietdorf, Werner ; Liebmann, Heike ; Haller, Christoph 2001: Schrumpfende Städte – verlassene Großsiedlungen. Stadtstrukturelle Bedeutung und Probleme von Großwohnsiedlungen. In: DISP 146, Heft 3/ 2001, S. 4-12

[Stadt Leipzig 2000] Dezernat Planung und Bau der Stadt Leipzig (Hrsg.) 2000: Stadtentwicklungsplan Wohnungsbau und Stadterneuerung (Entwurf), Leipzig

[Stadt Magdeburg 2001] Stadt Magdeburg 2001: Grobkonzept zum Stadtentwicklungskonzept (DSO 139/01), Magdeburg

Statistisches Bundesamt 2000: Bevölkerungsentwicklung Deutschlands bis zum Jahr 2050. Ergebnisse der 9. koordinierten Bevölkerungsvorausberechnung, Wiesbaden

Stürmer, Bernd 1997: Bauzustand, Bauweise und Leerstand von Gebäuden und Wohnungen in den neuen Ländern und Berlin-Ost. In: Wirtschaft und Statistik 6/1997, S. 380-385

Thüringer Innenministerium (Hrsg.) 2000: Drei städtebauliche ‚weltweite Projekte' zur EXPO 2000 in Thüringen, Erfurt, Arbeitsblätter für die Städtebauförderung 6

Thüringer Innenministerium (Hrsg.) 2001: Stadtumbau und Wohnungsmarktstabilisierung in Thüringen. "Mehr Stadt für weniger Bürger!" Dokumentation der Fachtagung am 20. September 2001 in Leinefelde, Erfurt, Arbeitsblätter für die Städtebauförderung 8

Christoph Haller
Heike Liebmann
Werner Rietdorf
Reinhard Aehnelt

Grundsätzliche Zielsetzungen und erste Erfahrungen bei der Erarbeitung Integrierter Stadtentwicklungskonzepte für die ostdeutschen Städte[1]

1 Integrierte Stadtentwicklungskonzepte als neue Herausforderung für die Stadtentwicklungspolitik in den neuen Ländern

Die Expertenkommission der Bundesregierung "Wohnungswirtschaftlicher Strukturwandel in den neuen Ländern" hat in ihrem Abschlussbericht von November 2000 nicht nur auf die für Kommunen und Wohnungsunternehmen gleichermaßen dramatische Leerstandssituation[2] hingewiesen, sondern auch betont, dass die Bewältigung der durch den gesellschaftlichen Strukturwandel virulenten Probleme "für die Städte und Kommunen eine neue, immens schwierige Aufgabe" darstellt: "Sie müssen eine realistische und ganzheitliche Neubewertung der Entwicklungsmöglichkeiten der Standorte vornehmen und neue Methoden der Zusammenfüh-

---

1 Dieser Beitrag beruht im Wesentlichen auf den Ergebnissen eines Forschungsprojekts, das im Jahr 2001 im Auftrag des Bundesministeriums für Verkehr, Bau- und Wohnungswesen (BMVBW) bzw. des Bundesamtes für Bauwesen und Raumordnung (BBR) unter der Projektleitung von Prof. Dr. Werner Rietdorf sowie unter Mitarbeit von Dipl.-Ing. Christoph Haller und Dipl.-Ing. Heike Liebmann vom Institut für Regionalentwicklung und Strukturplanung (IRS) in Kooperation mit dem Institut für ökologische Raumentwicklung (IÖR) und Dr. Reinhard Aehnelt (Stadtforschungsbüro Advis) durchgeführt wurde. Die Projektergebnisse sind dokumentiert in der Broschüre "Stadtumbau in den neuen Ländern. Integrierte wohnungswirtschaftliche und städtebauliche Konzepte zur Gestaltung des Strukturwandels auf dem Wohnungsmarkt der neuen Länder" (BMVBW 2001a).

2 Vgl. zu Dimension und Ursachen der Leerstandsproblematik sowie weiteren Folgen der Schrumpfungsprozesse für die Stadtentwicklung und entsprechende Gegenstrategien den Beitrag von Liebmann/Haller in diesem Band.

rung der öffentlichen Belange und der betroffenen wirtschaftlichen Interessen sowie der Investitionspotenziale der Marktteilnehmer entwickeln." Weiter wird dort ausgeführt: "Als Instrument für diese Aufgabe sollten die Städte einen neuen Typus der Stadtentwicklungsplanung konzipieren und praktizieren. Das erfordert u.a. eine nüchterne Prognose der Bevölkerungs- und Haushaltsentwicklung, eine Analyse der Leerstände und des zu erwartenden Wohnungsbaus, insbesondere im Eigentumssektor." (Kommission 2000: 8). Für diese Aufgabe – so die Kommission – gibt es bislang "keine Erfahrungen und keine Beispiele und auch keine erprobten Problemlösungsstrategien oder Realisierungserfahrungen" (ebd.: 54).

Vor dem Hintergrund dieser Empfehlungen wurde noch im Jahr 2000 seitens der verantwortlichen Fachressorts der Landespolitik damit begonnen, Richtlinien für die Erstellung von integrierten Stadtentwicklungskonzepten zu konzipieren. Gleichzeitig wurde die Ausreichung von Fördermitteln auf Länderebene zunehmend an den Nachweis des Vorliegens abgestimmter integrierter Stadtentwicklungskonzepte gebunden. Seitens der Wohnungswirtschaft wurde diese Entwicklung ausdrücklich begrüßt und die notwendige Kooperationsbereitschaft der Wohnungseigentümer vor Ort zugesichert. Durch den Bundesverband Deutscher Wohnungsunternehmen e.V. (GdW) wurde kurzfristig eine Arbeitshilfe vorgelegt, mit deren Hilfe die Wohnungsunternehmen in die Lage versetzt werden sollten, "sich offensiv in die Ausarbeitung der Strategien für die Anpassung des gesamtstädtischen Wohnungsbestandes an die sich wandelnde Nachfrage einbringen zu können" (GdW 2001: Vorwort). Nicht zuletzt durch diese engagierte Unterstützung des bundesweiten Interessenverbandes begann in vielen Städten ein gemeinsamer Prozess kommunaler und wohnungswirtschaftlicher Akteure zur Erstellung Integrierter Stadtentwicklungskonzepte.

Der derzeitige diesbezügliche Arbeitsstand ist in den einzelnen Kommunen sehr unterschiedlich. Dies hängt hauptsächlich damit zusammen, zu welchem Zeitpunkt seitens der zuständigen Landesregierung die Verpflichtung der Kommunen zur Erarbeitung der Konzepte erfolgte (vgl. BMVBW 2001a: 20-21 und 24ff.[3]).

---

3 Dort sind die diesbezüglichen Regelungen (und Förderbedingungen) für die Länder Brandenburg, Sachsen, Sachsen-Anhalt und Thüringen zusammenfassend dargestellt. Die Bestimmungen für Mecklenburg-Vorpommern sind dokumentiert in: MAB 2001

- Im Freistaat Sachsen, der diesbezüglich eine Vorreiterrolle inne hatte, haben die meisten Städte mittlerweile ihre im Jahr 2000 erarbeiteten ersten Grobkonzepte vorgelegt. Diese werden derzeit vertieft und durch Konzepte auf der Stadtteilebene ergänzt.
- Für das Land Sachsen-Anhalt lässt sich abschätzen, dass in etwa der Hälfte der Städte derzeit bereits Grobkonzepte in einer dokumentierten Fassung existieren und auch in den übrigen Kommunen mit deren Erarbeitung begonnen wurde.
- In Thüringen ist seitens der Landesregierung als Vorlagetermin der Stadtentwicklungskonzepte das Jahr 2002 festgelegt worden. Dies bietet den Städten Gelegenheit zu einer intensiveren Abstimmung und könnte somit zu fundierteren Inhalten und tragfähigen Konzeptaussagen im Vergleich zu einer übereilten Arbeitsweise beitragen. Ende 2001 hatten 41 thüringische Städte (das ist der weitaus überwiegende Anteil der infrage kommenden Kommunen) mit der Erarbeitung der Konzepte begonnen.
- In Brandenburg wurde der Stadtumbauprozess erst im Jahr 2001 von der Landesregierung durch die Verabschiedung entsprechender Förderrichtlinien angestoßen. Mit der Erarbeitung der Konzepte wurde dementsprechend in nahezu allen Städten erst in den letzten Monaten begonnen. Nur dort, wo umfangreiche Vorarbeiten aus anderen Arbeitszusammenhängen bereits vorlagen (wie z.B. in Wittenberge oder in Cottbus und Schwedt, dort jedoch nur teilräumlich), ist bereits ein weiter fortgeschrittener Arbeitsstand erreicht. In Brandenburg wird sich die Erstellung der Konzepte zusätzlich dadurch zeitlich strecken, dass seitens des zuständigen Landesministeriums die dort praktizierte Ressorttrennung, in Städtebau einerseits und Wohnungsbau andererseits, auch in die Richtlinien für die Konzepterstellung übernommen wurde: Es sind von den Kommunen zunächst separate städtebauliche und wohnungswirtschaftliche Konzepte zu erarbeiten, die dann in einer weiteren Arbeitsstufe abgestimmt und koordiniert werden sollen.
- In Mecklenburg-Vorpommern wurde erst im Herbst 2001 vom zuständigen Ministerium ein Leitfaden für die Erstellung Integrierter Stadtentwicklungskonzepte erarbeitet und den Kommunen zur Verfügung gestellt. Dementsprechend stehen die Städte und Gemeinden erst am Anfang: Erst in jüngster Zeit wurde in einigen Städten mit der Erarbeitung Integrierter Stadtentwicklungskonzepte begonnen.

Beschleunigt wurde der Prozess der Erstellung Integrierter Stadtentwicklungskonzepte durch das Programm Stadtumbau Ost, mit dem der Bund den neuen Ländern sowie Berlin-Ost in den nächsten Jahren Finanzhilfen in Höhe von ca. 1,1 Mrd. Euro zur Verfügung stellt[4] (BMVBW 2001b). Als notwendige Voraussetzung für die Förderfähigkeit von Stadtumbaumaßnahmen werden auch seitens der Bundesregierung Integrierte Stadtentwicklungskonzepte vorausgesetzt. Um die Kommunen bei der Erstellung der Konzepte zu unterstützen wurde im Rahmen des Stadtumbau-Programms im Oktober 2001 ein Wettbewerb "Stadtumbau Ost – Für lebenswerte Städte und attraktives Wohnen" ausgelobt, an dem sich über 200 Kommunen beteiligen können. Jede der teilnehmenden Kommunen erhält einen Bundeszuschuss[5] (BMVBW 2001c). Somit kann damit gerechnet werden, dass zum Ende des Jahres 2002 in der Mehrzahl der ostdeutschen Kommunen Grundlagen für die weitere Arbeit an Integrierten Stadtentwicklungskonzepte vorliegen. Die Arbeit an und mit Integrierten Stadtentwicklungskonzepten ist – wie im Weiteren noch näher ausgeführt wird – als Prozess zu verstehen, der nicht kurzfristig abzuschließen ist.

2 Grundsätzliche Zielsetzung und Inhalte der Integrierten Stadtentwicklungskonzepte

Eine Folge des Strukturwandels sind zunehmende Missverhältnisse zwischen Angebot und Nachfrage auf den städtischen Wohnungsmärkten. Die daraus resultierenden Wohnungsleerstände bedrohen immer mehr die Funktionsfähigkeit städtischer Strukturen.[6] Integrierte wohnungswirtschaftliche und städtebauliche Konzepte für den mittel- und langfristigen Stadtumbau können vor diesem Hintergrund einen Beitrag dazu leisten, die unausweichlich notwendigen Anpassungsprozesse zu gestalten. Damit soll zum einen dem strukturellen und sozialen "Auseinanderdriften" der Städte entgegengewirkt werden (stadtplanerisches Ziel) und zum an-

---

4 Die genannte Summe beinhaltet lediglich den Verpflichtungsrahmen der Bundesmittel. Insgesamt sollen von Bund, Ländern und Gemeinden rund 2,5 Mrd. Euro bereitgestellt werden.
5 Gestaffelt nach Gemeindegröße: bis 30.000 Einwohner: 50.000 Euro/-bis 100.000 Einwohner: 75.000 Euro/ über 100.000 Einwohner: 125.000 Euro.
6 Vgl. dazu ausführlich den Beitrag von Liebmann/Haller in diesem Band.

deren eine Stabilisierung des Wohnungsmarktes durch eine Reduzierung des Überangebotes erreicht werden (wohnungswirtschaftliches Ziel).

Die Erarbeitung und Umsetzung der Integrierten Konzepte ist als eine Gemeinschaftsaufgabe der am Stadtentwicklungsprozess beteiligten kommunalen Akteure zusammen mit den örtlichen Wohnungseigentümern zu verstehen. Die rahmensetzenden Entwicklungsziele und -prioritäten der Stadt sollen unter Einbeziehung der Stadtregion sowohl gesamtstädtisch als auch auf der Ebene besonders stadtentwicklungsrelevanter Stadtteile als grundsätzliches Leitbild erarbeitet und festgelegt werden. Dabei geht es über die Thematik des Wohnens hinaus auch um grundsätzliche Fragen der Wirtschafts-, Gewerbe- und Infrastrukturentwicklung. Zugleich sind Umsetzungsstrategien notwendig, die geeignet sind, akteurs- und ressortübergreifend die Verbindlichkeit kommunaler Entscheidungen und damit auch die Erfolgsaussichten kommunaler Stadtumbauprozesse zu erhöhen.

Integrierte wohnungswirtschaftliche und städtebauliche Konzepte sind somit ein unverzichtbarer Bestandteil für die Bewältigung des Stadtumbauprozesses in den neuen Ländern. Ihre konkreten Inhalte sind zwar von verschiedenen Ausgangsparametern bestimmt (z.B. Größe der Stadt, Komplexität der Problemlage, Qualität bereits vorhandener Untersuchungen und Planungen bzw. Bearbeitungsdefizite, Kreis der zu beteiligenden Akteure), sollten sich aber insgesamt an folgendem Grundaufbau orientieren, auf den im folgenden Bezug genommen wird:[7]

- Grunddaten und Rahmenbedingungen der Stadtentwicklung,
- Perspektiven der wirtschaftlichen, demographischen und sozialen Entwicklung,
- Wohnungsbestand und Wohnungsteilmärkte,
- Schätzungen zur wohnungsbezogenen Nachfrageentwicklung,

---

7 Die im Folgenden wiedergegebenen Erkenntnisse und Praxiserfahrungen beruhen auf den Ergebnissen des in Fußnote 1 genannten Forschungsprojekts. Im Rahmen dieses Projektes wurde der seinerzeitige Arbeitsstand der Integrierten Stadtentwicklungskonzepte modellhaft in acht ausgewählten Städten untersucht und vergleichend dokumentiert. Es handelt sich dabei um folgende Städte: Leipzig, Chemnitz, Bautzen und Hoyerswerda in Sachsen, Magdeburg in Sachsen-Anhalt, Gera und Leinefelde in Thüringen sowie Wittenberge im Land Brandenburg.

- Raumbezug der Konzepte,
- Festlegung städtebaulicher Gebietstypen sowie Prioritätensetzung für deren künftige Entwicklung,
- Einbeziehung und Anpassung bisheriger Planungen,
- Zeithorizont der Konzepte.

Grundsätzlich ist festzustellen, dass es nicht ausreichend sein kann, die genannten Aspekte lediglich etwa im Sinne eines schematischen Anforderungskataloges "abzuarbeiten" und die Erstellung des Integrierten Stadtentwicklungskonzepts vorrangig als Erfüllung einer Verwaltungsvorschrift zur Erlangung von Fördergeldern zu betrachten. Die "Kunst" dürfte darin bestehen, an die Erarbeitung solcher Konzepte gleichermaßen pragmatische und programmatische Ansprüche zu stellen. Einerseits ist zu verhindern, dass lediglich der Planungsstand und altbekannte Daten ein weiteres Mal referiert werden. Anderseits sind die Kommunen aber auch davor zu bewahren, dass sie durch eine unübersehbare neue Welle von Fachplanungen und Abstimmungen an kurzfristig notwendigen praktischen Schritten gehindert werden. Dabei ist auf die negativen Erfahrungen zu verweisen, die im Verlauf der 1970er Jahre in Westdeutschland mit "exzessiven" Ansätzen integrierter Planung gemacht worden sind.

2.1 Grunddaten und Rahmenbedingungen der Stadtentwicklung

Der erste Schritt bei der Erarbeitung eines Integrierten Stadtentwicklungskonzeptes sollte stets darin bestehen, sich der Rahmenbedingungen zu vergewissern, an denen sich die zukünftige Planung zu orientieren hat. Aussagen zur Lage, Größe und Fläche, Zentralität und Funktion einer Kommune sind in Zusammenhang mit der gesamten Region sowie mit den Bezügen innerhalb der Bundesrepublik und der EU zu treffen, um ein angemessenes Bild von den Entwicklungstendenzen und Entwicklungschancen einer Stadt zu entwerfen. Vor allem wird es dabei darauf ankommen, die wirtschaftliche Entwicklung während der vergangenen Jahre nach der Wende zu beschreiben. Zentrale Indikatoren sind die Zahl der Arbeitsplätze in den einzelnen Branchen und die Entwicklung der Arbeitslosigkeit einerseits sowie die Bevölkerungs- und Haushaltsentwicklung anderseits. Insbesondere die letztgenannte Haushaltsentwick-

Grundsätzliche Zielsetzungen

lung ist als Grundgröße von hoher Bedeutung. Absehbare Veränderungen in positiver oder negativer Hinsicht sollten in die Betrachtung einbezogen werden.

Im Arbeitsprozess sollten auch die soziale Entwicklung sowie die Einkommensentwicklung skizziert werden. In größeren Städten lassen sich hierzu Ergebnisse des Mikrozensus oder anderer kommunaler Befragungen heranziehen.

Schließlich wird die Darstellung der Rahmenbedingungen auch eine Betrachtung der Stärken und Schwächen der Stadt in städtebaulicher Hinsicht, aber auch in Bezug auf die Infrastrukturausstattung und den Handel beinhalten. Zu- und Abwanderungen sind möglichst genau nach Richtung und Stärke zu analysieren, um ein Bild von Ausmaß, Dynamik und Tendenzen bei den Prozessen von Rand- und Zuwanderung zu erhalten. Die Zahl der Ein- und Auspendler sollte einbezogen werden, sofern entsprechende Daten vorliegen.

In der Praxis zeigt sich, dass es den meisten Kommunen keine Probleme bereitet, die Entwicklung der Bevölkerung seit 1990 nachzuzeichnen. Angaben zum Altersaufbau der Bevölkerung stehen fast überall bereit. Eine differenzierte Analyse der Zu- und Abwanderungen ist zwar theoretisch anhand der Daten aus den Melderegistern möglich, wird aber in vielen Konzepten bislang (noch) nicht vorgenommen, weil – so wird in den Kommunen argumentiert – die dafür notwendigen Zeit- und Personalressourcen nicht vorhanden sind.

Bezüglich der Größe der Stadt ist deutlich erkennbar, dass die personelle Ausstattung in Großstädten fundiertere Fachplanungen zulässt. Statistische Ämter, die meist nur in größeren Städten (ab etwa 50.000 EW) existieren, verfügen beispielsweise über Strukturdaten zur Bevölkerung und zum Wohnungsbestand, sie können Analysen zu Wanderungsbewegungen und Bevölkerungsprognosen beisteuern. Weiterhin sind dort zur Ergänzung der Datenbasis Gutachten und Konzepte zu den wichtigsten Teilräumen verfügbar. Dagegen verfügen kleinere Städte meist weder über die Datenbasis noch über die personellen Kapazitäten, um eine detaillierte Analyse des Wohnungsmarktes erstellen zu können. Besonders schwierig ist es für diese kleinen Städte, Annahmen zur gegenwärtigen Haushaltsgröße zu treffen. Hier können Haushalts-Generierungsverfahren aus Daten des Einwohnermelderegisters behilflich sein (vgl. BMVBW 2001a: 29ff.).

2.2 Perspektiven der wirtschaftlichen, demographischen und sozialen Entwicklung

Die Betrachtung der bisherigen Entwicklung legt zugleich die Parameter fest, anhand derer die wirtschaftliche, demographische und soziale Entwicklung innerhalb des Planungshorizontes eingeschätzt werden kann. Hierbei sollten einfache Prognosemodelle benutzt werden.[8] Bezüglich der Datenbasis kann man sich an den regionalen und landesweiten Untersuchungen der Statistischen Landesämter, der Bundesanstalt für Arbeit sowie der Wirtschaftsinstitute orientieren. Hier sind entweder die neuesten Prognosen zugrunde zu legen oder ältere auf ihre Aktualität hin zu befragen. Bei Aussagen zur künftigen *wirtschaftlichen Situation* und zu den Perspektiven des Arbeitsmarktes sind Szenarien nützlich, anhand derer sich Entwicklungskorridore bestimmen lassen. Hier kommt es darauf an, möglichst zielgenau abzuschätzen, inwieweit die Kommune bzw. die jeweilige Region vom Erhalt und vom Ausbau bereits bestehender oder neu zu entwickelnder Wirtschaftsstandorte profitieren kann. Letztlich sind für die wirtschaftliche Entwicklung unterschiedliche *demographische Faktoren* von zentraler Bedeutung: Zu nennen sind hier die natürliche Bevölkerungsentwicklung (vgl. Statistisches Bundesamt 2000), die Wanderungsbewegungen (vgl. z.B. Mäding 2000) sowie die Entwicklung von Zahl und Größe der Haushalte (vgl. z.B. BBR 1999 sowie Kommission 2000: 39-40).

Um in einem weiteren Schritt die künftigen Bedingungen für Wohnungsbedarf und -nachfrage möglichst differenziert und kleinräumig bestimmen zu können, ist es notwendig, dass in den Integrierten Konzepten auch Aussagen zur künftigen *sozialen Entwicklung* in einer Kommune enthalten sind. Indikatoren können hier z.B. die Anzahl und die räumliche Verteilung von Empfängern staatlicher Hilfen (Arbeitslosenhilfe, Sozialhilfe) oder der Ausländer- bzw. Aussiedleranteil an der Bevölkerung bestimmter Stadtteile sein (vgl. z.B. Alisch/Dangschat 1998). Diesbezüglich sind Aussagen zu evtl. bereits beobachtbaren Konzentrationen und

---

8 Im Rahmen des o.g. Forschungsprojektes wurde vom Institut für ökologische Raumentwicklung (IÖR) eine vereinfachte Methodik zur Erstellung kommunaler Nachfrageprognosen entwickelt (dokumentiert in: BMVBW 2001a: 29ff.). Vgl. dazu auch Kapitel 2.4 dieses Beitrages.

Polarisierungen in einzelnen Stadtteilen hilfreich. In der Praxis der bereits vorliegenden (Teil-) Konzepte finden diese Aspekte im Allgemeinen noch wenig Berücksichtigung.

2.3 Wohnungsbestand und Wohnungsteilmärkte

Für die Gesamtstadt ist der Wohnungsbestand zunächst hinsichtlich der prozentualen Verteilung auf die Angebotssegmente bzw. Wohnungsteilmärkte darzustellen. Hier bieten sich die Merkmale Baualter, Bauart und, wenn möglich, Dichte bzw. Geschossigkeit als Zuordnungskriterien an (vgl. BMVBW 2001a: 30-31). Ebenso sollten die Angebotssegmente nach Eigentumsformen (kommunale Gesellschaft, Genossenschaften, Zwischenerwerber, private Einzeleigentümer) und hinsichtlich ihrer Verteilung auf die Stadtquartiere dargestellt werden. Angaben zum Modernisierungsgrad bilden eine weitere unverzichtbare Grundlage für die später erforderliche qualitative Bewertung der einzelnen Angebotssegmente.

Auf derselben analytischen Ebene sollten Leerstand und Wohnungsbelegung dargestellt werden. Hierbei ist zunächst nach marktwirksamen und marktunwirksamen Leerständen zu unterscheiden. Zudem ist, wo immer dies aufgrund vorhandener Daten oder mit geringem Aufwand möglich ist, die Verteilung der Leerstände innerhalb der Wohngebiete sowie innerhalb der Gebäude differenziert darzustellen.

Die diesbezüglich verfügbare Datenbasis unterscheidet sich in den betroffenen Städten gravierend. Aus dem bisher erkennbaren Arbeitsstand heraus ist ersichtlich, dass in größeren Städten eine qualitativ und quantitativ bessere Datenlage vorhanden ist. Allerdings sind vereinzelt auch in kleineren Städten schon gesamtstädtische oder teilräumliche Konzepte aus anderen Arbeitszusammenhängen vorhanden, deren Daten bei einer Konzepterarbeitung zugrunde gelegt werden können. Über eine relativ gute Datenbasis verfügen in der Regel die größeren Wohnungsunternehmen. Im privaten Wohnungsbestand ist hingegen in der Regel eine Primärerhebung von Daten unumgänglich. Quellen für Wohnungsbestandsdaten und zu Angaben über den Leerstand können dabei der regionale oder örtliche Haus- und Grundeigentümerverband oder auch die örtlichen Energie- oder Wasserversorgungsunternehmen sein. Wenn dies nicht ausreicht, sollten Primärerhebungen in Form von Begehungen oder Stichprobenuntersuchungen durchgeführt werden.

Bei einer wohnungswirtschaftlichen Betrachtung ist die Einbeziehung des stadtregionalen Wohnungs- und Immobilienmarktes unverzichtbar. Um aktuelle und zukünftige Konkurrenzpotenziale abschätzen zu können, sollten auch Wohnbaustandorte mit rechtskräftiger Planung innerhalb der Stadt sowie im Umland Berücksichtigung finden und ebenso die Investitionstätigkeit im Wohnungsbau geschätzt werden.

Zur Abschätzung der Nachfrageentwicklung und der finanziellen Rahmenbedingungen für die Wohnungswirtschaft ist eine Betrachtung der Mietenentwicklung und der Mietbelastung sinnvoll. Auch sind erkennbare Trends und Präferenzen auf den Wohnungsteilmärkten zu beschreiben, z.B. mehr Wohnflächennachfrage bei niedrigen Mieten, und die Marktchancen unterschiedlicher Angebotssegmente zu skizzieren. Um hier aktuelle Anhaltspunkte zu erhalten, könnten externe Experten mit entsprechenden Gutachten herangezogen werden.

2.4 Schätzungen zur wohnungsbezogenen Nachfrageentwicklung

Vor dem Hintergrund der Annahmen zur wirtschaftlichen und demographischen Entwicklung, der Zahl und durchschnittlichen Größe der Haushalte sowie zur gegenwärtigen Wohnungsnachfrage müssen in einem weiteren Schritt begründete Aussagen zur zukünftigen Wohnungsnachfrageentwicklung gemacht werden. Sinnvoll erscheint hierbei, anhand von Szenarien eine Berechnung von Mengenkorridoren je nach unterschiedlichen Annahmen zur wirtschaftlichen und demographischen Entwicklung, zu den Wanderungen und zur Haushaltsgröße vorzunehmen. Man erhält auf diese Weise eine quantitative Gesamtnachfrage, die von teilräumlichen und qualitativen Aspekten weitgehend abstrahiert.

Annahmen zur Einkommensentwicklung, zur Entwicklung der Eigentumsquote und den erkennbaren Wohnwünschen lassen im nächsten Schritt differenzierte Schätzungen zur Nachfrageentwicklung innerhalb der verschiedenen Angebotssegmente (bezogen auf Qualität, Größe und Lage der Wohnungen) zu. Grundlage für derartige Aussagen können wohnungswirtschaftliche Studien sowie das Expertenwissen der lokalen Wohnungsmarktakteure sein. Aus diesen Überlegungen lässt sich der langfristig notwendige Wohnungsbestand nach Bauformen, Wohnungsgrößen, Eigentumsformen und seine Verteilung auf die Stadtquartiere und das Umland schätzen. In einem letzten Schritt sind die Ergebnisse mit den

Grundsätzliche Zielsetzungen

Resultaten der Bestandsanalyse zu vergleichen, um zu einer Abschätzung mittelfristiger Angebots- und Nachfragediskrepanzen zu gelangen.

2.5 Raumbezug der Konzepte

Das derzeitige Missverhältnis zwischen Nachfrage und Angebot in weiten Teilen des ostdeutschen Wohnungsmarktes beschränkt sich in seinen Auswirkungen nicht auf die betroffenen Teilmärkte und die jetzt schon problematischen Stadtquartiere, sondern hat weitreichende Konsequenzen für den gesamtstädtischen Wohnungsmarkt, die bauliche Gesamtstruktur der Städte und die soziale Zusammensetzung ihrer Bevölkerung. Vor diesem Hintergrund ist es zwingend erforderlich, dass die zu erarbeitenden Integrierten Konzepte das gesamte Stadtgebiet abdecken. Darüber hinaus ist aufgrund der auch in den neuen Ländern fortschreitenden Suburbanisierungstendenzen durch Abwanderung der Stadtbevölkerung in die Umlandgemeinden auch die Stadtregion mit einzubeziehen. Im Rahmen dieses ganzheitlichen Ansatzes sollten durch die Festlegung von Entwicklungsprioritäten deutliche räumliche Schwerpunktsetzungen des künftigen Handelns erfolgen. Aus dem Gesamtkonzept sind für einzelne stadtentwicklungsrelevante Stadtteile detailliertere teilräumliche Konzepte abzuleiten.

In der Praxis der bisher vorliegenden Konzepte zeigt sich, dass der erhobene gesamtstädtische Anspruch zwar in den meisten, aber noch nicht in allen Kommunen erfüllt ist. In einigen Städten, deren Wohnungsbestand in hohem Maße von Plattenbauten dominiert ist, konzentrieren sich die Konzepte bislang nahezu ausschließlich auf diese Großsiedlungen. Aber auch das Stadtentwicklungskonzept der Stadt Leipzig, ansonsten in vielerlei Hinsicht modellhaft, beschränkt sich derzeit noch auf drei ausgewählte Wohnungsteilmärkte (gründerzeitliche Gebiete, Großsiedlungen, Standorte des Wohnungsneubaus). Andere Wohnungsbestände werden aus der näheren Betrachtung ausgeklammert, da sie sich aus Sicht der Stadt zur Zeit so entwickeln, dass die Anwendung des vorhandenen Bau- und Sanierungsrechts hier ausreicht. Zumindest in die Analyse- und Bewertungsphase sollten aber *alle* Bestände des Wohnungsmarktes einer Stadt angemessen einbezogen werden. In den nachfolgenden Phasen kann es dann – abhängig von den individuellen Gegebenheiten vor Ort – ausreichend sein, nur noch bestimmte eingegrenzte Stadtgebiete zu beleuchten.

Abstimmungen zwischen den Städten und ihrem Umland hinsichtlich der Baulandentwicklung und der Stadtumbaukonzepte sind eine sehr schwierige und konfliktträchtige Aufgabe. Durch die Komplexität des Verfahrens zur Erstellung der Integrierten Stadtentwicklungskonzepte bereits in hohem Maße belastet, beschränken sich die meisten Kommunen aus diesem Grunde auf die Abstimmung "im Inneren". Bestenfalls werden Daten der zu erwartenden Baulandnutzung im Umland als Parameter für die zukünftige Wohnraumnachfrageentwicklung herangezogen. Die Umlandgemeinden von größeren Städten profitieren in der Regel aber von der Entwicklung auf den Wohnungsmärkten und sehen sich zudem teilweise mit Begehrlichkeiten zu ihrer Eingemeindung seitens der Städte konfrontiert. Es sollten zur Versachlichung der Debatte Szenarien entwickelt werden, um die Konsequenzen der Bevölkerungsentwicklung auf verschiedenen Entwicklungspfaden zu beleuchten und auch negative Folgewirkungen verstärkter Ungleichgewichte für die Umlandgemeinden selbst zu verdeutlichen. Im Rahmen eines konsensualen Aushandlungsprozesses sollten Ausgleichsmaßnahmen verhandelt werden, um negative Folgen für beide Seiten zu begrenzen.

2.6 Festlegung städtebaulicher Gebietstypen sowie Prioritätensetzung für die künftige Entwicklung

Aufbauend auf den Ergebnissen der Bestandsaufnahme sollte eine qualitative Einstufung aller relevanten städtischen Teilgebiete, auf jeden Fall der Wohn- und Wohnmischgebiete, aus städtebaulicher Sicht erfolgen. Hierfür sind folgende städtebauliche Gebietstypen sinnvoll: Stadtkern, geschlossene Gründerzeitgebiete, Gründerzeitgebiete mit offener Bebauung, Gebiete aus den 20er und 30er Jahren, industriell errichtete Wohngebiete, Geschosswohnungsneubau nach 1990, Gemengelagen, Einfamilien- und Reihenhausgebiete inner- und außerhalb der Stadt, ländliche Gebiete. Darüber hinaus ist bei der qualitativen Bewertung der Gebiete auch ihre Bedeutung im Stadtgefüge bzw. Stadtbild und damit für die langfristige Funktionssicherung der Gesamtstadt zu berücksichtigen.

Die qualitative Einstufung der einzelnen Wohngebiete und die Zuordnung entsprechender Entwicklungsziele sollte in einem zweiten Schritt, basierend auf den Einschätzungen der Immobilienwirtschaft, erfolgen. Dabei stehen Leerstand und Leerstandsdynamik, soziale Lage der Bewohner, Mietbelastung und Mietzahlung, Rentabilität der Bestände, wirtschaftliche Lage sowie Investitionsfähigkeit und -bereitschaft der Wohnungseigentümer im Zentrum der Überlegungen.

Im Ergebnis beider Betrachtungsebenen sollte ein Grobkonzept entwickelt werden, das Gebiete mit Aufwertungspotenzialen, zu sichernde Standorte und Standorte mit Rückbauerfordernissen skizziert. Eine solche Gebietseinteilung ist Voraussetzung für die Einbeziehung der betreffenden Stadt in das Programm "Stadtumbau Ost". Unter Berücksichtigung der diesbezüglichen Herangehensweisen in den untersuchten acht Beispielstädten erscheint in Anlehnung an das bereits vorliegende (Grob-) Konzept aus Magdeburg die folgende Klassifizierung empfehlenswert:

- **Erhaltungsgebiete**[9]**:**
  Erhalt der städtebaulichen Struktur (insbesondere in den historischen Stadtkernen, Denkmalbereichen oder Siedlungen der 1920er Jahre) mit dem Ziel, die Wohnfunktion zu erhalten und weiter auszubauen. So können teilräumliche Aufwertungskonzepte beispielsweise eine Beseitigung von innerstädtischen Angebotsdefiziten und neue Leitbilder vor allem für das innerstädtische Wohnen zum Ziel haben. Entsprechende Flächen müssen diesbezüglich mobilisiert und bereitgestellt sowie attraktive innerstädtische Bauformen entwickelt werden. In diesen Bereichen sollen außerdem Modernisierungs- und Instandhaltungsarbeiten durch prioritären Einsatz von Fördermitteln unterstützt werden.
- **Umstrukturierungsgebiete:**
  Diese Stadtteile weisen gestörte, strukturschwache Bereiche auf. Ziele der Umstrukturierung sind die Stärkung vorhandener Potenziale und die Schaffung städtebaulicher Strukturen mit dem Ziel des Erhalts und Ausbaus der Wohnfunktion. Dabei soll das Rückbau- und Abrisspotenzial (punktueller und zeilenweiser Abriss) für die Aufwertung und Reaktivierung des Stadtteils genutzt werden.
- **Umstrukturierungsgebiete mit hohem Schrumpfungsanteil:**
  Umstrukturierungsgebiete, bei denen unter grundsätzlicher Beibehaltung der Wohnfunktion zusätzlich zu punktuellen und zeilenweisen Abrissen auch mit flächenhaftem Abbruch in Teilbereichen gerechnet wird.

---

9 Der Begriff des Erhaltungsgebietes wird hier nicht im Sinne des Besonderen Städtebaurechts nach § 172 BauGB (Erhaltungssatzung) verwendet.

- **Schrumpfungsgebiete:**
  Notwendig ist hier angesichts der fortgeschrittenen Leerstände die Reduzierung der Wohnnutzung durch flächenhaften Abriss einschließlich einer entsprechenden Reduzierung der Infrastruktureinrichtungen.
- **Gebiete ohne Handlungsdruck:**
  Gebiete mit überwiegend individuellem Eigenheimbau mit geringem Leerstand. In diesen Bereichen spielt Rückbau keine Rolle – der Wohnungsbestand wird weitgehend konstant bleiben bzw. leicht zunehmen.

An die Festlegung der unterschiedlichen städtischen Gebietstypen und Handlungsfelder schließt sich eine Analyse der Handlungsmöglichkeiten an, die die Eigentümerstruktur in den Teilgebieten, die Verteilung der Leerstände und der unsanierten Bestände sowie die Wohnungsmarktwirksamkeit von städtebaulichen Maßnahmen thematisiert. Diese Aussagen sind für besonders stadtentwicklungsrelevante Gebiete in teilräumlichen Konzepten zu konkretisieren und durch gebietsbezogene Maßnahmekonzepte zu ergänzen.

Im Bericht der Expertenkommission "Wohnungswirtschaftlicher Strukturwandel in den neuen Ländern" der Bundesregierung wurden drei unterschiedliche Stadttypen unterschieden: Altbaustädte, DDR Entwicklungsstädte und Doppelstädte.[10] Aufbauend auf diese Typisierung sind für die unterschiedlichen Stadttypen die folgenden Strategieansätze erkennbar:

- Grundsätzlich liegt die Vermutung nahe, dass *Altbaustädte* aufgrund der heterogenen Eigentümerstruktur in den Innenstadtbereichen eine geringere Handlungsfähigkeit bei der Umsetzung von Konzepten ha-

---

10 *Altbaustädte*: Städte mit einem dominierenden Altbauanteil von mindestens 70 Prozent, gemessen am Wohnungsbestand von 1990.
DDR-Entwicklungsstädte: Städte mit einem dominierenden Anteil von mindestens 70 Prozent an DDR-Wohnungen, gemessen am Wohnungsbestand von 1990 und einem i.d.R. sehr hohen Bevölkerungswachstum vor 1990.
Doppelstädte: Städte mit einem Altbauanteil zwischen 30 Prozent und 70 Prozent bzw. einem DDR-Wohnungsbauanteil zwischen 70 Prozent und 30 Prozent, gemessen am Wohnungsbestand von 1990. Der Name „Doppelstadt" wurde gewählt, da häufig die Altbausubstanz wie die DDR-Wohnungen in sich geschlossene Wohngebiete darstellen, so dass städtebaulich 2 Städte nebeneinander stehen.
(vgl. Kommission 2000: 22)

ben. Darüber hinaus entspricht der vorhandene Wohnungsbestand vielfach nicht den Nachfragewünschen, denn der Einfamilienhausanteil ist i.d.R. sehr gering. Der Planungsansatz für diesen Typ: Ein vollständiger Erhalt der Altbausubstanz wird nicht möglich sein. Da die Sanierungstätigkeit in der Vergangenheit oftmals sehr breit gestreut erfolgte, muss davon ausgegangen werden, dass in diesen Fällen kein innerstädtisches Stadtviertel komplett erhalten werden kann. Sinnvoll ist der größtmögliche Umbau von Gebäuden für Selbstnutzerzwecke.

- In *DDR-Entwicklungsstädten* liegt der Schwerpunkt des Stadtumbaus eindeutig in den Plattenbaugebieten. Eine überschaubare Zahl relevanter Akteure und eine gute Datenbasis erleichtern in diesen Städten zwar die Abstimmungsprozesse, doch dürften die wirtschaftlichen Probleme aufgrund der baulichen Monostruktur hier am größten sein. Langfristig wird in einigen Städten ein über den derzeitigen Wohnungsleerstand hinausgehender Abriss unvermeidlich werden. Stabilisierung und Aufwertung der verbleibenden Bestände bzw. Teilgebiete und ein hohes Angebot selbstgenutzten neuen Wohneigentums auf preisgünstigen Abrissflächen sollten Priorität genießen.
- Die überwiegende Mehrzahl der ostdeutschen Städte ist dem Stadttypus der *Doppelstädte* zuzuordnen. Dort dürfte zwar dem Erhalt der Altbausubstanz und der Stärkung der Innenstadt Priorität zukommen, doch wird andererseits der wirtschaftliche Problemdruck i.d.R. in den Gebieten industrieller Bauweise liegen. Da derzeit in vielen Städte die Leerstandszahlen in den Altbaugebieten vielfach noch deutlich über denen in den oft umfangreich sanierten Plattenbaugebieten liegen, können sich Konflikte bei der Festlegung von Entwicklungszielen ergeben. Insbesondere in den Doppelstädten – aber nicht nur dort – sind daher Abhängigkeiten in Bezug auf den Anteil bereits sanierter Gebäudesubstanz und die gesamtstädtische Verteilung der Leerstände zu berücksichtigen (vgl. dazu auch Kapitel 4.2 dieses Beitrags).

2.7 Einbeziehung und Anpassung bisheriger Planungen

Insgesamt sind alle bestehenden gesamtstädtischen Planungen Schritt für Schritt an die neuen Prioritäten anzupassen. Das betrifft die Fachplanungen der Bauverwaltung selbst, aber auch weitere fachliche Planungen in erster Linie des Bildungs- oder des Verkehrsressorts. Auch eine kritische Durchsicht bereits vorhandener teilräumlicher Konzepte sollte hinsichtlich der ihnen möglicherweise immanenten Konflikte mit den Zielen der Integrierten Stadtentwicklungskonzepte erfolgen. Soll dieses Verfahren nicht unverbindlich bleiben, müssen gültige Teil- und Gesamtplanungen (insbesondere der Flächennutzungsplan) entsprechend geändert und bestehende Verträge angepasst werden.

Die Städte haben in den letzten Jahren oft große Sanierungsgebiete im Sinne des BauGB förmlich festgelegt, in denen Stadterneuerung mit höchster Priorität betrieben werden sollte. Entsprechend den jeweiligen Ausgangs- und Rahmenbedingungen ist der Entwicklungsstand in diesen Gebieten heute sehr unterschiedlich. So gibt es in vielen Städten Sanierungsgebiete, in denen nach der Erstellung des Stadtentwicklungskonzeptes eine Überprüfung der Sanierungsziele dringend erforderlich ist, um das vorhandene Instrumentarium auch weiterhin anwenden zu können (vgl. Stadt Leipzig 2000: 25).

2.8 Zeithorizont der Konzepte

Integrierte Stadtentwicklungskonzepte erfordern eine Vielzahl von Aussagen über den zu erwartenden Bedarf an Wohnraum, die sich aus der zukünftigen mittel- bis langfristigen Bevölkerungs- und Haushaltsentwicklung ergeben. Gleichzeitig besteht aber ein erheblicher aktueller Handlungsdruck hinsichtlich der notwendigen Stabilisierung des Wohnungsmarktes. Es ist daher notwendig, einen differenzierten Zeithorizont anzustreben, der neben Aussagen für eine kurzfristige Entwicklungsperspektive (in der Regel bis 2005) auch mittelfristige und langfristige Planungsziele (bis 2010 und 2015 sowie ggf. darüber hinaus) einbezieht.

3 Akteursvernetzung bei der Erarbeitung der Konzepte

Ausgehend vom notwendigen integrierten Ansatz bei der Erarbeitung der Stadtentwicklungskonzepte ist eine Vernetzung der relevanten Akteure erforderlich. Diese umfasst
- die Integration der Fachressorts auf kommunaler Ebene,
- die Integration der Akteure des Wohnungsmarktes,
- die Integration der betroffenen Bürgerinnen und Bürger.

Grundsätzliche Zielsetzungen 141

3.1 Integration der Fachressorts auf kommunaler Ebene

Eine Abstimmung der für die Stadtentwicklung relevanten Fachressorts wird erstens notwendig, weil man sich bei der Zielbestimmung des Stadtumbaus wirtschaftlicher und demographischer Rahmenbedingungen versichern muss. Zweitens zieht ein städtebaulicher Schrumpfungsprozess erhebliche infrastrukturelle Konsequenzen nach sich: Schulen und Kindergärten müssen geschlossen, der öffentliche Nahverkehr muss den neuen Kennziffern angepasst werden usw. Gleichzeitig muss aber die dauerhafte und uneingeschränkte Funktionsfähigkeit der (verbleibenden) Systeme gewährleistet sein. Weil dies für die Stadttechnik Konsequenzen hat, sollen auch Versorgungsunternehmen wie die Wasserwerke einbezogen werden. Es geht also darum, neben städtebaulichen weitere fachliche Gesichtspunkte in den Prozess der Formulierung von Konzepten zum Stadtumbau einfließen zu lassen und die Planungen auf allen Ebenen möglichst frühzeitig aufeinander abzustimmen. Diesbezüglich wird auf positive Erfahrungen aus bereits praktizierten Förderprogrammen, z.B. "Soziale Stadt", verwiesen.

Stellt bereits die Anpassung der eigenen Fachplanungen der Bauverwaltung ein aufwändiges Vorhaben dar, so ist die Einbeziehung von Planungen anderer Ressorts, z.B. auf dem Wege einer gemeinsamen Lenkungsrunde, eine erheblich kompliziertere Aufgabe. Die überkommene Funktionsteilung von Städtebauförderung und Wohnungsbauförderung wird in der bisherigen Form den Problemen nicht mehr gerecht. Für die Zukunft ist deshalb eine Integration des Verwaltungshandelns unverzichtbar.

3.2 Integration der Akteure des Wohnungsmarktes

Planerisches und konzeptionelles Neuland wird mit der Forderung nach einer Integration städtebaulicher und wohnungswirtschaftlicher Gesichtspunkte bei der Erstellung der Konzepte betreten. Der Hintergrund dieses Postulats ist der steigende Problemdruck, den der Prozess der Schrumpfung für die Wohnungswirtschaft mit wachsenden Leerständen und stagnierenden Mieten heraufbeschwört. Zusätzlich zur Lösung städtebaulicher Problemstellungen geht es ausdrücklich darum, die derzeitige Konfliktsituation auf dem Wohnungsmarkt abzubauen. Sowohl von politischer Seite als auch durch die Interessenverbände der Wohnungswirtschaft wird auf die drohende Existenzgefährdung von Wohnungsunternehmen hingewiesen, die vor große betriebswirtschaftliche Herausforderungen gestellt sind (vgl. GdW 2001). Damit geraten die wirtschaftliche Situation der Akteure auf dem Wohnungsmarkt sowie die wohnungswirtschaftliche Bedeutung der verschiedenen Angebotssegmente ins Blickfeld. Die notwendige stärkere Einbindung ökonomischer Aspekte in die Stadtentwicklung hat zur Folge, dass das Problem des Interessenausgleichs zwischen den Marktteilnehmern zu einer zentralen Frage werden kann, die im Rahmen eines Integrierten wohnungswirtschaftlichen und städtebaulichen Konzeptes zu lösen ist. Die Lösung dieses Problems ist dann eine Voraussetzung für die Umsetzungsfähigkeit des Gesamtkonzeptes (vgl. dazu Kapitel 4.3 dieses Beitrags).

Aus der erforderlichen Integration wohnungswirtschaftlicher Aspekte ergibt sich die Notwendigkeit einer intensiven Beteiligung aller Akteure der Wohnungswirtschaft an der Erarbeitung der Konzepte. Deren betriebswirtschaftliche Strategien oder Sanierungskonzepte müssen mit den städtebaulichen Planungszielen in Einklang gebracht werden, denn die besten Konzepte nutzen nichts, wenn sie nicht von den Akteuren auf dem Wohnungsmarkt umgesetzt werden.

In den meisten Städten beschränkt man sich bislang weitgehend auf eine Beteiligung der großen Wohnungsunternehmen, meist der kommunalen Gesellschaft und der größten Genossenschaften. Akteure auf dem Wohnungsmarkt sind aber auf der Anbieterseite neben weiteren kleineren und größeren Wohnungsbaugesellschaften und den Privatisierungsgesellschaften (Zwischenerwerbern) auch die privaten Vermieter von Mehrfamilienhäusern. Deren Mitwirkung an den zu initiierenden Prozessen kann durch die Beteiligung des Verbandes der Haus- und Grundeigentümer angestrebt werden. Allerdings dürfte dessen Einflussmöglichkeit auf das Handeln seiner Mitglieder vermutlich eher gering sein. Eine rechtliche Möglichkeit, andere als die freiwillig am Stadtumbauprozess teilnehmenden Wohnungseigentümer in abgestimmte Aktivitäten einzubeziehen, fehlt bislang, so dass es den Kommunen vielfach nicht gelingt, alle wichtigen Akteure in den Stadtumbauprozess zu integrieren. Oft scheren einzelne Wohnungsunternehmen von vornherein aus einem gemeinsamen Prozess aus und gefährden so ein konsensuales Arbeiten an einer Problemlösung.

Von großer Bedeutung für die Handlungsfähigkeit der Wohnungseigentümer im Stadtumbauprozess ist auch die Kooperationsbereitschaft der kreditgebenden Banken. Dies bezieht sich zum einen auf die Sondertilgung von Altschulden: Hier sind die Banken vielfach nicht bereit, eine solche Sondertilgung (wie sie die AHG-Novelle vorsieht) zuzulassen, es sei denn, das betroffene Wohnungsunternehmen entrichtet während der vertraglich vereinbarten Zinsbindung eine Vorfälligkeitsentschädigung. Ein grundsätzliches Problem besteht darin, dass mit dem Rückbau eine Verminderung des Anlagevermögens einher geht. Wird ein Teil der Bestände abgerissen, decken die verbleibenden Bestände unter Umständen die Kredite nicht mehr ausreichend ab. Da für eine Aufwertung der Restbestände zusätzliche Mittel erforderlich sind, verschlechtert sich die Eigenkapitalquote zusätzlich. Es ist im Einzelfall zu prüfen, inwieweit es möglich ist, die Banken durch frühzeitige Einbeziehung in den Stadtumbauprozess zum Mitwirken zu bewegen. Bisherige Erfahrungen zeigen, dass das sehr schwierig ist.

3.3 Integration der betroffenen Bürgerinnen und Bürger

Auf der Nachfrageseite tragen letztlich alle privaten Haushalte durch Mobilität oder die Bildung von Wohnungseigentum zum Geschehen auf dem Wohnungsmarkt bei. Es ist deshalb notwendig, die Mieterinnen und Mieter bzw. die örtlichen Mietervereine als Adressaten von möglichst öffentlichen und transparenten Verfahren zu beteiligen.

Die Einwohner eines vom Stadtumbau betroffenen Wohngebietes sind – nicht zuletzt durch die gängige Kolportierung tatsächlicher oder fiktiver Abrissplanungen in den örtlichen Medien – meist hauptsächlich darauf bedacht, zu erfahren, ob das Haus, in dem sie selbst wohnen, kurz- oder mittelfristig vom Abriss betroffen sein wird, und erst in zweiter Linie geht es ihnen um die Perspektive ihres Wohngebietes insgesamt. Das macht eine sachliche Erörterung von Abrissszenarien in der Öffentlichkeit schwer. Hinzu kommt, dass die Einbeziehung wohnungswirtschaftlicher Gesichtspunkte das Offenlegen sensibler Daten bedeutet, was wiederum die betroffenen Wohnungseigentümer meist davon abhält, sich einem öffentlichen Verfahren vorbehaltlos zu unterziehen. Andererseits ist eine ungezügelte "Gerüchteküche" ungünstig für das Image der betroffenen Quartiere: Mieter werden notwendige Schönheitsreparaturen oder eigene Modernisierungsmaßnahmen unterlassen oder sogar vorzeitig ausziehen. Fehlende Transparenz und Planungsunsicherheit können also Abwärtsspiralen in Gang setzen, die kaum zu kontrollieren sind. Hier kann es lohnend sein, Erfahrungen, die mit der Bewohnerbeteiligung im Rahmen der "behutsamen" Stadterneuerung bzw. in der "Sozialen Stadt" gemacht worden sind, einzubringen und eine Umsetzung in Bezug auf Verfahrensweisen bei der Erarbeitung von Stadtumbaukonzepten zu befördern.

3.4 Konsequenzen für die Akteursvernetzung

Zur komplexen Berücksichtigung der vorstehend beschriebenen Anforderungen sollten in den Kommunen Steuerungs- bzw. Lenkungsrunden o.a. eingerichtet werden, die sich mit der Erarbeitung und Abstimmung der Integrierten Stadtentwicklungskonzepte befassen.[11]

Der Kreis der Beteiligten, die in ein solches Verfahren dauerhaft einbezogen werden, richtet sich u.a. nach der Größe der Kommune, der Komplexität des örtlichen Wohnungsmarktes und den individuellen Problemlagen vor Ort (vgl. dazu auch GdW 2001: 26). Abhängig von diesen unterschiedlichen Ausgangsvoraussetzungen sowie von personellen und materiellen Ressourcen, die für die Erarbeitung der Konzepte und den damit in Zusammenhang stehenden Arbeitsprozess zur Verfügung stehen, kann der Teilnehmerkreis variieren. Dabei ist es wünschenswert, dass – über einen bestimmten regelmäßig eingebundenen Personenkreis hinaus – relevante Einzelakteure jeweils als Gäste zu punktuellen Fragen und Problemlagen mit hinzugezogen werden. In solchen Städten, in denen bereits in einer frühen Phase Konflikte absehbar sind oder virulent werden, sollten externe Berater als Moderatoren oder Mediatoren in den Abstimmungsprozess einbezogen werden. Die Verantwortung für die Erstellung der Konzepte sollte stets beim (Ober-) Bürgermeister der Stadt liegen, damit eine größtmögliche Verbindlichkeit und Tragfähigkeit der erzielten Ergebnisse und Absprachen sowohl in ihrer Wirkung "nach innen" (also gegenüber den beteiligten Akteuren), als auch gegenüber der Stadtöffentlichkeit gesichert ist.

---

11 Vereinzelt wird auch die Forderung nach "Runden Tischen" erhoben. Dieser Begriff erscheint jedoch im vorliegenden Zusammenhang nur bedingt geeignet, da er eine unrealistische Gleichberechtigung der beteiligten Akteure hinsichtlich der Einbringung ihrer Interessen in den Stadtumbauprozess suggeriert.

Bei der praktischen Umsetzung des integrativen Ansatzes stellt sich allerdings nicht nur ein konzeptionelles, sondern auch ein ganz praktisches Problem: Der Kreis der Beteiligten sollte in einem Verfahren nicht so groß ausfallen, dass die Abstimmungsprozesse nicht mehr zu moderieren sind.

4 Erarbeitung und Umsetzung teilräumlicher Rückbaukonzepte

Die zielkonkrete Umsetzung gesamtstädtischer Konzepte ist nur auf teilräumlicher Ebene möglich. Bereits im Bericht der von der Bundesregierung eingesetzten Expertenkommission "Wohnungswirtschaftlicher Strukturwandel in den neuen Ländern" wurde daher betont, dass auf der Basis Integrierter Stadtentwicklungskonzepte für die einzelnen städtischen Teilgebiete mit Überschussbeständen konkrete Rückbaukonzepte erarbeitet werden müssen, bei denen die Städte gemeinsam mit den Wohnungseigentümern Entscheidungen zum Umgang mit dem Bestand, dem Leerstand, und zur Weiterverwendung der beräumten Grundstücke und Flächen treffen müssen (Kommission 2000: 54).

Bei der Herangehensweise an solche Rückbaukonzepte haben sich unterschiedliche mögliche Strategien herauskristallisiert, es ist aber auch eine Fülle von Problem- und Konfliktfeldern ersichtlich, die teilweise in ihrem Ausmaß und in ihren Folgewirkungen für den Stadtumbauprozess heute noch nicht vollständig abgeschätzt werden können.

4.1 Unterschiedliche Strategien zur Reduzierung der Wohnungsbestände

Bei der Erarbeitung von Rückbaukonzepten für entsprechend klassifizierte Gebiete bieten sich unterschiedliche strategische Alternativen an:[12]

---

12 Vgl. dazu auch Kapitel 4 des Beitrags von Liebmann / Haller in diesem Band. Dort werden die hier vorgestellten Strategien anhand verschiedener Beispielstädte näher beleuchtet.

- **Auflockerung der Bebauungsdichten:**
  Neben der quantitativen Reduzierung des Wohnungsbestandes wird die Aufwertung der bestehenden Quartiere angestrebt. Erreicht werden kann eine Auflockerung des Bestandes, indem als zu dicht empfundene räumliche Situationen aufgeweitet werden und gleichzeitig Raum für neue Nutzungen (Grünanlagen, Stellplätze, wohnungsnahe soziale Infrastruktur etc.) geschaffen wird. Umgesetzt werden kann diese Strategie zum einen durch den geschossweisen Teilrückbau und zum anderen durch den punktuellen Abriss / Rückbau von Gebäuden. Folgende Vorgehensweisen können dabei zweckmäßig sein:
  - Auflockerung der bestehenden Bebauungsformen bei grundsätzlicher Beibehaltung der bisherigen städtebaulichen Struktur (z.B. durch Herausnahme einzelner Wohngebäude oder Teilen der bisherigen Quartiersrandbebauung). Vorteil: enge Gebäudeabstände werden abgebaut und Flächengewinne im Freiraum werden erzielt.
  - Veränderung der bisherigen städtebaulichen Struktur durch Abriss einzelner Gebäude oder Gebäudeensembles, so dass sich ein strukturell und räumlich-gestalterisch neues Bild ergibt, das auch im gesamtstädtischen Kontext anders wahrgenommen wird.
  - Teilrückbau von Wohngebäuden (entweder durch den geschossweisen Rückbau einzelner Etagen oder aber durch die Herausnahme einzelner Gebäudesegmente). Der Teilrückbau ermöglicht eine Verbesserung der Gebäudestruktur sowie die Schaffung neuer Gestaltungsqualitäten im Wohnumfeld (bspw. neue Wegeverbindungen, verbesserte Besonnung o.ä.) und trägt damit zur Differenzierung des Wohnungsangebotes bei. Er kann damit in besonderem Maße zur Aufwertung der verbleibenden Bestände beitragen. Allerdings sind Teilrückbaulösungen aufgrund des höheren technischen Aufwandes meist deutlich teurer als der Komplettabriss von Wohngebäuden.

- **Flächenhafter Abriss**[13]:
  Diese Strategie ist dort notwendig, wo Angebot und Nachfrage in einem derartigen Missverhältnis stehen, dass solche drastischen Maßnahmen notwendig werden, um den verbleibenden Wohnungsbestand in der Stadt dauerhaft vermietungsfähig zu halten. Prinzipiell gibt es drei unterschiedliche Vorgehensweisen:
  - Rückbau von den Randzonen her (Zwiebelschalenprinzip) bei gleichzeitigem Erhalt der Funktionen im Innern der Gebiete. Bereits realisierte Beispiele für diese Herangehensweise sind Leinefelde und (in Ansätzen) Schwedt (jeweils kombiniert mit punktuellem Rückbau im Zentrumsbereich).
  - Entkernung der Siedlungen von ihrem Inneren her. Nachteil: Verlust tragfähiger Ansätze einer künftigen Urbanisierung.
  - Komplettabriss ganzer Wohngebiete oder Wohnkomplexe.

  Bisherige Erfahrungen zeigen, dass der bei größeren Abrissvorhaben notwendige Abbau der leitungsgebundenen technischen Infrastruktur sehr kostenintensiv und bei der Kalkulation der Abrisskosten unbedingt zu berücksichtigen ist (vgl. Koziol 2001).

- **Stilllegung ungenutzter Bestände**
  Die Stilllegung ungenutzter Bestände, teilweise auch als Konservierung bezeichnet, ist eine Möglichkeit, um für einen gewissen Zeitraum eine marktwirksame Reduzierung des Wohnungsangebotes zu erzielen. Sie wird vorrangig unter dem Aspekt fehlender finanzieller Mittel für den Abriss diskutiert. Eine Rolle spielt aber immer auch die Frage, ob nicht möglicherweise die Nachfrage nach Wohnraum in den nächsten Jahren doch wieder steigen wird (bspw. durch Zuwanderungen aus Mittel- und Osteuropa im Zuge der bevorstehenden EU-Erweiterung). Eine vorübergehende Stilllegung bietet die Möglichkeit, Entwicklungen abzuwarten und Zeit zu gewinnen. Andererseits sollte man sehr genau überlegen, an welchen Stellen im Wohngebiet eine

---

13 Flächenhafter Abriss meint i.d.R. den Rückzug aus der Fläche als Siedlungsfläche. Darüber hinaus kann es aber auch dazu kommen, dass mit dem Abriss größerer zusammenhängender Wohnungsbestände Flächen für eine Neubebauung mit grundsätzlich anderen Wohnformen gewonnen werden. Auch in diesen Fällen sprechen wir von flächenhaftem Abriss.

Stilllegung über einen längeren Zeitraum vertretbar ist, denn jedes dauerhaft stillgelegte Gebäude stellt eine Beeinträchtigung des Ortsbildes dar und kann die weitere Entwicklung des Gebietes negativ beeinflussen. Neben der Stilllegung ganzer Gebäude ist auch die Stilllegung der oberen Geschosse von Wohngebäuden möglich, die sich verbinden lässt mit einer Erhöhung des Komforts für die Mieter (entsprechende Versuche gibt es bspw. in Magdeburg). Gegenüber dem ungenutzten Leerstand dieser Wohnungen hat diese Vorgehensweise für die Wohnungsunternehmen den Vorteil, dass die Grundsteuer auf der Grundlage der verringerten Wohnfläche abgesenkt wird und sich der Umlageschlüssel für die Betriebskosten ändert.

Die genannten Alternativen sind jeweils gebietskonkret im Hinblick auf Machbarkeit in sozialer, technischer, infrastruktureller Hinsicht, auf Akzeptanz und auf positive Wirkung für eine nachhaltige Entwicklung und Aufwertung der langfristig zu erhaltenden Bestände (hochwertige Sanierung, Grundrissveränderungen, Wohnungszusammenlegungen, Wohnumfeldgestaltung, Schaffung von Freizeitangeboten, Verbesserung der Straßenräume etc.) zu prüfen. Dies trifft vor allem auf Doppelstädte zu. Solche Maßnahmen werden zu einer nachvollziehbaren Umbewertung von Gebäuden führen.

4.2 Konfliktpotenzial zwischen stadtplanerischen und wohnungswirtschaftlichen Erfordernissen

Ein zentrales Problem besteht darin, dass wohnungswirtschaftliche Erwägungen und Prioritätensetzung der Stadtentwicklung oftmals verschiedene Perspektiven aufweisen.

Eine zusätzliche Schwierigkeit besteht in vielen Städten im Konflikt zwischen dem Erhalt von Altbausubstanz und dem Abriss von Plattenbauwohnungen. Am Anfang der Überlegungen steht in der Regel die Feststellung, dass der Leerstand in den Altbaubeständen prozentual entweder höher oder gleich hoch ist wie in den Plattenbaubeständen. Bei der Diskussion praktischer Umsetzungsstrategien fokussiert sich der Blick jedoch meist einseitig auf die Plattenbausiedlungen. Als besonders extremes Beispiel aus städtebaulicher Sicht ist in diesem Zusammenhang die Stadt Wittenberge zu nennen, wo – trotz deutlicher Leerstandskonzentration in den Altbaubeständen (87,5 Prozent der leerstehenden Wohnungen) – die

Städtebauliche und wohnungswirtschaftliche Kriterien für die Bewertung der Wohnungsbestände	
Städtebauliche Kriterien	**Wohnungswirtschaftliche Kriterien**
• Stadtfunktion (Schaffung attraktiver Wohnquartiere, Erhalt einer funktionsfähigen technischen und sozialen Infrastruktur, Zentrenstruktur etc.) • Stadtgestalt (Baustrukturen, Sichtachsen, Höhendominanten) • Räumliche Einbindung innerhalb des Quartiers • Zustand und getätigte Investitionen im Wohnumfeld	• Gegenwärtige Erträge (unmodernisierte, aber gut vermietete Gebäude als „cash cows") und zukünftige Renditeerwartungen, Privatisierungsabsichten • Modernisierungsstand und dadurch bedingte Kreditbelastungen • Zusammensetzung und Verwaltbarkeit der Bestände des Unternehmens • Bleibewünsche der vorhandenen Mieter (funktionierende Hausgemeinschaft) • Mieterprivatisierungen im unmittelbaren Umfeld

Rückbaupotenziale in den bisher vorliegenden städtebaulichen Konzepten weitgehend in den Plattenbaugebieten verortet werden (83 Prozent des derzeit diskutierten Rückbaupotenzials beziehen sich auf industriellen Wohnungsbau). Für diese Herangehensweise, die – in abgeschwächter Ausprägung – auch in anderen Städten, z.B. in Leipzig, Chemnitz oder Magdeburg zu beobachten ist, sind mehrere Gründe ausschlaggebend:

- Es entspricht den derzeit in Deutschland und im gesamten westlichen Europa anerkannten Leitlinien der Stadtentwicklung, die Altbaubestände in den Innenstädten zu stärken.
- In vielen Städten ist derzeit eine stärkere Nachfrage von Mietern nach (sanierten) Altbauwohnungen zu beobachten. Dies scheint jedoch bisweilen zu der Sichtweise zu verleiten, es sei ein starker (direkter) Wanderungsprozess aus den Plattenbauten in die Altbaubestände zu

beobachten. Das ist aber derzeit nach den uns vorliegenden Erkenntnissen so absolut nicht der Fall. Nach wie vor sind die Haushalte, die die Plattenbauten verlassen, diejenigen, die im stärksten Umfang ins Umland der Städte oder in andere Regionen abwandern. Dagegen profitieren die Altbaubestände hauptsächlich von Haushalten, die neu in die Städte zuziehen (vgl. MSWV 2000).
- In den Großsiedlungen lassen sich Marktkorrekturen in größeren Mengen durchführen. Die Akteure in den Großsiedlungen sind von überschaubarer Zahl, namentlich bekannt und können – im Gegensatz zu den meisten privaten Einzeleigentümern in den Altbaubeständen – in den Stadtumbauprozess integriert werden.

Ungelöst bleibt mitunter der Widerspruch, dass man eine nach innen gerichtete Stadtentwicklung forcieren will, aber gleichzeitig sieht, dass Teile der Innenstadtbestände nicht marktfähig sind (entweder weil die Wohnungen auch dort den zeitgemäßen Wohnbildern nicht entsprechen oder weil sie, bspw. durch Lärm, Abgase oder fehlende Belichtung, nicht attraktiv sind), sie dennoch aber eine städtebaulich wichtige Rolle spielen (z.B. die stadtbildprägende Randbebauung großer Ausfallstraßen).

4.3 Interessen- und Lastenausgleich zwischen einzelnen Wohnungseigentümern

Die notwendige stärkere Einbindung ökonomischer Aspekte in die Stadtentwicklung hat zur Folge, dass der Interessenausgleich zwischen den Marktteilnehmern zu einer grundsätzlichen Frage wird, die im Rahmen eines Integrierten Stadtentwicklungskonzeptes zu lösen ist. Das unter Anspielung auf das bekannte Gesellschaftsspiel als "Mikado" apostrophierte Problem besteht darin, dass einerseits alle Eigentümer, die im selben Marktsegment agieren, von der marktbereinigenden Wirkung von Rückbaumaßnahmen profitieren, andererseits jedoch nur diejenigen, die einen Rückbau selbst durchführen, die Lasten dafür zu tragen haben. Auch wenn die reinen Abrisskosten in einigen Ländern durch Landeszuschüsse und künftig durch das Bund-Länder-Programm Stadtumbau Ost abgefedert werden, so sind doch die Kosten für Umzugsbeihilfen, die Erlösminderung durch rückbaubedingte Fortzüge von Mietern aus dem eigenen Bestand, die Aufwendungen für zusätzlichen maßnahmebedingten Leerstand sowie die Regiekosten von demjenigen Unternehmen zu tragen, das aktiv wird. Die Folge ist, dass derzeit in der Regel niemand "den ersten Schritt" tun will. Insofern ist es dringend geboten, dass zwischen jenen Unternehmen, die Maßnahmen durchführen (müssen) und jenen, bei denen dies nicht (im selben Maße) erforderlich ist, ein Lastenausgleich gefunden wird. Dieser könnte z.b. darin bestehen, dass für Mieter, die aus dem fremden Bestand übernommen werden, ein Ausgleich gezahlt werden muss. Leider gibt es für ein solches Herangehen derzeit in den untersuchten acht Städten keine direkt umsetzbaren Ansätze. Die Prüfung tatsächlich eintretender Vorteile des einen Unternehmens aufgrund von Maßnahmen eines anderen Unternehmens verursacht in der Tat einen erheblichen Aufwand (vgl. Fischer 2001). Man müsste, um die materiellen Vorteile Dritter aus dem Abriss eines Gebäudes durch ein Unternehmen quantifizieren zu können, insbesondere prüfen:

- welcher Prozentsatz der vom Abriss betroffenen Mieter im Bestand des jeweiligen Unternehmens verbleiben,
- wie viele Mieter ganz wegziehen, Eigentum bilden oder keine eigene Wohnung beziehen,
- wie viele Mieter in die Bestände anderer Eigentümer ziehen, die nicht in die Pflicht zur Ausgleichszahlung genommen werden können (private Einzeleigentümer),
- wie viele Mieter in die Bestände der anderen am Ausgleichsprozess beteiligten Unternehmen ziehen und in welchen Proportionen,
- ob sie dort Wohnungen mit höherem oder niedrigerem Standard oder Wohnungen in besserer oder schlechterer Lage beziehen,
- wie lange diese Mieter dort jeweils (voraussichtlich) verbleiben (werden).

Die Prüfung all dieser Aspekte dürfte in der Realität auf breiter Basis sehr schwierig sein. Eine Möglichkeit der Vereinfachung wäre ein Teillastenausgleich, bei dem das aufnehmende Unternehmen dem abgebenden Unternehmen die Umzugskosten und die Entschädigung an den Mieter erstattet.

4.4 Sozialplanung

Wenn Rückbau nicht zu einem hohen Verlust an Mietern für das jeweilige Unternehmen oder das Wohngebiet als Ganzes führen soll, ist der Leerzug mit einem durchdachten Umzugsmanagement zu verbinden. In Sozialplänen sind Entschädigungen und Konditionen der Umsetzungswohnungen festzuhalten. Dem Mieter ist die Möglichkeit der Einflussnahme auf die Gestaltung seiner zukünftigen Wohnung anzubieten. Dies setzt aber voraus, dass – sofern kein adäquater leerstehender bereits modernisierter Wohnraum zur Verfügung steht – zeitgleich zu den Abrissvorbereitungen Anträge auf Förderung von Instandsetzung und Modernisierung gestellt oder Kredite aufgenommen werden, um diese Maßnahmen zu finanzieren.

Ein Sozialplan muss zeitlich und räumlich genau abgestimmt sein und er sollte für die Bestände aller Unternehmen gleichzeitig gelten. Die Erfahrungen der "behutsamen Stadterneuerung" haben gezeigt, dass es sinnvoll ist, mit dieser Aufgabe eigentümerunabhängige Gesellschaften zu betrauen. Erstens erhöht dies das Vertrauen der betroffenen Mieter, andererseits können so am besten die Bestände unterschiedlicher Eigentümer in den Prozess der Sozialplanung und des Umzugsmanagements einbezogen werden. Gleichzeitig kann durch ein solches Umzugsmanagement Einfluss auf eine geeignete soziale Mischung in den einzelnen Gebäuden genommen werden.

Zusätzlich sollte eine Sozialplanung die notwendigen Koordinierungsaufgaben übernehmen, um die Rückbaugebiete als "temporäre Stadt" zu organisieren. Denn selbst unter der Voraussetzung, dass ein Gebiet mittel- oder langfristig nicht mehr existieren wird, ist es notwendig, dass der Prozess des schrittweisen Rückbaus auch als sozialer Prozess gestaltet wird. Die Rücknahme von Infrastruktur- und Versorgungseinrichtungen muss dem Tempo der baulichen Maßnahmen angepasst werden. Ungeplante Rückzugsprozesse müssen möglichst vermieden werden, um nicht soziale Brennpunkte entstehen zu lassen.

4.5 Nachfolgenutzungen

Zu einem weiteren wichtigen Aspekt, der Nachnutzung von Flächen, die durch Abriss brachgefallen sind, liegen derzeit noch kaum verwertbare

Ansätze vor. Abrissmaßnahmen sollten jedoch nur erfolgen, wenn die Nachnutzung der frei werdenden Flächen geklärt und finanziell abgesichert ist. In vielen Fällen, insbesondere wenn es sich um disperse Maßnahmen zur Auflockerung des Bestandes handelt, können diese Flächen dem Wohnumfeld zugeschlagen und als Grünflächen, Parkplätze, für die Anlage neuer Spiel- und Freizeitflächen etc. genutzt werden. Die Kosten für eine solche an den Defiziten des Quartiers orientierte Nachnutzung sollten mit den Abrisskosten kalkuliert werden. Dabei ist zu berücksichtigen, dass durch die damit verbundene Verbesserung der Wohnumfeldqualität eine Erhöhung der Mieterbindung in den benachbarten Gebäuden zu erwarten ist.

Bislang zwar noch nicht zum Tragen gekommen, aber als mögliches Problemfeld absehbar ist der baurechtliche Umgang mit Abrissflächen. Nach § 34 BauGB sind innerhalb der im Zusammenhang bebauten Stadtgebiete Bauvorhaben, die sich nach Art und Maß der baulichen Nutzung etc. in die Eigenart der näheren Umgebung einfügen, regelmäßig zulässig. Es kann somit derzeit nicht verhindert werden, dass Abrissflächen mit Geschosswohnungsbau neu bebaut werden, was ja im Sinne einer Reduzierung der Bestände in diesen Marktsegment planerisch nicht gewollt ist. Bei flächenhaftem Abriss in Plattenbausiedlungen kann allerdings in Abhängigkeit von der Lage der jeweiligen Großwohnsiedlung in der Stadt eine Nachnutzung der durch Abriss frei werdenden Flächen durch kleinmaßstäblichen Wohnungsbau oder Wohnungsneubauprojekte für besondere Nachfragergruppen (bspw. betreutes Wohnen, altengerechtes oder generationenübergreifendes Wohnen etc.) durchaus sinnvoll sein. Dies bietet sich an, da die Abrissflächen in Großsiedlungen sowohl stadttechnisch als auch hinsichtlich der wichtigsten Infrastrukturen (Schulen, Kitas etc.) als voll erschlossen gelten können und auch entsprechend besteuert werden. Wenn es gelingt, die in den meisten Städten nach wie vor vorhandene Nachfrage nach Eigenheimen auf diese Flächen zu lenken, ließe sich damit auch ein Beitrag leisten, der weiteren Extensivierung städtischen Flächenverbrauchs entgegenzuwirken und – im Sinne einer tatsächlich wahrnehmbaren Schrumpfung ("weniger ist mehr") – die Innenentwicklung der Städte zu unterstützen. Eine entsprechende Strategie wird derzeit in Hoyerswerda mit dem bereits in der Realisierung befindlichen Neubau von Stadtvillen auf Abrissflächen verfolgt.

5 Verbindlichkeit und Fortschreibung der Integrierten Stadtentwicklungskonzepte

5.1 Verbindlichkeit der erarbeiteten Integrierten Stadtentwicklungskonzepte

Die Umsetzung der gemeinsamen Festlegungen erfordert die Erarbeitung von Durchführungs- und Finanzierungskonzepten. Diese enthalten die Festlegung der teilräumlich definierten Prioritäten und der wesentlichen zeitlichen Eckpunkte sowie Aussagen zur Bündelung des privaten und öffentlichen Mitteleinsatzes und des Fördermittelbedarfs in seiner zeitlichen Verteilung. Zudem sollten Festlegungen zur Bürgerbeteiligung und Öffentlichkeitsarbeit getroffen werden.

Um eine Verlässlichkeit für alle Prozessbeteiligten sicherzustellen, sind Selbstbindungsbeschlüsse der Kommune notwendig, wie sie in zahlreichen Städten durch Stadtratsbeschlüsse bereits praktiziert werden. Gleichzeitig sollten die Kommunen in Abstimmung mit den wichtigsten Akteuren auf dem Wohnungsmarkt prüfen, welche Rechtswirksamkeit des Konzeptes sie anstreben. Ein Weg kann sein, mit den Prozessbeteiligten in privater Rechtsform vertragliche Bindungen einzugehen. Es sind aber möglicherweise auch informelle Selbstbindungen und Absprachen zwischen Kommune und Wohnungsunternehmen probate Mittel. Je nach Größe und Komplexität der Gebiete kann auch die Ausgründung eines Entwicklungsträgers erwogen werden. Auch die Beauftragung von Sozialplanverfahren und einer Image-Kampagne zum Zusammenhang von Aufwertung und Abriss ist jeweils zu prüfen.

Weiterhin ist zu untersuchen, wie mit den Mitteln des bestehenden Planungsrechts, z.B. durch den Abschluss städtebaulicher Verträge, die Anwendung von Geboten oder durch die Festsetzung städtebaulicher Sanierungsgebiete, eine Umsetzung der in den Konzepten festgeschriebenen Planungen befördert werden kann.

5.2 Nutzung und Bündelung von Förderprogrammen

Unabhängig von den Landesprogrammen bzw. vom Bund-Länder-Programm "Stadtumbau Ost" existieren sowohl auf EU-, Bundes- als auch Landesebene verschiedene Fördermöglichkeiten, die für die anstehenden Stadtumbau-

Grundsätzliche Zielsetzungen

prozesse ergänzend herangezogen werden können. Insbesondere sind hier zu nennen: die Europäischen Strukturfonds, das Bund-Länder-Programm "Soziale Stadt", das Programm "Zukunft im Stadtteil" im Land Brandenburg, die Landesinitiative URBAN 21 in Sachsen-Anhalt u.a. Die im Rahmen dieser Programme bereits bewilligten Maßnahmen beziehen sich oft auf solche städtischen Gebiete, denen auch im Rahmen des Stadtumbauprozesses große Bedeutung zukommen wird. Durch Bündelung von Fördermitteln lassen sich soziale, städtebauliche und ökonomische Synergieeffekte erzielen. Eine direkte Finanzierung anstehender Rückbaumaßnahmen ist durch die hier genannten Programme allerdings nicht möglich.

5.3 Monitoring

Die Erfahrungen mit der bisherigen Förderpraxis haben gezeigt, dass es im Allgemeinen an einem effizienten Kontroll- und Frühwarnsystem gemangelt hat. Da die tatsächlichen Entwicklungen dynamisch verlaufen und nicht immer die in den Prognosen getroffenen Annahmen erfüllen, sollten die Konzepte möglichst flexibel und anpassungsfähig sein. Mit der Arbeit an diesen Konzepten muss in den Kommunen ein kontinuierlicher Prozess der Abstimmung zwischen den beteiligten Akteuren in Gang gesetzt werden, der es ermöglicht, die Konzepte fortzuschreiben, bei Bedarf an veränderte Rahmenbedingungen anzupassen und die Umsetzung der getroffenen Vereinbarungen zu sichern. Um dies zu gewährleisten, sind ein fortlaufendes Monitoring und die Festlegung von Verantwortlichkeiten sowie eine Periodizität notwendig.

6   Zusammenfassende Wertung

Integrierte Stadtentwicklungskonzepte dürfen sich – das sei abschließend nochmals betont – ebenso wie die notwendigen Stadtumbauprozesse nicht auf die Heilung gegenwärtiger Symptome von Schrumpfungs- und Leerstandsentwicklungen beschränken, sondern sollten grundsätzliche Ursachen und Entwicklungsverläufe als Ausgangspunkte nehmen. Denn Stadtentwicklungspolitik ist nachhaltig nur sinnvoll, wenn sich in ihr Wohnungs- und Stadtpolitik mit Wirtschafts- bzw. Arbeitsmarktpolitik, Sozialpolitik, Verkehrspolitik und Jugendpolitik überlagern.

Gleichzeitig soll an dieser Stelle noch einmal davor gewarnt werden, mit den Stadtentwicklungskonzepten den Anspruch eines quasi komplett steuerbaren Stadtumbaus zu verbinden. Mit Blick auf das Tempo, den erforderlichen Investitionsumfang, die Vielzahl der Akteure und vieles mehr, müssen in der Umsetzung Schwerpunkte definiert werden. Dazu können der Stopp der Stadtumlandwanderung, die Unterstützung der Bildung von selbstgenutztem Wohneigentum oder die Realisierung von Abrissmaßnamen an den richtigen Stellen gehören.

Gleichzeitig sollte der aus den Stadtentwicklungskonzepten resultierende Stadtumbau aber auch als Chance begriffen werden, die Stadtstruktur an aktuelle und künftige Entwicklungen anzupassen, um damit die Zukunftsfähigkeit der Städte zu sichern. Der Erfolg des Stadtumbauprozesses wird dabei im Wesentlichen an der Akzeptanz bei den Bewohnern und den Wirkungen auf der Stadtteil- und Quartiersebene zu messen sein.

Literatur:

Alisch, Monika ; Dangschat, Jens 1998: Armut und soziale Integration. Strategien sozialer Stadtentwicklung und lokaler Nachhaltigkeit, Opladen

[BBR 1999] Bundesamt für Bauwesen und Raumordnung 1999: Perspektiven der künftigen Raum- und Siedlungsentwicklung, Bonn (Informationen zur Raumentwicklung Heft 11/12.1999)

[BMVBW 2001a] Bundesministerium für Verkehr, Bau- und Wohnungswesen (Hrsg.) 2001: Stadtumbau in den neuen Ländern. Integrierte wohnungswirtschaftliche und städtebauliche Konzepte zur Gestaltung des Strukturwandels auf dem Wohnungsmarkt der neuen Länder. Berlin; (bearbeitet vom Institut für Regionalentwicklung und Strukturplanung, Erkner, in Kooperation mit dem Institut für ökologische Raumentwicklung (IÖR), Dresden und ADVIS, Berlin)

[BMVBW 2001b] Bundesministerium für Verkehr, Bau- und Wohnungswesen 2001: Programm Stadtumbau Ost für lebenswerte Städte und attraktives Wohnen. Merkblatt über die Finanzhilfen des Bundes, Berlin

[BMVBW 2001c] Bundesministerium für Verkehr, Bau- und Wohnungswesen 2001: Wettbewerb Stadtumbau Ost. Für lebenswerte Städte und attraktives Wohnen. Auslobungsunterlagen, Berlin

Fischer, Rolf-Joachim 2001: Chemnitz. Gründerzeit und Plattenbaugebiet – Idee einer Abrissgesellschaft. In: Bauwelt 24/2001, S. 52-57

[GdW 2001] Bundesverband deutscher Wohnungsunternehmen e.V. 2001: Stadtentwicklungskonzepte als Voraussetzung für Aufwertung und Rückbau. Wie Wohnungsunternehmen und Kommunen gemeinsam den Strukturwandel der Städte und Wohnungsmärkte in den neuen Ländern gestalten können. Berlin/Köln (GdW Arbeitshilfe 32)

[Kommission 2000] Bericht der Kommission "Wohnungswirtschaftlicher Strukturwandel in den neuen Ländern" (im Auftrag des Bundesministeriums für Verkehr, Bau- und Wohnungswesen), Berlin

Koziol, Mathias 2001: Wechselseitige Auswirkungen zwischen dem Stadtumbau und der stadttechnischen und verkehrlichen Infrastruktur. Vortrag beim Fachkolloquium "Stadtumbau" des Institutes für Stadtentwicklung und Wohnen des Landes Brandenburg am 28.9.2001, Frankfurt (Oder)

[MAB 2001] Ministerium für Arbeit und Bau Mecklenburg-Vorpommern 2001: Integrierte Stadtentwicklungskonzepte (ISEK). Ein Leitfaden. Schwerin

Mäding, Heinrich 2000: Wanderungsprozesse – Herausforderungen für die Wohnungswirtschaft und die Städte; Aktuelle Information des Deutschen Instituts für Urbanistik November 2000, Berlin

[MSWV 2000] Ministerium für Stadtentwicklung, Wohnen und Verkehr des Landes Brandenburg (Hrsg.) 2000: Mobilität von Mieterhaushalten im Land Brandenburg, Potsdam

[Stadt Leipzig 2000] Dezernat Planung und Bau der Stadt Leipzig (Hrsg.) 2000: Stadtentwicklungsplan Wohnungsbau und Stadterneuerung (Entwurf), Leipzig

Statistisches Bundesamt 2000: Bevölkerungsentwicklung Deutschlands bis zum Jahr 2050. Ergebnisse der 9. koordinierten Bevölkerungsvorausberechnung, Wiesbaden

Charles Landry

Wie eine Kreativitäts-Planung umgesetzt werden kann[1]

Was ist ein konzeptueller Werkzeugkasten?

Ein Werkzeugkasten ist ein koordinierter Satz von Instrumenten und Empfehlungen, die zur Problemlösung dienen sollen. Ein konzeptueller Werkzeugkasten ist ein Satz von Konzepten, Ideen, Denkweisen und intellektuellen Überlegungen, um das Verstehen, Erforschen und Beantworten eines Problems leichter zu machen. Die hier diskutierten Konzepte sollten als ein intellektuelles Äquivalent eines Hammers, einer Säge und eines Schraubenziehers betrachtet werden. Sie bilden ein Bündel von Ansätzen, Techniken und besonderen Kniffen. Ihr Ziel ist es, eine Form der mentalen Beweglichkeit beim Durchdenken von Stadtfragen zu generieren und dabei auf Probleme in einer abgerundeten Art und Weise zu blicken, nämlich in einer vervielfachten und ganzheitlichen Perspektive. Holistisches (ganzheitliches) Denken ist ein Schritt, mit dessen Hilfe die Fragen über einzelne Gesichtspunkte oder interdisziplinäre Ansätze hinaus durchdacht werden können. Dies schließt ein, dass der Blick auf die Summe der Teile insgesamt eine eigene Dynamik hervorruft, so dass größere und unabhängigere Leistungen entstehen können.

Die Konzentration auf Konzepte zwingt uns, von grundlegenden Prinzipien aus zu denken, eine Tatsache, die normalerweise als zu zeitaufwendig und zu schwerfällig angesehen wird. Üblicherweise sind es Zweckmäßigkeitsüberlegungen, die uns dazu veranlassen, den "unsinnigeren", instinktiveren und vorgefertigten Weg zu wählen – den Weg, der auch zu funktionieren scheint. Bei diesem Vorgehen reagieren auf die unendliche Anzahl von Entscheidungen, wie sie von Ratsmitgliedern, Geschäftsleuten und Beamten getroffen werden, einige Bearbeiter wie geplant und erwartet, viele andere eher unkontrolliert. Wie wir allerdings

---

1   Aus: Charles Landry (2000): The Creative City. A Toolkit for Urban Innovations. Kapitel 7, S. 163-172, London. Mit freundlicher Abdruckerlaubnis: Earthcan Publications Ltd. Übersetzung: Karl-Dieter Keim

dieses reaktive Handeln veranstalten, formt den Weg, auf dem wir die nachfolgenden Probleme ansprechen. Das daraus resultierende Gedankengebilde, wie es durch kollektive Erfahrungen geprägt wird, liefert uns ein Verständnis dessen, wie Dinge und Sachverhalte funktionieren. Ebenso wichtig wie die Art unserer Problemlösungen ist es, wie wir die Probleme in verschiedene Kategorien aufteilen, etwa solche: Sind alle Sachverhalte getrennt oder miteinander verbunden? Sind Aktivitäten statisch oder dynamisch? Sind wirtschaftliche Faktoren wichtiger als soziale Belange? Sind Ereignisse unvermeidbar wegen der Natur der Menschen, oder kommt es darauf an, wie wir sie erziehen? Da im realen Leben Lösungen selten schwarz und weiß vorkommen, wird die Fähigkeit, auch die jeweils andere Seite eines Problems zu sehen, überlebenswichtig.

Das Gedankengebilde, das uns sagt "Das ist der Weg, wie wir die Dinge hier machen", verstellt uns oft den Blick auf die einfache Tatsache, dass wir bestehende Machtkonfigurationen akzeptieren sollen. Die Machtkonstellation in den Städten bestimmt, wie städtische Probleme angesprochen werden. Üblicherweise befinden sich jene Individuen, die mit "harter" Infrastruktur zu tun haben, an der Spitze des Hierarchiebaumes – Ingenieure, Flächennutzungsplaner oder Verkehrsplaner. Jede Problemlösung wird durch dieses Prisma betrachtet. Mentale Bilder (Konzepte) steuern das, was wir tun und wie wir es tun. Das Konzept dieser Gruppe von Individuen in einer Stadt ist wie eine Maschine, die sie dazu bringt, mechanische Lösungen zu finden. Im Gegensatz dazu würden sich diejenigen, die die Stadt als einen lebenden Organismus betrachten, auf die dynamischen Effekte gegenüber den Menschen, die die Stadt bewohnen, konzentrieren.

In gleicher Weise bestimmt der Name, mit dem wir eine umstrittene Frage bezeichnen, die Art und Weise, wie wir diese Frage behandeln. Wenn das Verkehrsdezernat einer Stadt als Dezernat für Kommunikationen und Verbindungen oder als Dezernat für Erreichbarkeit und Zugänglichkeit benannt würde, könnte es einfach nicht durch Ingenieure alleine betrieben werden. Der Verkehrsfluss von Fahrzeugen oder die Aufgaben der öffentlichen Transportmittel würden nur einen Aspekt bilden – das Gehen und das Sprechen würden eine größere Priorität erhalten als die Herstellung von Verkehrsnetzen. Die Fragen der "harten" Infrastruktur würden zu wichtigen sekundären technischen Konsequenzen werden, vorausgesetzt, der humane Bereich wäre entsprechend bewertet worden. Dasselbe Umdenken würde geschehen, falls man einen anderen Teil der Stadtverwaltung nicht Wohnungsamt sondern Habitat-Dezernat nennen würde. Die Benennung als Habitat macht die Gebäude zu einem Element, das Umfeld dazu wird aber genauso wichtig wie die Geschäfte, die Freizeiteinrichtungen und die Art und Weise, wie die Menschen miteinander umgehen.

Die Ämter für Finanzen und Rechnungswesen (Stadtkämmereien, der Übersetzer) stehen ebenfalls an der Spitze der Hierarchie. Doch ihr Blick auf Effizienz, Effektivität und monetäre Weise ist üblicherweise eng. Sie verstehen alle zu selten die wahre Natur der Ökonomie, bei der indirekte soziale Auswirkungen als genauso wichtig für Effizienz, Output und Leistungsfähigkeit angesehen werden müssen. Um ein städtisches Gleichgewicht herzustellen, müssen die Herstellung von Wohlfahrt und von sozialer Kohäsion als zwei Seiten derselben Medaille angesehen werden. In den gegenwärtigen Städtehierarchien besitzen alle Sektionen oder Ämter, die sich mit Empfindungen oder Gefühlen befassen, nämlich soziale Dienste, Kultur und Freizeit, einen niedrigeren Status. Diese "weiche" Infrastruktur sozialer Netzwerke, Verbindungen, Vertrauensbeziehungen oder Kooperationsfähigkeiten ist oft unterentwickelt, und doch ist der Anfang des 21. Jahrhunderts die Zeit der Netzwerkgesellschaft.

Annahmen, die dem Werkzeugkasten für die Kreative Stadt zugrunde liegen

Mein Zutrauen in das Potenzial einer inszenierten Kreativität bringt mich dazu, das Positive hervorzuheben und mich der Neigung zu enthalten, die Städte ausschließlich nach ihren Problemen zu diskutieren. Tatsächlich sind nämlich die Städte durchaus imstande, ihre Antwort auf kritische Fragen zu finden, z.B. zur Frage der nachhaltigen Entwicklung, weil sie nämlich relativ dicht gebaut sind, oder zur Herstellung von Wohlfahrt, weil sie eine höhere Interaktionsebene aufweisen.

Ich bezweifle die Auffassung, dass die Hinwendung zu "nicht-räumlichen städtischen" Bereichen unvermeidbar sei, oder dass es einfach ein geographischer Glücksumstand oder eine Nähe zu notwendigen Ressourcen sei, wodurch das Schicksal von Städten bestimmt werde. Individuen oder Stadtregierungen können entscheidungsrelevante Handlungen ergreifen. Der Zweck des Werkzeugkastens besteht darin, auf neue Weise zu denken, wie die Probleme durch Überprüfung der zugrunde liegenden Philosophien, Prinzipien und Annahmen hinter den Entscheidungsprozessen angegangen werden können, ebenso besteht der Zweck des Werkzeugkastens darin, die Art und Weise, wie städtische Probleme und Lösungen umrahmt werden (framed), in Zweifel zu ziehen.

Kreativität als solche verschafft noch nicht die Lösung für städtische Probleme, aber zumindest liefert sie den Entscheidungsträgern ein Ideenspektrum, mit dem sie arbeiten und aus dem heraus Innovationen entstehen können. Indem wir danach suchen, zu neuen Denkweisen über die Stadt zu ermutigen oder neue Konzepte und Organisationsprinzipien ausfindig zu machen, entwickelt sich das Ziel, interpretative "Schlüssel" herauszuarbeiten, die unser Verständnis der Städtedynamik verbessern können und uns befähigen, nach ihnen entsprechend zu handeln. Dabei ist es bedeutsam zu sehen, dass ein Konzept oder ein Organisationsprinzip nur so nützlich ist wie seine Erklärungskraft und seine Kraft, Entscheidungsprozesse und nachfolgende Aktionen zu unterstützen.

Sieben Konzepte werden vorgeschlagen sowie eine Serie von Techniken, um einem kreativen Denken und Planen auf die Sprünge zu helfen. Manche Ideen mögen auf der Hand liegen, aber meines Wissens sind sie bisher gerade nicht in selbstverständlicher Weise im städtischen Zusammenhang benutzt worden, und dies ist es, was sie neuartig macht.

Das erste Konzept "Bürgerschaftliche Kreativität" verkörpert einen Appell zum Handeln. Es betont die Kreativität im bürgerschaftlichen Raum als eine Zukunftspriorität. Der "Zyklus städtischer Kreativität" bedeutet im Gegensatz hierzu eine analytische oder erklärende Empfehlung. Er verringert die Komplexität von Streitfragen und erklärt Ströme und Prozesse, um daraus eine Einsicht in Strategiebildung und Prioritätensetzung zu gewinnen. Die Bezeichnung "Innovations- und Kreativitäts-Lebenszyklen" hebt die Notwendigkeit hervor, sich der Zeit bewusst zu sein, sie fordert dazu auf, Urteile zu entwickeln und ein Gefühl dafür zu entwickeln, kreativ zu sein. Das "städtische Forschungs- und Entwicklungskonzept" befürwortet einen Ansatz zur Implementation, laufenden Beobachtung und Evaluation, wodurch kreatives Handeln legitimiert wird. Die "Innovationsmatrix" ist eine Benchmarking-Empfehlung, die den Entscheidungsträgern erlaubt, die Innovation eines Projektes oder einer Klasse von Projekten zu beurteilen, und festzustellen, ob die Stadt derartige Projekte auf die bestmögliche Weise ausführt. Die Indikatoren "Vitalität und Sichtbarkeit" bilden ein Beispiel für einen neuen Indikatorentypus. Schließlich versuchen wir durch die Konzeptualisierung von "Städtischer Lesbarkeit", diese Konzepte mit anderen Möglichkeiten zu verbinden, städtisches Leben und städtische Dynamiken zu interpretieren und zu verstehen und so eine neue Kompetenz herzustellen.

Über die Zeit kann daraus vielleicht eine Art von "meta-urbaner Disziplin" entstehen, wodurch Einsichten der Kulturgeographie, der Stadtökonomie und lokalen Wohnungspolitik, der Psychologie, der Geschichtswissenschaft, der "cultural studies", der Stadtplanung sowie der Gestaltung und Ästhetik zusammengeführt werden können. Insgesamt sehen wir das Ziel darin, eine neue Sprache und einen neuen Satz von Werkzeugen in Gang zu bringen und zu legitimieren, mit deren Hilfe städtische Angelegenheiten, Stadtpolitik und Stadtentwicklung diskutiert werden können. Der Wunsch dabei ist es, dass diese Werkzeuge ein reicheres Sortiment von interpretativen Möglichkeiten bereit stellen *und* sich gleichzeitig als praktisch erweisen. Hierzu wird eine Sprache gewählt, die nicht unter die klassische Disziplin der räumlichen Planung fällt, obwohl diese eine wichtige Grundlage darstellt.

Die Methode für eine Kreative-Stadt-Strategie

Die Planung und Implementation der Idee der Kreativen Stadt umfasst vier Stufen:

1. einen fünfstufigen Prozess der strategischen Planung,
2. die Anwendung eines Bündels von analytischen Werkzeugen (das Wichtigste dabei ist das Konzept des "Zyklus einer urbanen Kreativität"),
3. eine Serie von Indikatoren, um zu messen, wie kreativ eine Stadt oder ein Projekt ist,
4. ein Bestand an Techniken, die kreatives Denken und Planen unterstützen können.

Innerhalb des umfassenden Planungsprozesses werden analytische Werkzeuge, Indikatoren und Techniken als geeignete Mittel eingesetzt. Der

Ansatz der Kreativen Stadt ist eine Form der strategischen Planung, die in einer spezifischen Perspektive unternommen wird. Mit ihren Merkmalen ist die Idee verknüpft, dass Planung nur effektiv sein und nur dann ihr Potenzial maximieren kann, wenn gewisse Voraussetzungen erfüllt werden. Solche sind:
- die Akzeptanz, dass der eigene Weg zur Problembearbeitung begrenzt sein kann;
- eine bewusste Anerkennung der Tatsache, dass kreatives Denken ein wichtiger Input ist für jede Planungsdurchführung;
- eine Bereitschaft, aus der Sicht anderer Disziplinen zu denken, auch wenn sie auf den ersten Blick wenig Relevanz gegenüber den maßgebenden Problemen zu haben scheinen;
- eine Würdigung des Umstands, dass potenzielle Ressourcen für die Planung einen wesentlich breiteren Bereich umfassen als üblicherweise gesehen wird und folgende Möglichkeiten einschließen können: Standortvorteile, die Verfügbarkeit von Forschungsinstituten, die Präsenz von Organisationen mit know-how; ebenso aber auch mentale Möglichkeiten wie die Zuversicht der Bürger, die Bilder und Wahrnehmungen über Platz-Qualitäten, Potenziale der Stadtgeschichte und städtischer Traditionen bzw. Werte oder die nebeneinander existierenden Bilder von lokalen Gemeinwesen.

Mit Hilfe dieser Mittel kann ein offener Planungsansatz zum Laufen gebracht werden und die traditionell hilfreichen Planungstechniken wie z.B. SSCR-Analysen (Beurteilungen nach Stärken, Schwächen, Chancen und Risiken) werden auf diese Weise angereichert. Betrachtet man die strategische Planung nur auf einer technischen Ebene, so erweisen sich viele der angewandten Techniken bei der Entwicklung einer Strategie der Kreativen Stadt tatsächlich als ähnlich im Vergleich zu den konventionellen Strategieschritten. So müssen z.B. in jedem Planungsprozess Inputs und die aktive soziale Umwelt betrachtet werden, und jeder Planungsprozess erfordert Verfahren zur Einschätzung der Durchführungsschritte, ein Vorgehen, durch welches Pläne implementiert werden, und ein Mechanismus, durch den Wirkungen und Ergebnisse sich beurteilen lassen.

Doch die Kreative Stadt setzt andere Prioritäten. Sie ist sich der vielfachen Dimensionen von Kreativität und Innovationen bewusst und trachtet danach, die notwendigen und vielfach imaginierten Standpunkte jedes Projektes ausfindig zu machen. Dies kann geschehen in den Begriffen eines neu entwickelten Konzepts, das vielleicht ein Problem auf neue Weise identifiziert und beschreibt, oder durch das Aufzeigen eines ganzen Bündels von Dilemmata in einem Projekt, wodurch die Effektivität der vorgeschlagenen Lösungsmöglichkeiten ansteigt, oder durch ein neues Endprodukt oder eine neue Dienstleistung, oder durch die benutzte Technologie, einzelne Techniken, Verfahren oder angewandte Prozessschritte, oder durch die Implementation und die ergriffenen Managementmechanismen. Es kann bedeuten, dass ein Projekt intern auf unterschiedliche Weise gemanagt wird, wobei eine neue Beziehung gegenüber der Arbeitsgruppe oder gegenüber auswärtigen "Stakeholders" mit neuen Entscheidungsprozessen aufgebaut wird. Die Innovation kann auch darin bestehen, wie ein Problem auf neue Weise definiert wird, oder in der Art, wie eine neue Zielgruppe oder ein Kreis von Kunden angesprochen werden soll. Es kann sein, dass die Beziehungen zwischen städtischen Organisationen und Partnern, Stakeholders und Kunden unterschiedlich sind. Die Innovation kann in der Leistungsfähigkeit des Projekts liegen, Wirkungen auf das Verhalten auszuüben, sie kann aber auch eine Innovation im professionellen Kontext sein. Auf diese Weise wäre es z.B. für Planer innovativ, partizipative Ansätze zu übernehmen, die von den Akteuren der Gemeinwesenentwicklung üblicherweise eingesetzt werden.

Die Methode der Kreativen Stadt ist auch deswegen unterschiedlich, weil sie die Bedeutung von Pilotprojekten und von neuen Indikatorentypen hervorhebt und zudem frische Ideen einführt im Sinne einer Einflussstrategie, um das Denken der Menschen zu öffnen. Die Entwicklung einer solchen Strategie der Kreativen Stadt unterscheidet sich weiter dadurch, dass sie holistisch angelegt ist und Verknüpfungen hoch bewertet, dass sie zudem eher sozialzentriert angelegt und nicht auf Flächennutzungen fokussiert ist. Dies geschieht deswegen, weil es die Fähigkeiten und die Kreativität der Menschen sind, die die städtische Entwicklung vorantreiben.

Der Prozess einer übergreifenden Strategie der Kreativen Stadt besteht aus fünf Komponenten: Planung, Aufstellung von Indikatoren, Durchführung, Beurteilung und Feedback. Innerhalb jeder dieser fünf Phasen gibt es analytische Werkzeuge, die Vorbereitung und Planung, Beurteilungsmöglichkeiten, Indikatorenempfehlungen, Durchführung, Kommunikation und Vermittlung umfassen.

Phase 1: Vorbereitungs- und Planungsphase

Die erste Stufe besteht darin, ein Problem, ein Bedürfnis oder einen Wunsch zu identifizieren und einzuschätzen, welche Stakeholders und Partner daran beteiligt werden sollten. Daraufhin folgt ein Prozess, durch den mehr Aufmerksamkeit geweckt werden soll, um die Entscheidungsträger davon zu überzeugen, welchen Wert es bedeutet, in Begriffen einer Kreativen Stadt zu denken – im Ergebnis bedeutet dies die Entwicklung eines Advokaten-Prozesses. Dies wird den Schritt einschließen, eine Strategie des Einflusses oder eine Beurteilung der aktiven sozialen Umwelt (und wie am besten auf sie eingewirkt werden kann) zu entwickeln. Dies erfordert, eine Macht- und Einflusskarte der Stadt zu erstellen, um Ansatzpunkte und Handlungsmöglichkeiten ausfindig zu machen, die dazu führen, die Ideen der Kreativen Stadt auf die Tagesordnung zu setzen: Startpunkt könnte sein, ein Gespräch an einer Universität abzuhalten oder sich bei einem solchen Gespräch auf die Ankündigungen der innovativen lokalen Geschäftswelt zu beziehen. Als Teil der Strategie wird es notwendig sein, Fallstudien und "Good-Practice"-Beispiele zusammenzutragen, bei denen kreative Lösungen für städtische Probleme wirksam geworden sind (...). Noch besser wäre es, Entscheidungsträger zu ermutigen, kreative Standorte und Projekte zu besuchen. In jeder Erhebung von relevanten, existierenden kreativen Projekten wird es wichtig sein zu überprüfen, wie sie zustande kamen, was der Auslöser für ihre Entwicklung war, auf welche Hindernisse sie stießen, welche Schlüsselideen zum Projekterfolg beitrugen, welche Kosten auftraten und welche Lektionen man insgesamt lernte.

Während der Ansatz einer Kreativen Stadt von allen möglichen Situationen seinen Ursprung nehmen kann, hängt sein Erfolg von neuen Partnerschaften ab – zwischen Ämtern und Disziplinen, zwischen den öffentlichen und privaten Sektoren und den Organisationen des Gemeinwesens, zwischen Machern und Denkern. Falls der Ausgangspunkt einer Aufmerksamkeit schaffenden Erprobung innerhalb der Kommunalverwaltung liegt oder innerhalb einer Regierungsstelle, wird es am besten sein, in einem begrenzten Gebiet zu arbeiten, um die Wichtigkeit der Kreativität bei der Stadtentwicklung hervorzuheben und um die Fachleute aus Planung, Verkehr, Umweltdiensten, Wirtschafts- und Sozialeinrichtungen mit Fachleuten, die über kulturelles Wissen verfügen, in Verbindung zu bringen und auf diese Weise gemeinsam über Wege nachzudenken, wie ihre Arbeiten gesteigert werden können. Wie auch immer: eine Initiative kann ebenso im privaten Sektor starten, z.b. anlässlich der Nachnutzung alter industrieller Gebäude durch Kunst und neue Medien, wie bei der Birminghams Custard Factory, dem Londons Spitalfields Market oder in den Hackeschen Höfen in Berlin. Ein anderer Ansatz, der ähnliche Effekte auslösen kann, kann in der Durchführung einer Konferenz zur Kreativen Stadt über die Zukunft der Stadt bestehen, an der Leute aus der Bevölkerung als Sprecher teilnehmen könnten, die erfolgreich Projekte implementiert haben. Diese vorbereitenden Arbeiten bilden die Plattform für die nächste Phase.

Phase 2: Bewertung von Potenzialen und Hindernissen

Der Kreative-Stadt-Prozess kann in einem Gebäude, einer Straße einer Nachbarschaft oder der ganzen Stadt beginnen, aber kleinere Projekte werden leichter zu managen sein, damit die Leute neue Arbeitsansätze lernen können. Manchmal ist es am besten, mit einem kleinen inspirierenden Projekt zu beginnen, das dann vergrößert werden kann, ein andermal ist es angemessen, die wesentlichen Entscheidungsträger davon zu überzeugen, eine solche Perspektive zu übernehmen. Es gibt zahlreiche Beispiele beider Ansätze, in vielen Fällen werden die beiden Arbeitsweisen simultan eingesetzt, indem die Aktiven vor Ort eine machtvolle Allianz eingehen, oder indem ein Entscheidungsträger jemand anderen trifft, der beiden dazu verhilft, ihre eigenen Ziele auf innovative Weise zu unterstützen.

Ein Audit über die lokalen Ressourcen ist der Schlüssel für eine Strategie des Kreative-Stadt-Prozesses, und wie dieses Audit durchgeführt wird, bestimmt den zukünftigen Erfolg. Wenn das Audit auf eine eng begrenzte und unstreitige Weise durchgeführt wird, kann es nutzlos sein. Das Ziel besteht darin, das Potenzial des Wandels zu beurteilen und herauszufinden, ob die Anwendung kreativer Lösungen für vorhandene und entstehende Probleme hilfreich ist. In einem Prozess, der Zuhören und Respekt erfordert, gibt es keinen Platz für Verteidigungshaltungen und territoriale Ansprüche.

Das Audit der Kreativen Stadt ist kein freies Spiel, sondern eine konzentrierte, breit angelegte und von Vorstellungskraft geprägte Anstrengung mit einer besonderen Perspektive, in die Menschen mit unterschiedlichen Standpunkten und unterschiedlichem Wissen eingebunden sind. Sie bringt Ressourcen aus einer kulturellen Perspektive zu Gehör: Die Fertigkeiten, Talente und Ideen aus unterschiedlichen sozialen Verfasstheiten sollten ebenso erfasst werden wie die physischen Ausstattungen, die notwendig erscheinen, um die Möglichkeiten für die wirtschaftliche und soziale Entwicklung zu identifizieren. Diese Aufzeichnungen sollten versuchen, Gefühle, ideelle Interpretationen und Träume der Menschen für das betreffende Areal abzuschätzen, hingegen die Mechanismen des Realitäts-Checks so spät wie möglich ins Spiel zu bringen, um einen freien Fluss der Möglichkeiten zu erlauben.

Es kann notwendig sein, Fachleute mit Erfahrungen in kreativen Stadtentwicklungen zu beteiligen, um das Audit zu unterstützen, da die Insider oft durch das, was sie schon wissen, eingeschränkt werden. Diese Außenstehenden könnten durch die Abhaltung von Seminaren und ähnlichen Veranstaltungen zum Gelingen beitragen. ...

Vielleicht besteht das wichtigste analytische Werkzeug auf dieser Stufe des Kreative- Stadt-Prozesses und später in einer Bewertung des "Zyklus der städtischen Kreativität" (s. unten). Sie verschafft einen Überblick über alle schöpferischen Projekte in einer Stadt oder einem Stadtteil und beurteilt das Potenzial, Ideen oder Projekte vor Ort zu starten, zu implementieren und zu zirkulieren, so dass neue Initiativen erzeugt werden. Sie hilft zur Beurteilung darüber, ob eine Stadt ein kreatives Milieu aufweist oder ob sie das Potenzial hat, eines zu werden. Im Audit-Prozess sollte es zu einem Urteil darüber kommen, ob dieses Milieu auf jeder der verschiedenen Stufen stark oder schwach ausgebildet ist.

Die nächste Stufe im Audit ist ein Überblick über die Hindernisse. Einige von ihnen können allgemeiner Natur sein und betreffen Fragestellungen, die unter "Voraussetzungen für die Kreative Stadt" diskutiert werden; sie müssen von Fall zu Fall dadurch angegangen werden, dass man ihnen ausweicht oder aber man sich ihnen stellt, andere Hindernisse werden sich jedoch in den "Zyklus" einfügen und es wird möglich sein, zu beurteilen, wie interveniert werden sollte.

Die Bewertung des Potenzials und der Hindernisse erlaubt uns, nach vorne zu träumen und zu idealisieren, aber ebenso rückwärtsgerichtet zu planen, indem ein Aktionsplan, der sich auf die Überwindung der Hindernisse konzentriert, entwickelt wird. Dies ist das Gegenteil des traditionellen nach vorne gerichteten Planungsprozesses. Wenn wir uns nicht erlauben, bereits zu Beginn eingeschränkt zu werden, wird es möglich sein, eine Ideenbank zu generieren, von der Innovationen ausgehen können. Eine Innovation ist eine kreative Idee, die realisierbar gemacht worden ist und eine Art von Realitäts-Check durchlaufen hat. Eine Kreative-Stadt-Strategie hat es oft weniger mit der Implementierung von Entwurfsprojekten zu tun, als mit dem Herausfinden kreativer Wege, um Skeptiker davon zu überzeugen, dass sie an die Idee glauben und daher die Vision unterstützen sollten.

Das Audit will eine breite Kreative Stadt-Strategie dadurch erleichtern, dass sie bildhafte, leistbare Initiativen identifiziert, die auf Prinzipien beruhen, über die die Partner übereinstimmen und die ihre Implementierung anleiten. Einige sollten schlicht und rasch zu implementieren sein, sowohl wegen ihres eigenen Wertes als auch um Vertrauen in die Strategie und die Fähigkeit der Leute zu wecken, diese Initiativen auch zu erbringen. Aufwendigere und komplexere Initiativen können als wichtige zukünftige Stationen in die Phasenfolge eingebaut werden.

Sichtbarkeit ist wichtig für eine erfolgreiche Kreative Stadt, da Ergebnisse gesehen werden müssen – obwohl Wahrzeichen-Projekte nicht immer die wirksamsten Antreiber sind: Eine Gruppe von 100 Bürgern, die auf neue Weise zuversichtlich und kompetent geworden sind, kann einen größeren Einfluss auf eine langfristige Stadtentwicklung nehmen. Auf diese Weise muss eine Balance zwischen Kapitalentwicklungen, aktivitätsbasierten Projekten und sozialer Entwicklung (human development) in den Blick genommen werden. Andere Gebiete, in denen eine Balance gesucht werden sollte, liegen zwischen der Konzentration auf Initiativen gegenüber den Stadtzentren und den peripheren Standorten, gegenüber groß- und kleinmaßstäblichen Projekten, zwischen der Steigerung der produktiven Kapazität eines "place" und der Bereitstellung von Anreizen für den Konsum, oder zwischen dem Gemeinwesen und der wirtschaftlichen Entwicklung. Die Strategie, die aus dem Audit aufgebaut wird, sollte aus diesen Dilemmata Folgerungen ableiten.

Phase 3: Das Messen von Erfolg und Misserfolg

Wenn einmal die Ziele mit identifizierten Wünschen und Bedürfnissen verknüpft worden sind, und wenn ein Audit über Potenziale und eine Strategie, um diese zu maximieren, eingerichtet worden ist, sollte das Kreative-Stadt-Team darüber entscheiden, wie es seinen Erfolg und Misserfolg messen will. Es kann einen Bedarf an Indikatoren nach zwei unterschiedlichen Arten geben, zum einen, um zu beurteilen, wie weit die Stadt vorangekommen ist mit der Aufgabe, die Kriterien eines "Zyklus der städtischen Kreativität" zu erreichen – die ein Gespür dafür geben werden, wie kreativ die Stadt ist -, zum zweiten hinsichtlich der Verknüpfung mit spezifischen Projektzielen der Strategie. In Bezug auf den ersten Typ werden eine Anzahl von Indikatoren vorgeschlagen unter "Voraussetzungen für die Kreative Stadt", "Indikatoren für Vitalität und Lebenswert" und die "Innovationsmatrix". Im einzelnen wird über die Indikatoren am besten durch jene Personen entschieden, die auf den verschiedenen Ebenen der Projekte direkt involviert sind.

Phase 4: Ausführung

In dieser Phase wird jede Person, die in dem Projekt beteiligt ist, wissen, was getan wird, warum es getan wird, und wie es bewertet werden soll, und wird dazu seine Zustimmung gegeben haben. Die Arbeit kann ausgeführt und laufend beobachtet werden (Monitoring), welche Methode auch immer als die geeignetste ausgewählt worden ist. Auf dieser Stufe entstehen zwei wichtige Probleme: Das erste bezieht sich auf Pilotprojekte und das zweite auf die organisatorische Struktur, die notwendig ist, um den Kreative-Stadt-Prozess voranzubringen.

Vorausgesetzt, es handelt sich um einen innovativen Ansatz zur Stadtentwicklung, dann wollen bürokratische Strukturen wie Stadtverwaltungen, Entwicklungsbanken oder komplexe Partnerschaften, zumindest in der Anfangsphase, wahrscheinlich kein Risiko eingehen. Pilotprojekte übernehmen eine besondere Bedeutung, weil sie das Mittel dafür darstellen, dass Innovation stattfinden kann. Für die Unterstützer besteht die Herausforderung darin, dieselbe Kreativität anzuwenden, mit der das Projekt vor Ort begonnen werden konnte, in erster Linie, um den wesentlichen Prozess zu unterstützen. Es muss auch eine Entscheidung darüber getroffen werden, ob ein mehr formales, spezielles (high profile) Arrangement wie eine Kreative-Stadt-Initiative eingerichtet werden soll, oder ob der Fortgang besser auf einer niedrigen Schlüssel-Ebene mit Projekten gesucht werden soll, die sich als kreativ erweisen können. Gibt es ein breiteres Ziel – um Kreativität in den "genetischen Code" der Stadt einzubetten – wird die Einrichtung eines Partnerschaftsforums wesentlich, um eine breitgespannte Verknüpfung lokaler Interessen und "Stakeholders" zu erzielen, der Initiative Glaubwürdigkeit und Verantwortlichkeit zu übertragen und für die Entwicklungsvorschläge Zustimmung und Verbesserungen zu erreichen. Das Risiko, eine stark profilierte Einheit einzurichten, besteht darin, dass Erwartungen geweckt werden, und deswegen sollte dies nur dann gemacht werden, wenn feststeht, dass dieses Moment auch durchgehalten werden kann: Das Nichterfüllen von Erwartungen wird die ganze Kreative-Stadt-Kennzeichnung diskreditieren.

Phase 5: Kommunizieren, Verbreiten und Reflektieren

Das Kommunizieren der Ergebnisse des Zyklus der Kreativität ist für seine Dauerhaftigkeit grundlegend. Um diesen Prozess zu vervollständigen, sollte eine ausreichende Evidenz durch Monitoring verfügbar gemacht werden, damit Vergleiche mit den gewählten Indikatoren angestellt werden können, damit erbrachte Leistungen gemessen, Probleme registriert, Misserfolge verstanden und Fortschritte anderen gegenüber kommuniziert werden können. Dies sollte verschiedene Formen annehmen, von wissenschaftlichen Studien bis zu öffentlichen Veranstaltungen und Ausstellungen, welche die Zukunft der Stadt zur Diskussion stellen. Durch diese Mittel kann der Zyklus des kreativen Denkens, Planens und Handelns dauerhafte Gestalt erhalten.

Zusammenfassung

Die hier vorgestellten fünf Stufen, ebenso die analytischen Werkzeuge wie der Zyklus der städtischen Kreativität und die Innovationsmatrix, sind schrittweise zyklisch angelegt, indem sie die Projektteams nicht auf ihren Ausgangspunkt hinführen – denn seit jenem Zeitpunkt haben sie sich alle entwickelt und etwas hinzugelernt -, sondern zum Ausgangspunkt des nächsten Projekts, wo der Prozess, allerdings effektiver, wiederholt werden kann, und zwar durch Menschen, die das bisherige Verfahren durchschritten haben.

Indem der Prozess ausgewertet wird, können sich die analytischen Werkzeuge, die Indikatoren und Techniken als relevant erweisen. In der Vorbereitungs- und Planungsphase können alle diese Instrumente ins Spiel gebracht werden, und relativ einfache erklärende Empfehlungen – z.B. das "Herunterbrechen" von Kreativität auf kreatives Denken, kreative Planung und kreatives Handeln – können das Verständnis unterstützen. Doch die Kartierung kultureller Ressourcen und die Innovationsmatrix können nur dann zu ihrer vollen Geltung gelangen, wenn sie einem Audit ihrer Potenziale unterzogen werden.

Clemens Deilmann
Irene Iwanow
Georg Schiller

Ökologische Effekte der Bestandsentwicklung bei rückläufiger Wohnungsnachfrage – Szenarien 2015 für die Stadt Bautzen

In der stadtökologischen Diskussion kristallisiert sich heraus, dass die ökologischen Wirkungen, die mit Schrumpfungsprozessen verknüpft sind, eine eigene Problemkategorie darstellen. Vorhabenspezifisch sind die mit der Schrumpfung verbundenen Chancen einer ökologischen Aufwertung unserer Städte aufzuspüren und zu konkretisieren. Fragen zur Wieder- oder Weiternutzung bereits erschlossener gebauter Ressourcen müssen im Grundsatz beantwortet werden, denn eine fehlende Auslastung des Gebäudebestandes bedeutet Vergeudung von Ressourcen. Der folgende Beitrag fokussiert auf die Inanspruchnahme von Ressourcen (Baustoffe), Emissionen (CO_2) und Wohnbauland auf Basis der zukünftigen Wohnungsbestandsentwicklung. Die Berechnung der Effekte wird am Beispiel der Stadt Bautzen dargestellt.

Grundlage für die Abbildung von Stoffstrom- und Flächenaspekten möglicher Entwicklungspfade ist ein Modell, das auf der Ebene von Strukturtypen der Wohnbebauung Gebäude und technische Infrastruktur miteinander verknüpft (Abschnitt 1). Bilder zukünftiger Wohnungsmarktsituationen werden in zwei Schritten entworfen. Zunächst wird die Wohnungsnachfrage mit Zeithorizont 2015 durch Anwendung eines raumstrukturell differenzierten Wohnungsnachfragemodells in zwei Szenarien dargestellt (Abschnitt 2). Daran anknüpfend werden drei Varianten der Bestandsentwicklung konstruiert. Diese beschreiben unterschiedliche räumliche Ausprägungen auf Basis eines ausgewählten Szenarios (Abschnitt 3). Im Stoffstrom- und Flächenmodell lassen sich die Varianten entlang ausgewählter Umweltindikatoren darstellen (Abschnitt 4).

Die Modellrechnungen verdeutlichen, dass der Ressourcenverbrauch der Instandhaltung der technischen Infrastruktur doppelt so groß sein wird wie der für den Gebäudeerhalt, dass auch in schrumpfenden Städten die

CO_2-Emission für die Wohnfunktion pro Kopf steigt, wenn nicht durch wärmetechnische Sanierung der Altbaubestände gegengesteuert wird und dass die Flächenneuinanspruchnahme den Schlüsselindikator für den Stadtumbau-Ost aus ökologischer Sicht darstellt (Schiller/Deilmann/ Iwanow - im Erscheinen -)

1 Modell zur Abbildung von Stoffflüssen, Energieflüssen und der Flächeninanspruchnahme

Um sich ein Bild von der gebauten Umwelt zu verschaffen, können Siedlungen entsprechend typischer Bebauungsformen und damit verbundenen typischen Gebäudevertretern in Strukturtypen der Wohnbebauung gegliedert werden. Charakteristische Bebauungsdichten lassen zudem stoffstromrelevante Aussagen über die stadttechnische und verkehrserschließende Infrastruktur zu. Für die Untersuchungen des Wohnungsbestandes der Stadt Bautzen wird der Strukturtypenansatz als Ausgangspunkt und zugleich als Projektionsfläche für die Ergebnisse denkbarer Entwicklungsvarianten genutzt.

Die Systematik der Gliederung und Abgrenzung von Stadtstrukturtypen hängt in erster Linie von der Zielstellung der angestrebten Untersuchungen ab. Für das vorliegende Stofffluss- und Flächenmodell orientiert die Strukturtypenbildung an Nutzung (überwiegende Wohnfunktion), Bebauungsform und Gebäudetypen innerhalb der Strukturtypen (Abb. 1). Die abgegrenzten Strukturtypen zeichnen sich zudem durch charakteristische Bebauungsdichten aus und können hinsichtlich ihrer charakteristischen Ausstattung mit Gebäuden und Elementen der stadttechnischen und verkehrserschließenden technischen Infrastruktur(Erschließung)[1] beschrieben werden.

Grundlagen bilden umfangreiche empirische Untersuchungen in sächsischen Groß- und Mittelstädten (Deilmann et al. 2001; Böhm/Schiller/ Gruhler 2001), ergänzt durch Untersuchungen von Erschließungsflächenaufwendungen in Wohngebieten (Gassner et al. 1986; Menkhoff et al. 1979), die von den Autoren u.a. im Rahmen eines laufenden Forschungsprojektes

---

[1] Die vorliegende Studie betrachtet Straßen und Rohrleitungen der Wasserver- und Entsorgung.

(UBA 2002) zu einem Flächen- und Infrastrukturmodul für Bebauungstypen weiterentwickelt wurden. Zusätzlich flossen theoretische Überlegungen zur Dimensionierung von technischer Infrastruktur für Typen der Wohnbebauung mit ein (Albrecht 2001). Das in Anspruch genommene Wohnbauland kann aus charakteristischen Geschossflächendichten überschlägig ermittelt werden. Dabei wird zwischen Innen- und Außenentwicklung unterschieden. Während das Bauen auf der "grünen Wiese" neue Flächen in Anspruch nimmt, sind Baumaßnahmen der Innenentwicklung auf durch Abriss freigewordenen Grundstücken flächenneutral.

Abb. 1: Beispiele unterschiedlicher Strukturtypen der Wohnbebauung

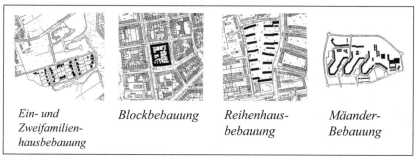

Ein- und Zweifamilienhausbebauung   *Blockbebauung*   *Reihenhausbebauung*   *Mäander-Bebauung*

Quelle: Institut für ökologische Raumentwicklung e.V., Dresden

2 Szenarien zur Wohnungsnachfrageentwicklung

Abschätzungen zukünftiger Leerstands- und Bestandsentwicklungen bedürfen differenzierter Analysen zur erwarteten Entwicklung der Wohnungsnachfrage. Um diese vorausschätzen zu können, müssen zunächst die Bevölkerungs- und Haushaltsentwicklungen prognostiziert werden. Hinsichtlich einiger wesentlicher Annahmen, wie zum zukünftigen Wanderungsverhalten oder zu zukünftigen Wohnpräferenzen der Haushalte, bestehen jedoch erhebliche Unsicherheiten. Deshalb ist es sinnvoll, die zukünftigen Nachfrageentwicklungen in Form von Szenarien zu prognostizieren. Für die Erstellung kommunaler Wohnungsnachfrageprognosen wurde im IÖR eine spezielle Methodik entwickelt, die in den Kommunen verfügbare Daten nutzt und hinsichtlich der Nachfrage strukturiert. Für die Berechnung der zukünftigen Wohnungsnachfrageentwicklung wurde ein statistisches Schätzverfahren entwickelt. Mit diesem Rechenprogramm können Bevölkerungs-, Haushalts- und Nachfrageentwicklungen für einen Gesamtzeitraum von 15 Jahren nach städtischen Teilräumen differenziert ermittelt werden (Iwanow/Eichhorn 2002)[2].

Die Bevölkerungsentwicklungen einer Kommune, so auch der Stadt Bautzen, werden insbesondere durch die Altersstruktur der in der Stadt lebenden Einwohner und durch die Wanderungsbewegungen über die Grenzen der Stadt hinaus beeinflusst. In einer **Bevölkerungsprognose** wurden zwei Szenarien für zukünftige Bevölkerungsentwicklungen gerechnet, die auf unterschiedlichen Wanderungsannahmen beruhen. Die Wanderungsannahmen im LEITBILDSZENARIO setzten Vertreter der Stadt Bautzen selbst. Dieses Szenario geht davon aus, dass die Wanderungsverluste im Prognosezeitraum bis 2010 kontinuierlich abnehmen und sich im letzten Prognoseabschnitt zwischen 2010 und 2015 sogar in leichte Wanderungsgewinne umkehren werden. Insgesamt fallen die Bevölkerungsverluste im LEITBILDSZENARIO über den gesamten Prognosezeitraum relativ moderat aus (Tab. 1).

Im STATUS-QUO-SZENARIO wurde dagegen angenommen, dass sich die zukünftigen Wanderungsbewegungen per Saldo etwa in der Größenordnung der vergangenen Jahre fortsetzen werden, weil sich das Ar-

Tab. 1: Annahmen zur Entwicklung der Wanderungssalden in der Bevölkerungsprognose

Szenario	im Jahr			im Prognosezeitraum 2001–2015 insgesamt
	2001–2005	2006–2010	2011–2015	
	Einwohner			
Leitbild-Szenario	- 1.350	- 250	+ 900	- 700
Status-Quo-Szenario	- 3.200	- 2.844	- 2.543	- 8.587

Quelle: Institut für ökologische Raumentwicklung e.V., Dresden

---

[2] Diese Methodik steht allen interessierten Anwendern in programmierter Form unter der Adresse www.ioer.de zur Nutzung zur Verfügung.

Ökologische Effekte der Bestandsentwicklung

beitsplatzangebot in der Region eher langsam verbessern wird. Die zukünftigen Wanderungsverluste wurden dabei als prozentualer Anteil vom jeweils aktuellen Bevölkerungsstand errechnet. So wird eine Anpassung an den fortschreitenden Schrumpfungsprozess dargestellt.

Für eine Prognose der zukünftigen Nachfrageentwicklungen sind die Bevölkerungsentwicklungen zwar von entscheidender Bedeutung, wesentlicher aber ist die *Prognose der Haushaltsentwicklung*. Im LEITBILD-SZENARIO verringert sich zunächst trotz Haushaltsverkleinerung die Zahl der Haushalte bis zum Jahr 2010 um 5,4 Prozent und wird danach wieder leicht steigen. Im STATUS-QUO-SZENARIO werden analog zur Bevölkerungsentwicklung auch gravierende Haushaltsrückgänge in Höhe von 25,2 Prozent erwartet.

Für eine detaillierte Beschreibung der erwarteten Nachfrageentwicklung bis 2015 sollten sich die zu treffenden Aussagen nicht nur auf die Gesamtstadt beziehen, sondern für städtische Teilräume differenziert analysiert werden. Die Entwicklung in großen Plattenbaugebieten kann nicht mit der Nachfrage in Altbausiedlungen gleichgesetzt werden. Mitte der 90er Jahre war in Bautzen vor allem eine rückläufige Nachfrage nach Altbauwohnungen zu beobachten, während Ende der 90er Jahre und im Jahr 2000 nach der Sanierung vieler Altbauwohnungen gerade diese Bestände wieder verstärkt bezogen wurden (Abb. 2). Um derartige Nachfrageentwicklungen abbilden zu können, wurde das Stadtgebiet von Bautzen nach vier Strukturtypen der Wohnbebauung unterteilt (Iwanow / Eichhorn 2001). Maßgebend für die Abgrenzung waren gebietsprägende Bebauungsstrukturen und Gebäudealtersklassen in den Grenzen statistischer Bezirke.

- Aufgelockerte Bebauung mit überwiegend Ein- und Zweifamilienhausbebauung (Strukturtyp 1)
- Altbaugebiete mit überwiegend Mehrfamilienhausbebauung in offenen und geschlossenen Blockstrukturen der Baujahre bis 1918 (Strukturtyp 2)
- Gebiete mit überwiegend Mehrfamilienhäusern in Zeilenbebauung der Baujahre 1919 bis 1990 (Strukturtyp 3)
- Plattenbaugebiete des komplexen Wohnungsbaus größer ca. 2500 Wohnungen der Baujahre 1970 bis 1990 (Strukturtyp 4)

Abb. 2: Veränderung der Wohnwünsche Bautzen (2000)

Institut für ökologische Raumentwicklung e.V., Dresden

Wohnungsneubauten seit 1991 sind in Bautzen innerhalb der Grenzen statistischer Bezirke nicht strukturprägend. Neugebaute Häuser wurden deshalb im Rahmen dieser Studie den strukturprägenden Wohngebieten zugeordnet.

Auf Basis dieser Definitionen haben Vertreter der Stadt Bautzen das Stadtgebiet in entsprechende Teilräume gegliedert. Durch Zuordnung der im Jahr 2000 in der Stadt Bautzen wohnenden Haushalte zu den vier Bebauungsstrukturtypen kann die Zahl der nachfragenden Haushalte im Jahr 2000 analysiert und als gegenwärtige Wohnungsnachfrage interpretiert werden. Diese Zuordnung erfolgte mit Hilfe einer speziellen Software des Verbandes Deutscher Städtestatistiker aus den Einwohnerdaten (KOSIS-Verbund).

Die *Szenarien der Nachfrageentwicklung* für die Jahre 2005, 2010 und 2015 setzen direkt auf den Ergebnissen zur Bevölkerungs- bzw. Haushaltsentwicklung auf. Über die analysierten Umzugsströme der Haushalte zwischen den Strukturtypen wurden mit Hilfe von Umzugs- und Bleibewahrscheinlichkeiten die Nachfrageerwartungen in den Prognosejahren ermittelt. Dabei ging eine Differenzierung der Haushalte nach Haushaltstypen ein.

Für die Zukunft lassen sich in den Gebieten mit Ein- und Zweifamilienhausbebauung Nachfragezuwächse und in den drei restlichen Strukturtypen je nach Szenario entweder kontinuierliche Nachfragerückgänge oder eher eine Nachfragestagnation ausmachen. Für das LEITBILDSZENARIO, auf das die nachfolgenden Ausführungen aufbauen, ergibt sich folgendes Bild (Abb. 3):

Die entscheidenden Nachfragezuwächse beziehen sich auf Wohnungen in *aufgelockerter Bebauung mit überwiegend Ein- und Zweifamilienhausbebauung*. Die steigende Nachfrage kann nicht aus den geringen Wohnungsleerständen in diesem Strukturtyp gedeckt werden.

Wenn diese Nachfragezuwächse befriedigt werden sollen, so muss am Rande des Stadtgebietes, wo die statistischen Bezirke dieses Strukturtyps zu finden sind, neu gebaut werden. Der Hauptteil dieser Nachfrage wird sich vor allem auf den Eigentumserwerb beziehen.

Die Nachfrage nach Wohnungen in den *Altbaugebieten* wird im LEITBILDSZENARIO nahezu konstant bleiben bzw. durch leichte Nachfragezuwächse im zweiten Prognoseabschnitt gekennzeichnet sein. Die rückläufige Anzahl nachfragender Haushalte macht sich hier bemerkbar. So wird sich in der Zukunft die Zahl der zuziehenden Haushalte und der in andere Strukturtypen ziehenden Haushalte nahezu ausgleichen. Im Strukturtyp der *Zeilenbebauung* wird die Nachfrage im LEITBILDSZENARIO auf dem Nachfrageniveau aus dem Jahr 2000 stabil bleiben. Die Wohnungsbestände des *Plattenbaugebietes des komplexen Wohnungsbaus* "Gesundbrunnen" waren im Jahr 2000 bereits durch erhebliche Wohnungsleerstände gekennzeichnet. Die Nachfrage wird bis 2005 um ca. 1140 Wohneinheiten zurückgehen und im Zeitraum 2006 bis 2015 etwas verlangsamt, aber dennoch noch einmal um ca. 1020 Wohnungen sinken. Ohne einen Rückbau oder Abriss von Wohngebäuden hieße dies, dass der Leerstand sich in diesem Bestand verdreifachen würde.

Insgesamt lassen sich die Nachfrageerwartungen beider Szenarien durch kontinuierliche Nachfragezuwächse in den Wohngebieten am Stadtrand kennzeichnen. Der Vollständigkeit halber soll erwähnt werden, dass im

Abb. 3: Nachfrageentwicklung im "Leitbildszenario"

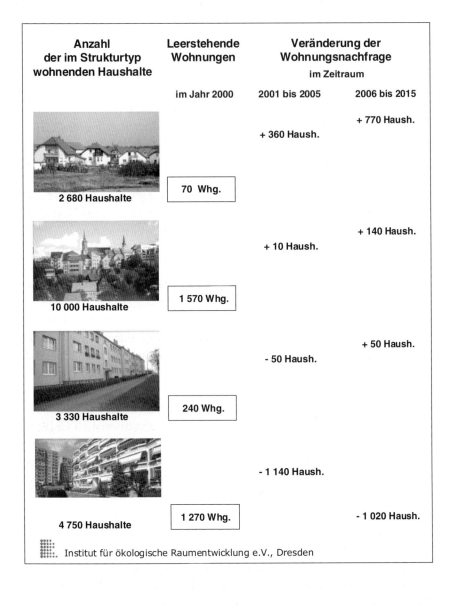

Ökologische Effekte der Bestandsentwicklung 181

STATUS-QUO-SZENARIO die Nachfrageentwicklung nicht nur für die Plattenbaugebiete des komplexen Wohnungsbaus, sondern auch für die beiden anderen Mehrfamilienhaus-Strukturtypen negativ verläuft. Dramatische Bevölkerungsrückgänge wirken sich auch auf die Nutzungsmöglichkeiten der Bestände drastisch aus.

3 Varianten der Wohnungsbestandsentwicklung im Leitbildszenario 2000-2015

Im vorangegangenen Abschnitt wurden Szenarien der Wohnungsnachfrageentwicklung in Bautzen differenziert nach Strukturtypen der Wohnbebauung vorgestellt. Im folgenden Schritt wird nun der Versuch unternommen, dem Ergebnis des Leitbild-Szenarios drei denkbaren Bestandsentwicklungen gegenüberzustellen. Es ist hervorzuheben, dass diese drei Varianten der Angebotsentwicklung so "konstruiert" wurden, dass sie instruktiv die mögliche Entwicklungsbandbreite abbilden. Die Varianten wurden auf Widerspruchsfreiheit geprüft. Sie dürfen aber nicht als wahrscheinliche Entwicklungen verstanden werden. Drei Fragen standen Pate für die Varianten:

- Welche Eingriffe in den Bestand sind notwendig um eine "vertretbare Leerstandsquote" von < 10 Prozent unter Anrechnung der immer auch stattfinden Neubaumaßnahmen für Bautzen zu erreichen? (*MARKTBEREINIGUNG*)
- Welche Leerstandsquoten stellen sich ein, wenn keine über das übliche Maß hinausgehenden Abrissmaßnahmen vorgenommen werden? (*OHNE STEUERUNG*)
- Wie groß sind die Umwelteffekte des Stadtumbaus der beiden vorgenannten Varianten im Vergleich zu einer gezielten Innenentwicklung? (*UMBAU*)

Für alle drei Angebotsvarianten bildet das Leitbildszenario der Wohnungsnachfrage die Grundlage. Zusätzlich ist allen Varianten die Ausgangssituation im Wohnungsbestand 2000 gemein, die aus statistisch verfügbaren Daten übernommen bzw. daraus abgeleitet wurde (Tab. 2). Die Grundphilosophie, an der sich die Bestandsentwicklung in den Angebotsvarianten orientieren, soll im Folgenden kurz skizziert werden.

Tab. 2: Wohnungsbestand der Stadt Bautzen in der Ausgangssituation (2000)

Strukturtypen der Wohnbebauung	Wohnungsstruktur 2000			
	Wohnungen gesamt	davon in		Leerstand
		EFH	MFH	
	Anzahl	Anzahl	Anzahl	%
Überwiegend Ein- und Zweifamilienhausbebauung (überw. 1-2 FH)	2.544	2.035	509	3
Altbaugebiete	11.477	1.232	10.245	14
Zeilenbebauung	3.359	672	2.687	7
Plattenbaugebiete	5.586	0	5.586	23
Gesamt	**22.966**	**3.939**	**19.027**	**14**

Quelle: Institut für ökologische Raumentwicklung e.V., Dresden

Die Variante I *MARKTBEREINIGUNG* geht von einem massiven Rückbau in den Beständen der Plattenbaugebiete aus. Insgesamt werden 50 Prozent der Gebäude dieser Gebiete abgerissen. Für Bestandsgebäude werden jährliche "natürliche Abrissraten" von ca. 0,2 Prozent angenommen, womit dem natürlichen Verschleiß Rechnung getragen wird. Die Neubaurate für Mehrfamilienhäuser orientiert sich am unteren Level der Werte der letzten Jahre (ca. 70 Wohnungen/Jahr) und verteilt sich auf die Strukturtypen "überw. 1-2 FH", "Altbaugebiete" und "Zeilenbebauung". Ein- und Zweifamilienhäuser werden entsprechend der zunehmenden Nachfrage überwiegend in Strukturtyp "überw. 1-2 FH" zugebaut. Dabei wird auf einen "natürlichen Leerstand" (Modernisierung, umzugsbedingte Leerstände) von ca. 3 Prozent orientiert.

Die Variante II *OHNE STEUERUNG* geht von einer Laisser-faire-Situation aus. Mit Ausnahme des flächendeckenden Rückbaus der Plattenbauten entsprechen sich die Annahmen der Varianten I und II. Die Folge ist eine Zuspitzung der Leerstandssituation speziell in den Plattenbaugebieten in Variante II.

Bei der Variante III *UMBAU* wird steuernd in den Entwicklungsprozess eingegriffen. Nachfrager von Ein- und Zweifamilienhäusern werden von den Außenbezirken in die Innenstadt umgeleitet. Dort wird die Nachfrage anstatt mit freistehenden Ein- und Zweifamilienhäusern überwiegend mit Reihenhäusern gedeckt, soweit verfügbar auf Flächen, auf denen Mehrfamilienhäuser rückgebaut wurden. Diese stehen im Wesentlichen in den Plattenbaugebieten zur Verfügung, in denen ca. ein Drittel des

Bestandes abgerissen wird. Neben dem Stadtumbau werden Umbauten von Gebäuden berücksichtigt. In Anlehnungen an bekannte Modellprojekte werden Mehrfamilienhäuser in den Blockstrukturen und in der Zeilenbebauung zu je zwei vertikal erschlossenen Einheiten mit Reihenhauscharakter umgebaut. Dies geschieht in Größenordnungen von jährlich ca. 15 neu entstehenden vertikal erschlossenen Einheiten, denen ca. 50 um- und rückgebaute Mehrfamilienhauswohnungen gegenüberstehen, deren Grundsubstanz teilweise weiter genutzt wird. Der Mehrfamilienhaus-Neubau wird insgesamt entsprechend der beiden vorangegangenen Varianten angenommen, allerdings verstärkt in den Strukturtypen der Altbaugebiete, der Zeilenbebauung und der Plattenbaugebiete.

Während die Nachfrage in den Gebieten mit überwiegend Ein- und Zweifamilienhausbebauung deutlich zunimmt, kommt es im Zeitraum von 15 Jahren nahezu zu einer Halbierung der Nachfrage in den Plattenbaugebieten. Dagegen zeigt sich in den Beständen der gewachsenen Stadtviertel und der Gebiete der Zeilenbebauung ein relativ ausgeglichenes Bild. Die Leerstandsentwicklung zeigt, dass bei einer Nachfrageentwicklung im angenommenen Ausmaß massive und gezielte Anstrengungen zur Anpassung des Angebotes erforderlich sind (Tab. 3).

Auf der Grundlage dieses Möglichkeitsraumes lassen sich die ökologischen Effekte der Bestandsentwicklungsalternativen aufzeigen und anhand von vier bedeutsamen Umweltindikatoren – Ressourcenverbrauch, Abfallaufkommen, CO_2-Emissionen und Flächeninanspruchnahme illustrieren.

4 Umweltindikatoren

4.1 Ressourceninanspruchnahme

Baustoffe für Neubau und Instandhaltung von Gebäuden und technischer Infrastruktur der Wohngebiete (In-put-Stoffstrom):

Bis zum Jahre 2015 werden in Bautzen zwischen 0,9 bis 1,1 Millionen Tonnen Baustoffe eingebracht. In allen Varianten übertrifft der Materialaufwand für Neubau und Instandhaltung der technischen Infrastruktur den Materialaufwand für Neubau und Instandhaltung der Wohngebäude! (Abb. 4) Dieses Ergebnis ist überraschend, lässt sich aber leicht erklä-

Tab. 3: Varianten der Wohnungsstruktur 2015

Variante	Strukturtyp	Wohnungsstruktur 2015					
		Wohnungen gesamt	davon in		Leerstand	davon in	
			EFH	MFH	ges.	EFH	MFH
		Anzahl	Anzahl	Anzahl	%	%	%
Marktbereinigung (I)	überw. 1-2 FH	3.624	2.630	994	3	3	3
	Altbaugebiete	11.454	1.186	10.268	12	3	13
	Zeilenbebauung	3.360	652	2.708	7	3	8
	Plattenbaugebiete	2.793	0	2.793	16	0	16
	Gesamt	**21.230**	**4.468**	**16.762**	**10**	**3**	**12**
Ohne Steuerung (II)	überw. 1-2 FH	3.624	2.630	994	3	3	3
	Altbaugebiete	11.454	1.186	10.268	12	3	13
	Zeilenbebauung	3.360	652	2.708	7	3	8
	Plattenbaugebiete	5.504	0	5.504	57	0	57
	Gesamt	**23.942**	**4.468**	**19.474**	**20**	**3**	**24**
Umbau (III)	überw. 1-2 FH	2.544	2.035	509	3	3	3
	Altbaugebiete	11.483	1.224	10.109	8	3	9
	Zeilenbebauung	3.521	764	2.756	7	3	8
	Plattenbaugebiete	3.815	225	3.520	27	3	29
	Gesamt	**21.362**	**4.248**	**16.893**	**11**	**3**	**13**

Quelle: Institut für ökologische Raumentwicklung e.V., Dresden

ren. Die Instandhaltung eines Gebäudes greift nur in geringem Umfang in die Rohbausubstanz und damit in die schweren mineralischen Stoffströme ein. Eine Instandhaltung der technischen Infrastruktur (z.B. Ver- und Entsorgungsleitungen im Bürgersteig- oder Fahrbahnbereich) ist immer mit einem kompletten Neuaufbau der Leitungstrassen verbunden. Die derzeitige Praxis der Tiefbauarbeiten belegt – von regional begründeten Ausnahmen abgesehen (z.B. Berlin) –, dass meist auf den Einbau neuen Schüttmaterials Wert gelegt wird. Die Einsparpotenziale bei der Ressourcen-Neuinanspruchnahme werden von Experten auf 80 Prozent geschätzt. Der dazu notwendige Einsatz von Inlining-Verfahren und Recyclingmaterial findet bisher nur in geringem Maße statt (Bundesautobahnen ausgenommen).

In der Variante *UMBAU* wird deutlich, welch erhebliches Einsparpotenzial im Neubaubereich durch die Innenentwicklung möglich ist. Bedeutsam ist wiederum der Infrastrukturbereich. Er trägt mit 75 Prozent zur Ressourceneinsparung bei, während der Hochbau nur 25 Prozent erreicht. Bei Außerachtlassung der Instandhaltungsmaßnahmen könnten für den Wohnungsneubau einschließlich Infrastruktur 35 Prozent an Ressourcen durch gezielte Innenentwicklungsmaßnahmen eingespart werden.

Abb. 4: Baumaterialien für Neubau und Instandhaltung 2000-2015 (Wohngebäude und technische Infrastruktur der Wohngebietserschließung)

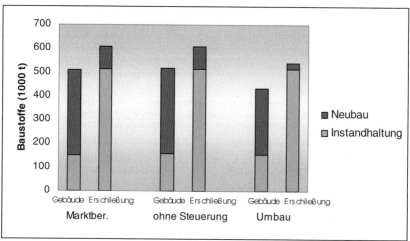

Quelle: Institut für ökologische Raumentwicklung e.V., Dresden

Die Baustoffmengen für den Hochbau werden vor allem durch die Substitution von Einfamilienhäusern im Strukturtyp 1 durch Bebauungen mit Reihenhäusern in ehemaligen Plattenbaugebieten und zu Einfamilienhäusern umgebauten Gebäuden im engeren Stadtgebiet (Altbaugebiete und Zeilenbebauung) (Abb. 5) eingespart. Insgesamt kann festgestellt werden, dass die Bedeutung der Infrastruktur für das Stofflager in der umweltpolitischen Diskussion vielfach ebenso unterschätzt wird wie der damit verbundene Kostenfaktor für die Kommunen.

Bauabfallströme durch Abriss und Instandhaltung von Gebäuden und technischer Infrastruktur der Wohngebiete (Out-put-Stoffstrom): Die Bauschuttmengen aus Wohngebieten der Stadt Bautzen werden jährlich zwischen 55 000 bis 75 000 Tonnen betragen, das sind ca. 1 Million Tonnen in 15 Jahren, oder 15 bis 20 LKW-Ladungen pro Tag. Die OHNE STEUERUNG-Variante erzeugt – im Betrachtungsraum bis 2015 - die geringste Menge an Abbruchmaterial. Sie ist aber wohnungswirtschaftlich und stadtgestalterisch (Gebäudebrachen) problematisch. Interessant ist die Differenz zwischen MARKTBEREINIGUNG und UMBAU. Bei nahezu glei-

Abb. 5: Stoffflüsse (Abriss, Neubau und Instandhaltung) der Gebäude, und der Erschließungsanlagen

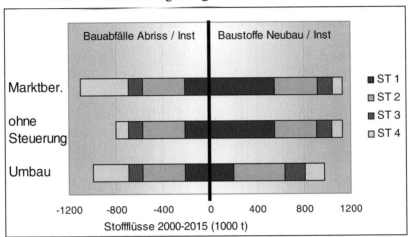

Quelle: Institut für ökologische Raumentwicklung e.V., Dresden

chen Leerstandsquoten im Ergebnis werden ca. 100 000 Tonnen Bauschutt weniger in der UMBAU-Variante erzeugt. Dies entspricht etwa 1-2 LKW-Ladungen pro Tag – für eine Mittelstadt wie Bautzen vielleicht keine dramatische Größenordnung. Auch bei Bild 5 ist zu beachten, dass 50 Prozent der Stoffströme durch die Instandhaltung der technischen Infrastruktur begründet werden.

4.2 CO_2-Emissionen

CO_2 Emissionen pro Kopf und Jahr – Primärenergie für Raumwärme und Baustoffherstellung:
Der Nachhaltigkeitsrat der Bundesrepublik empfiehlt bis 2020 eine Halbierung der CO_2-Emissionen gegenüber dem Basisjahr 1990 (Nachhaltigkeitsrat 2002). Welchen Beitrag hierzu leistet Bautzen im Bereich Bauen und Wohnen? Die Entwicklung des Wohnungsbestandes unter Schrumpfungsbedingungen wird nicht zu einer Reduktion, sondern ohne zusätzliche wärmetechnische Sanierung des Bestandes zu einer Erhöhung der CO_2-Emissionen pro Kopf führen (Abb. 6).

Ökologische Effekte der Bestandsentwicklung 187

Abb. 6: Veränderung der CO_2-Emissionen/Kopf und Jahr (Raumwärme und Baustoffherstellung) 2000-2015

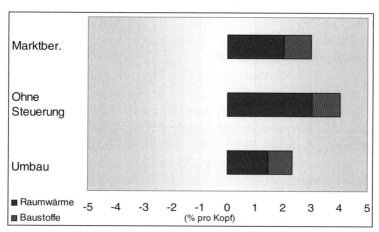

Quelle: Institut für ökologische Raumentwicklung e.V., Dresden

Betrachtet man die OHNE-*STEUERUNG*-Variante gegenüber der *MARKTBEREINIGUNG*, so geht allein 1 Prozent der Emissionserhöhung auf das Konto der in dieser Variante größeren Anzahl von leerstehenden Wohnungen (ca. 2000 WE mehr). Die leerstehenden Wohnungen werden i.d.R. von angrenzenden bewohnten Wohnungen passiv mitbeheizt. Vollständig leerstehende Gebäude verbrauchen durch die notwendige gebäudeerhaltende Temperierung ebenfalls Energie. Im Durchschnitt kann von einem Resttemperierungsniveau von 10 Prozent gegenüber dem bewohnten Zustand ausgegangen werden (Deilmann/Gruhler/Werner 2001). Pro leerstehender Wohnung sind dies im Durchschnitt 0,5 Tonnen CO_2 pro Jahr. Der zusätzliche Leerstand von +10 Prozent gegenüber der *MARKTBEREINIGUNG* emittiert daher 1000t CO_2 pro Jahr zusätzlich. Dies entspricht 4,7 Millionen Personenkilometer PKW-Fahrt (Ein PKW, besetzt mit einer Person, emittiert auf 4,7 km ca.1 kg CO_2).

Die Differenz zwischen *MARKTBEREINIGUNG* und *UMBAU* ist mit der kompakteren Wohnweise im Fall der Innenentwicklung zu erklären. Einsparpotenziale liegen zu zwei Drittel im Raumwärmebereich und zu einem Drittel in ersparten Baustoff-Herstellungsenergien. Die *UMBAU*-

Variante nutzt die bestehende Gebäudesubstanz besser aus und reduziert so den Neubaubedarf. Die gewählten Standorte auf Brachen, die durch Gebäudeabriss frei werden, helfen Infrastrukturaufwendungen zu reduzieren. Durch die energetisch gegenüber dem freistehenden Einfamilienhaus vorteilhaftere Reihenhausbebauung lassen sich die zusätzlichen Raumwärmeeinsparungen erklären.

In den Daten zur Generierung der CO_2-Emission (Abb. 6) wurde die nachträgliche wärmetechnische Sanierung des Gebäudebestandes nicht berücksichtigt. Derzeit beträgt die Nachdämmrate im Bestand in der Bundesrepublik etwa 1 Prozent des Bestandes jährlich, dabei wird der Heizenergiebedarf i.d.R. um 30-40 Prozent reduziert. Auf Bautzen übertragen bedeutet dies: In 15 Jahren kann die CO_2-Emission für die Raumwärme des gesamten Wohnungs-Gebäudebestandes um rund 8 Prozent gesenkt werden. Damit könnte in Bautzen der eingangs erwähnte Mehrverbrauch pro Kopf im Wohnungssektor ausgeglichen und zusätzlich mit 4 Prozent effektiver CO_2-Minderung zum Nachhaltigkeitsziel der Bundesregierung beigetragen werden.

4.3 Umweltindikator Flächen-Neuinanspruchnahme

Wohnbauland und wohngebietsinterne Verkehrsflächen:

Der Nachhaltigkeitsrat der Bundesrepublik empfiehlt, dass die tägliche Flächeninanspruchnahme von derzeit rund 130 ha auf maximal 30 ha pro Tag in 2020 reduziert werden sollte. Auf Basis erster Berechnungen im Rahmen des laufenden UBA-Projektes wurde versucht, das Reduktionsziel der Bundesregierung in einer einfachen Überschlagsrechnung auf Bautzen zu übertragen. Extrapoliert man das Reduktionsziel des Nachhaltigkeitsrates für 2015 und koppelt es im Modell mit der darauf bezogenen Wohnfläche im Ausgangsjahr, so kann in erster Annäherung für Bautzen als Reduktionsziel eine mittlere tägliche Neuinanspruchnahme von 63 m² Wohnbauland berechnet werden (Abb. 7). Die buttom-up und von 2000 bis 2015 linear berechnete Neuinanspruchnahme in Bautzen erreicht sowohl bei *MARKTBEREINIGUNG* als auch bei *OHNE-STEUERUNG* diesen Zielwert. Die Kommune hat hiermit scheinbar bereits ihre Pflicht getan. In diesem Fall schlagen die Rahmenbedingungen einer schrumpfenden Stadt zu Buche und führen ohne Flächen-Spar-Strategien zur Zielerreichung. Tatsache bleibt aber, dass sogar bei rückläufigen

Ökologische Effekte der Bestandsentwicklung

Abb. 7: mittlere tägliche Neuinanspruchnahme von Wohnbauland der drei Angebotsvarianten

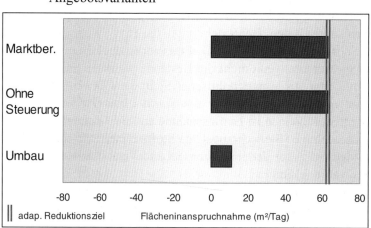

Quelle: Institut für ökologische Raumentwicklung e.V., Dresden

Bevölkerungs- und Haushaltszahlen unsere Städte weiterhin für Wohnzwecke neue Siedlungs- und Verkehrsflächen in Anspruch nehmen werden. In Bautzen sind dies pro Jahr immerhin 2,3 ha pro Jahr.

Von weit größerer Tragweite ist die Beobachtung, dass die *UMBAU*-Variante eine mögliche Reduktion der Flächenneuinanspruchnahme von 85 Prozent ausweist. Diese Einsparung wird nicht durch Umwidmung von Industrie- oder Gewerbebrachen zu Wohnbauland erreicht, sondern einzig durch Wiedernutzung von einstmaligen Wohnbauflächen, die durch Abriss frei geworden sind. Diese Wiedernutzung von Wohnbauland ist zugleich mit erheblichen positiven Nebeneffekten im Infrastrukturbereich (Baustoffe, Energie, Kosten) verbunden.

Fazit

Bei rückläufiger Wohnungsnachfrage sind Modelle notwendig, die eine raumstrukturell differenzierte Einschätzung der Nachfrage und Abbildung der Varianten zukünftiger Bestandsentwicklung ermöglichen. Das von den Autoren entwickelte Modell betritt hiermit und speziell in der Ergänzung um Stoffstrom- und Flächenbilanzaspekte sowie bei der Prognostizierbarkeit kommunaler Wohnungsnachfrageentwicklungen Neuland. Die Ergebnisse verdeutlichen, dass den Instandhaltungsaufwendungen der Wohngebietserschließung aus Stoffstromsicht eine größere Aufmerksamkeit zukommen sollte als dem Gebäudebestand, dass trotz Wohnungsüberangebot in einer Stadt wie Bautzen CO_2-Emissionen des Bauens und Wohnens steigen werden, wenn nicht die Bestände wärmetechnisch saniert werden, und dass aus umweltpolitischer Sicht die *Flächeninanspruchnahme der Schlüsselindikator für den Stadtumbau-Ost sein wird*. In schrumpfenden Regionen ist Einflussnahme auf die Flächeninanspruchnahme eine wichtige "Stellschraube", da Stoffstromeffekte eher nachgeordnete Folgewirkungen der gewählten Gebäude- und Flächenwiederverwendungs-Variante sind.

Literatur:

Albrecht, T. (2001): Dimensionierung von technischer Infrastruktur für Typen der Bebauung im Rahmen von Stoffstromuntersuchungen. Diplomarbeit am Institut für Stadtbauwesen und Straßenbau der Technischen Universität Dresden

Böhm, R. ; Gruhler, K. ; Schiller, G. (2001): Stofflich-energetische Kenngrößen von Gebäudetypen als Entscheidungsgrundlage für eine umweltorientierte Fortentwicklung des Wohnungsbestandes. In: Arbeitsgemeinschaft ökologische Forschungsinstitute (AGÖF): Umwelt, Gebäude & Gesundheit – von Energieeffizienz zur Raumlufthygiene. Tagungsband des 6. AGÖF-Fachkongress 2001, Eigenverlag

Deilmann, C. et al. (2001): Nachhaltige Entwicklung des Wohnungsbestandes in sächsischen Groß- und Mittelstädten: Entwicklungsszenarien ausgewählter Wohngebiete unter ressourcen- und nutzungsorientierten Aspekten (NAWO). Verbundprojekt gefördert durch das Sächsische Staatsministerium für Wissenschaft und Kunst. Laufzeit: 07/1998 - 04/2001. Endbericht. (www.ioer.de/Nawo)

Deilmann, C. ; Gruhler, K. ; Werner, M. (2001): Sanierung oder Abriss und Neubau – stofflich-energetische Bewertung unter Beachtung von Wohnungs-Überangebot. In: Gesundheitsingenieur 2001, Heft 6

Gassner, E. ; Heckenbücker, B. ; Thünker, H. (1986): Entwicklung des Erschließungsaufwandes nach Flächeninanspruchnahme, Bau- und Bodenkosten: Eine Untersuchung für Verhältnisse im Verdichtungsraum und im ländlichen Siedlungsraum. Forschungsbericht. Informationszentrum Raum und Bau, Fraunhofer-Gesellschaft, IRB. T 1845. Stuttgart: IRB Verlag.

Iwanow, I. ; Eichhorn, D. (2001): Vereinfachte Methodik zur Erstellung kommunaler Nachfrageprognosen. In: Bundesministerium für Verkehr, Bau- und Wohnungswesen (Hrsg.): Stadtumbau in den neuen Ländern. Berlin, Forschungsbericht Institut für Regionalentwicklung und Strukturplanung e.V., Institut für ökologische Raumentwicklung e.V. und ADVIS

Iwanow, I. ; Eichhorn, D. (2002): Szenarien zur kommunalen Wohnungsnachfrageentwicklung. In: Die Wohnungswirtschaft (im Erscheinen).

KOSIS-Verbund: Koordinierte Haushalte- und Bevölkerungsstatistik aus dem Melderegister. Verband Deutscher Städtestatistiker (www.kosis.de)

Menkhoff, H. ; Blum, A. ; Bendisch, E. ; Wente, E. (1979): Städtebauliche Verdichtung und ihre Bewertung. Querschnittsuntersuchung von Demonstrativbauvorhaben. Schriftenreihe "Versuchs- und Vergleichsbauten und Demonstrativmaßnahmen" des Bundesministers für Raumordnung, Bauwesen und Städtebau, Heft 01.067. Bonn, Eigenverlag

Schiller, G. ; Deilmann, C. ; Iwanow, I. (2002): Ökologische Effekte der Bestandsentwicklung unter Schrumpfungsbedingungen. Erscheint in: BundesBauBlatt 7/2002

Staatssekretärausschuss für Nachhaltige Entwicklung (Nachhaltigkeitsrat) (2002): Perspektiven für Deutschland. Unsere Strategie für eine nachhaltige Entwicklung (www.nachhaltigkeitsrat.de).

UBA 2002: Nachhaltiges Bauen und Wohnen in Deutschland: Stoffflussbezogene Bausteine für ein nationales Konzept der nachhaltigen Entwicklung – Verknüpfung des Bereiches Bauen und Wohnen mit dem komplementären Bereich "Öffentliche Infrastruktur". Laufendes Projekt, gefördert durch das Umweltbundesamt, bearbeitet in Kooperation von Öko-Institut Darmstadt, Institut für Ökologische Raumentwicklung Dresden, TU Dresden

Engelbert Lütke Daldrup

Die perforierte Stadt. Eine Versuchsanordnung*

Was meint das Schlagwort "Die perforierte Stadt?" Dient es bloß zur Bemäntelung kommunalpolitischer Konzeptionslosigkeit, wenn es darum geht, nicht mehr das Wachstum, sondern die Schrumpfung planerisch zu steuern? Oder deutet sich damit eine neue Strategie des Stadtumbaus an, bei der es nicht mehr um Nachverdichtung und Komplettierung von Baublock und Großsiedlung geht, sondern um die Anreicherung der verschiedenen Quartiere mit ökologisch und sozial begründetem Freiraum? Das führt zu geringerer Dichte und zu offeneren Strukturen: Mehr Qualität durch weniger Häuser? Das Bild von stabilisierbaren Kernen und libertär und flexibel entwickeltem "Plasma" zwischen den Traditionsinseln scheint am ehesten geeignet zur Beschreibung des tief greifenden Transformationsprozesses einer "perforierten Stadt".

Die Städte in Ostdeutschland gehören wie viele Städte altindustrieller Regionen zu den "reifen Städten", die durch "Alterung und Implosion" geprägt sind. So charakterisiert der Expertenbericht zur Zukunft der Städte "Urban 21" die "letzte Phase" des ansonsten sehr dynamischen weltweiten Verstädterungsprozesses: Während sich in den Entwicklungsländern durch extrem dynamisches Wachstum Megastädte mit sehr hohen baulichen Dichten herausbilden, stagnieren in den Industrieländern die Stadtgesellschaften. Diese sich in vielen europäischen Regionen abzeichnende Stagnation wird angesichts der "Stadt-Schrumpfung" im Osten Deutschlands exemplarisch sichtbar.

Zehn Jahre nach der Wende

Die Städte in den neuen Bundesländern haben ein gemeinsames Problem: den immensen Bevölkerungsverlust. Während in Leipzig zwischen 1990 und 2000 die Bevölkerung, verursacht durch Umlandwanderung und

---
* Erstabdruck in: Stadtbauwelt 24/01, 92. Jahrgang.
 Abdruck hier mit freundlicher Genehmigung der Redaktion der Stadtbauwelt.

Sterbeüberschuss, um etwa 12 Prozent zurückging, beruhte in Hoyerswerda der Rückgang von 25 Prozent zu mehr als der Hälfte auf großräumiger Abwanderung. Geburtenrückgang und Stadt-Umland-Wanderung führen in allen ostdeutschen Städten zu Bevölkerungsverlusten, in vielen kommen noch die Verluste durch Fernwanderung hinzu. So verlor Magdeburg in der letzten Dekade 18 Prozent der Bevölkerung, Zwickau 16 Prozent, Görlitz 17 Prozent, Chemnitz 17 Prozent und Dresden 10 Prozent. Zuwanderung, das klassische Lebenselixier aller großen Städte, konnte selbst in den attraktivsten ostdeutschen Städten nicht die Bevölkerungsverluste ausgleichen.

Das allein bewirkte aber nicht den Leerstand von einer Million Wohnungen im Osten. Dazu trug die massive Neubauförderung mit 800.000 neuen Wohnungen ebenso bei wie der "Bodensatz" von 400.000 Wohnungen, die schon 1990 unbewohnt waren. Das Wachstum der Haushalte blieb bei der insgesamt sinkenden Bevölkerung zu schwach, um die vielen Neubauten und sanierten Häuser zu füllen. Gut eine Million leere Wohnungen sind nur die Zwischenbilanz. Eine weitere Million droht, wenn die Prognose der Kommission "Wohnungswirtschaftlicher Strukturwandel in den neuen Ländern" Wirklichkeit wird.

In Leipzig wurden bis 2000 über 30.000 Wohnungen vor allem am Stadtrand neu gebaut, die meisten davon nach 1994. Zu viele Neubauten entstanden – trotz aller Proteste der Kernstadt – in den kleinen Umlandgemeinden, die z.T. seit der kommunalen Neugliederung 1999 zu Leipzig gehören. Zersiedlung der Landschaft und vermeidbare Verkehrsbelastung sind die Folge dieses "Bürgermeisterwettstreits" um Zuwanderer. Dabei betrug der Leerstand 1995 schon 35.000 Wohnungen, davon war die Hälfte bereits zur Wende unbewohnt. Der aktuelle Wohnungsüberschuss von 63.000 (bei 315.000 WE Gesamtbestand) ist in nahezu gleichen Teilen auf den Leerstandssockel im unsanierten Altbau und den Wohnungsneubau zurückzuführen. Die Wohnungsnachfrage blieb demgegenüber in den letzten Jahren quantitativ in etwa gleich, da die Anzahl der Haushalte – trotz sinkender Bevölkerung – aufgrund der Verkleinerung der durchschnittlichen Haushaltsgröße nahezu konstant war.

Im Stadtgebiet sind die Effekte dieser Entwicklung vor allem in der inneren Stadt und den Plattenbaugebieten zu bemerken. Die wertvolle innerstädtische Bausubstanz weist immer noch einen hohen Leerstand auf, in den Großsiedlungen nimmt der Leerstand seit 1998 stark zu. Trotz der erfolgreichen Stadterneuerung sind 3000 Gründerzeithäuser noch nicht saniert und stehen zu über 80 Prozent leer. Da die Nachfrage nach Wohnraum in der letzten Dekade in Leipzig per Saldo nicht gestiegen ist, konnte weder der Leerstandssockel der DDR-Zeit abgetragen, noch konnten für den Neubau ausreichende Nutzer gefunden werden. Infolgedessen gibt es seit 1998 einen deutlichen Rückgang der Sanierungstätigkeit im Altbau und in der "Platte".

Die massive Entleerung der benachteiligten Altbauquartiere scheint mittlerweile fast abgeschlossen, während die Plattenbaugebiete seit etwa drei Jahren die Verlierer in der innerstädtischen Wanderung sind. Heute weisen die 130.000 vor 1918 errichteten Altbauten 30 Prozent Leerstand auf, wobei dort in den besseren Lagen die Nachfrage langsam anzieht. Mit über 12 Prozent durchschnittlichem Leerstand in den Plattenbauten destabilisiert sich dieser monostrukturierte Siedlungstyp zunehmend. Da sich der Leerstand auf die dicht bebauten ehemaligen Arbeiterwohngebiete und die Plattenbaugebiete der DDR-Zeit konzentriert, kann man von einer Krise des massenhaft produzierten Geschosswohnungsbaus mit hoher Dichte sprechen. Andere Wohnformen und Wohnquartiere können sich in der Konkurrenz der Standortqualität besser behaupten.

In der inneren Stadt beginnen sich stellenweise städtische Blockstrukturen in ein "Stadtbild der hohlen Zähne" aufzulösen. Auch in Leipzig kann es partiell zu flächigem Stadtverfall kommen, wie wir ihn bisher nur aus englischen oder amerikanischen Städten kennen. Im Leipziger Osten gibt es mittlerweile Ortsteile, in denen jede zweite Wohnung leer steht, kleinräumig sind es z.T. 80 Prozent. Zurück bleiben in diesem Segregationsprozess die in ihrem Stadtteil seit langem verwurzelten Menschen und diejenigen, die sich aus finanziellen Gründen keinen Wohnungswechsel leisten können. Die Entleerung wird vom Niedergang der lokalen Ökonomie in den benachteiligten Quartieren begleitet. Den Einzelhändlern und Gewerbetreibenden in den Abwanderungsquartieren fehlt – auch aufgrund der harten Konkurrenz der Einkaufszentren auf der "grünen Wiese" – die Kundschaft. Der Verfall der traditionellen Geschäftsstraßen ist bildhafter Ausdruck der hohen Einwohnerverluste und des sozialen Abstiegs in diesen Quartieren.

Das Stadtgewebe wird aufgrund der räumlich unterschiedlich intensiv ausgeprägten Verdünnung der Nutzung lockerer. Der traditionell durchgehend zusammenhängende Leipziger Gründerzeitgürtel bekommt Risse und Löcher. Die amerikanisierte, patchworkartige Peripheriestruktur beginnt in die innere Stadt einzusickern.

Perspektiven für die nächste Dekade

Trotz dieser Situation konnten in Leipzig inzwischen drei Viertel der 13.000 Gebäude des Historismus und der Gründerzeit saniert werden. Die flächendeckend desolate Situation, in der sich die Stadtquartiere noch 1990 befanden, ist in den konsolidierten Quartieren weitgehend überwunden. Die Erneuerung des "letzten Viertels" stellt die Stadt allerdings genauso vor neue Herausforderungen wie die Weiterentwicklung der großen Siedlungen, da sich wesentliche Rahmenbedingungen fundamental geändert haben: Der Überschuss an Wohnungen führt zu sinkenden Mieten, verschlechterten Investitionsbedingungen und Konkursgefahr vieler Wohnungseigentümer. Zudem wird die Bausubstanz der bisher unsanierten Häuser infolge des Leerstandes immer schlechter. Dies erzwingt geradezu neue stadtentwicklungspolitische Strategien.

Die Unzufriedenheit mit den Wohnverhältnissen und dem Stadtverfall in der DDR-Zeit war eine Ursache für den Aufbruch im Jahr 1989. Schon aus diesem Grund kann die Stadt dem Verfall vieler Altbauten und der Auflösung ganzer Quartiersstrukturen nicht tatenlos zusehen. Die Aufgabe eines der größten Gründerzeitensembles des europäischen Städtebaus ist nicht vertretbar. Die traditionellen städtebaulichen Strukturen können aber nicht einfach bruchlos in die Zukunft fortgeschrieben werden. Vielmehr müssen wir in Teilbereichen der Stadt lieb gewordene Leitvorstellungen und Konzepte in Frage stellen! Angesichts der ostdeutschen Rahmenbedingungen ist ein Loslösen von "alten" städtebaulichen Wachstums- und Dichtevorstellungen unumgänglich.

Sehr viele Baulücken und Brachflächen werden aus wirtschaftlichen Gründen konventionell nicht mehr geschlossen werden. Durch Verfall und Abriss werden neue Brachen entstehen. Das ist sowohl eine Chance für mehr Lebensqualität (z.B. mehr Grün) als auch für neue Eigentums- und Wohnformen mitten in der Stadt: Da das eigene Haus der Wunsch vieler Bürger ist, sollte ein Stadthaus mit kleinem Garten auch in der inneren Stadt möglich sein. Durch das Angebot neuer individueller Wohnformen können Eigentümer für den Stadterhalt gewonnen werden. Dafür sollten mittelfristig vor allem die Brachen der inneren Stadt genutzt werden. Die Herausforderung besteht in einem Lernprozess für die Grundstückseigentümer, die sich auf "eigenheimverträgliche" Preise einstellen müssen. Man kann von internationalen Erfahrungen, z.b. aus den USA, lernen, dass mit speziellen Wohnungsbauprogrammen für kleine Einkommen der Umbau von Problemquartieren gefördert werden kann.

In dem auf Initiative der Sächsischen Architektenkammer zustande gekommenen Ideenwettbewerb "Trautes Heim" wurden Anfang 2001 Konzepte für neue Wohnformen in der inneren Stadt gesucht, die mit dem Einfamilienhaus im Umland konkurrieren können. In verschiedenen Arbeiten wurde der Nachweis erbracht, dass durch "Implantate" von zwei- bis dreigeschossigen Stadthäusern die vorgefundenen gründerzeitlichen Quartiere ergänzt und tragfähig weiterentwickelt werden können. Schaut man sich zudem in der alten Stadt um, findet man nicht nur in Leipzig historische Beispiele für eine enge Nachbarschaft und Verzahnung von offenen, gering verdichteten Eigentumsbauweisen und gründerzeitlichen Blockrandstrukturen.

Angesichts des strukturellen Wohnungsüberhangs von über 60.000 Wohnungen und nicht auszuschließender weiterer Bevölkerungsverluste Leipzigs wird die Schere zwischen Nachfrage und Angebot auf dem Wohnungsmarkt ohne Gegenmaßnahmen nicht kleiner werden. Deshalb ist es unumgänglich – neben der nur begrenzt möglichen Wohnungszusammenlegung und -umnutzung – nicht vermietbare Wohnungen dauerhaft durch Abriss oder mittelfristig durch Stilllegung ("Einmotten") aus dem Markt zu nehmen. Der Staat bzw. die Stadt muss regulierend eingreifen, da mit dem Insolvenzrecht weder volkswirtschaftlich sinnvolle noch städtebaulich vertretbare Lösungen des Marktproblems erreicht werden können. In einer konzertierten Aktion von Wohnungswirtschaft und Stadt muss der enorme Wohnungsüberschuss auf Basis von städtebaulichen Konzepten durch gezielte Eingriffe auf ein verkraftbares Maß zurückgeführt werden. Gelingt dies nicht, droht der Wohnungswirtschaft der Konkurs und der Stadt eine unkontrollierbare Spirale des Verfalls und Niedergangs.

Stadtumbau und Wohnungsabriss können grundsätzlich in zwei unterschiedlichen strategischen Ansätzen konzipiert werden: in breit gestreuter punktueller Intervention oder in räumlich konzentriertem Herangehen. Die Stadterneuerung der letzten zwanzig Jahre konnte es sich angesichts des geringen Problemdrucks leisten, in vielen behutsamen Schritten kleinräumig zu agieren. Dieses sehr erfolgreiche Konzept sollte trotz der neuen großen Herausforderungen nicht über Bord geworfen werden. Es muss allerdings um einen großflächigeren Ansatz ergänzt werden, der sich vor dem negativ besetzten Flächenabriss westdeutscher Prägung genauso hüten muss wie vor der ostdeutschen Kahlschlagsanierung, die zur Vorbereitung des Plattenbaus eingesetzt wurde.

Die perforierte Stadt

Trotz dieser dramatisch veränderten Bedingungen hält Leipzig grundsätzlich am Konzept einer nachhaltigen Stadtentwicklung fest, das mit den Schlagworten der kompakten ("europäischen") Stadt, der Stadt der kurzen Wege und der sozial gemischten Stadt beschrieben wird. Die Stadterneuerung versucht die Konkurrenzfähigkeit der innerstädtischen Quartiere zu verbessern, damit keine zu großen Löcher in der inneren Stadt entstehen. In den Altbauquartieren sollen sich neue Qualitäten auch durch das Umbauen und Umstrukturieren innerhalb des zu erhaltenden Rahmens herausbilden. Offensive Stadterneuerung muss weitere Abwanderung und Entleerung verhindern und Zuwanderung erreichen. Erfolge werden in Leipzig seit 1998 durch wieder steigende Einwohnerzahlen in der inneren Stadt sichtbar.

Die konzeptionelle Grundlage hat die Stadt Leipzig mit dem im Herbst 2000 vom Stadtrat beschlossenen Stadtentwicklungsplan "Wohnungsbau und Stadterneuerung" gelegt. Damit wird eine gemeinsame Strategie für die drei Aktionsfelder Gründerzeit, Großsiedlungen und Stadterweiterung definiert.

Das Konzept für die Gründerzeit unterscheidet in verschiedene Gebietstypen: in konsolidierte Bereiche, deren Entwicklung als selbsttragend angesehen werden kann und wo deshalb eine besondere Unterstützung der öffentlichen Hand derzeit nicht erforderlich ist. Hierunter fallen gut 50 Prozent der innerstädtischen Baublöcke.

Die Hauptaufgabe der Stadterneuerung liegt in den Erhaltungsgebieten. Dort befinden sich rund 2.000 unsanierte Gebäude, von denen viele akut gefährdet sind. Diese müssten kurzfristig gesichert werden, um den Abriss zu vermeiden. Dort sollen die Blockstrukturen aktiv gestützt und die Innenbereiche weitgehend begrünt werden. Da in diesen Quartieren die Kräfte des Marktes für die Erneuerung nicht ausreichen, sollen hier die öffentlichen Mittel konzentriert werden.

Bereiche, die in ihrer gegenwärtigen städtebaulichen Struktur nicht "zukunftsfähig" erscheinen, werden als Umstrukturierungsgebiete charakterisiert. Hier sollen die Möglichkeiten von Umnutzung und Abriss differenziert genutzt werden, um vor allem für neue Freiraumqualitäten Platz zu schaffen. Auch Stellplätze oder eigentumsfähiger, gering verdichteter Wohnungsbau können so möglich werden. Für den Leipziger Osten wurde diese neue Aufgabe der Stadtentwicklung in einem diskursiven Verfahren erprobt. Die Visionen für 2020 zeigen, wie sich der Stadtbereich mit heute 30.000 Wohnungen z.B. in etwa sieben erhaltbare Kerne und große Bereiche differenziert veränderten Stadt-"Plasmas" ausprägen könnte. Die junge Leipziger Planungsgruppe L 21 schlägt für das "Plasma" einen sehr liberalen Ansatz vor, damit sich die innovativen Kräfte den Schrumpfungsprozess für den Aufbau sehr verschiedenartiger neuer städtischer Nutzungen von hoher Komplexität dienstbar machen: Leerstand und Rückzug des Gebauten wird als Qualität an sich bewertet und als inspirierend für eine Wiederinanspruchnahme der Nischen und Freiräume.

Diese radikalen Umbaustrategien gehen weit über den vorsichtigen Ansatz des Stadtentwicklungsplans hinaus. Dort werden in den Umstrukturierungsgebieten lediglich 700 Altbauten identifiziert, die unter stadtstrukturellen Aspekten verzichtbar wären. Beim heutigen Stand der Dinge erscheint es allerdings zweifelhaft, ob es bei der Nachfrageschwäche auf dem Wohnungsmarkt gelingen kann, den Altbauabriss auf dieses stadtverträgliche Maß (etwa 6 Prozent des heutigen Altbau-Bestands) zu begrenzen. Neben der offenen Frage der quantitativen Eingrenzbarkeit des notwendigen Stadtumbaus ist auch die räumliche Steuerbarkeit diskussionsbedürftig. Gerade den stadtbildprägenden Magistralen mit ihren hohen Verkehrsbelastungen und deshalb sehr ungünstigen Wohnbedingungen droht der Exodus, wiewohl sie für die Identität der Stadtquartiere von großer Bedeutung sind. Hier sind die entstehenden "Risse" zwischen den konsolidierten Stadtschollen besonders schmerzhaft, und die konzeptionelle Antwort "mehr Qualität durch weniger Dichte" hilft bei den Einfallstrassen nicht weiter. Ob die neuen Verkehrsorganisationen – Stadttangenten und Stärkung des ÖPNV – zu einer Reurbanisierung der traditionellen Geschäftsstraßen beitragen können, ist heute offen, zumal der Verfall der Bausubstanz die wohlmeinenden Bemühungen überholen könnte.

Mit der Strategie der "Neuen Gründerzeit" beschreibt die Stadt Leipzig die große Herausforderung der Stadterneuerung mit den alten Aufgabenfeldern "Erhalt" und dem neuen Thema "Stadtumbau". Im Kern soll die Wettbewerbsfähigkeit der gründerzeitlichen Quartiere offensiv erhöht werden. Es geht nicht mehr um eine Nachverdichtung und Komplettierung der Blockstrukturen, sondern um das Anreichern der ehemals dicht bebauten Quartiere mit ökologisch und sozial begründetem Freiraum, sei es nur für eine Interimszeit bis zu einer späteren Bebauung der Grundstücke im Fall wieder steigender Nachfrage, sei es für eine dauerhafte Umstrukturierung der Quartiere. Der zur Konsolidierung des Wohnungsmarktes erforderliche Rückbau und Abriss soll städtebaulich als Chance begriffen werden, um mehr Freiräume und neue Bauformen in der inneren Stadt und den Großsiedlungen zu etablieren. In der so "perforierten" alten Stadt soll der Baublock als stadträumliche Syntax nicht aufgegeben werden, allerdings in geringerer Dichte und in Richtung offenere Strukturen weiterentwickelt werden.

Neben dieser vorsichtigen "Perforierung", die planerisch durch gezielte Interventionen im kleinen Maßstab (Blockebene) vorbereitet wird, gibt es vor allem im Leipziger Osten Stadtquartiere, in denen diese Methode des Stadtumbaus der vorherrschenden Problemlage nicht gerecht wird. Hier sind langfristige Umbaustrategien gefragt, die zu einem veränderten Stadttypus führen werden. Das Berliner Büro Becker, Gieseke, Mohren, Richard unterscheidet dabei vier Typen: Transformationsfelder, Umbaufelder, Geduldsfelder und Konsolidierungsfelder als neue Leitbegriffe zukünftiger Stadtentwicklung.

"Less is more" in den Großsiedlungen

Mehr Qualität durch weniger Häuser könnte das Leitmotiv beim Umbau der Großsiedlungen zu grünen Wohnsiedlungen am Stadtrand mit verringerter Dichte bei Erhaltung der guten Infrastruktur sein. Die zweite zentrale Herausforderung der Leipziger Stadtentwicklung sind die insgesamt 80.000 Plattenwohnungen, von denen bisher gut die Hälfte saniert worden ist. Bis Mitte der neunziger Jahre waren die Leipziger Großsiedlungen relativ stabil, etwa 1997 erfolgte die Trendwende. Trotz der Stabilisierung des Wanderungssaldos der Stadt Leipzig, das seit 1999 positiv ist, sind viele Großsiedlungen nunmehr von gravierenden Wanderungsverlusten betroffen. Die meisten Gründerzeitquartiere gehören dagegen zu den "Gewinnern" der innerstädtischen Wanderungen. Besonders von der negativen Bevölkerungsentwicklung betroffen ist Grünau, mit 36.000 Wohnungen die zweitgrößte Siedlung Ostdeutschlands, die in den vergangenen zwei Jahren über 10.000 Einwohner (15 Prozent) verloren hat. Selbst wenn in Grünau durch gezielte Aufwertungsmaßnahmen eine Verringerung des Wanderungsverlustes bis hin zu einem ausgeglichenen Saldo im Jahr 2005 erreicht werden kann, verliert der Stadtteil bis dahin mindestens weitere 10.000 Einwohner. Dann würden in Grünau mehr als 10.000 Wohnungen leer stehen.

Die räumliche Strategie des Stadtumbaus wird angesichts des Problemdrucks auch in der Platte aus zwei Komponenten bestehen: Punktuelle Intervention in einzelnen Gebäuden im gesamten Siedlungsbereich und zusätzlich konzentrierte Umstrukturierung in den besonders hoch verdichteten Wohnkomplexen am Rand der Stadt. Dabei wird der Stadtumbau insgesamt von "außen nach innen" erfolgen, was dazu beitragen kann, die kompakte Stadt mit klaren Grenzen zur Landschaft zu festigen.

Der Plan für die Großsiedlungen wird derzeit in Abstimmung mit der Wohnungswirtschaft erarbeitet. Hier wird in einem schwierigen Prozess versucht, durch einen "Pakt der Vernunft" das Notwendige auch tatsächlich umsetzbar zu machen. Die Weiterentwicklung der Großsiedlungen wird sich einer doppelten Herausforderung stellen müssen: Einerseits muss die Sanierung weitergehen, damit die Lebensqualität vor Ort in der Konkurrenz der Standorte "mithalten" kann. Nur so kann Stabilisierung – wenn auch auf niedrigerem Niveau – gelingen. Andererseits sind angesichts des steigenden Leerstandes Rückbau und städtebaulich gesteuerter Abriss von leer laufenden Gebäuden unvermeidlich. Mittelfristig braucht Grünau etwa 7500 Wohnungen weniger als heute, ohne dass dadurch neue Wohnungsmarktengpässe – auch für Bewohner mit geringem Einkommen – zu erwarten wären.

Bei der Umsetzung des Stadtumbaus in den Großsiedlungen tauchen trotz der überschaubaren Anzahl der Wohnungseigentümer vielschichtige Probleme auf. Wie kann ein sinnvoller Nutzen-Lasten-Ausgleich organisiert werden? Wie kann der Umbau finanziert werden, ohne dass eine neue Subventionswelle in Gang gesetzt wird? Wie muss der Umbau organisatorisch ausgestaltet werden, damit es keine Verlierer gibt? Vieles deutet darauf hin, dass bei Umbauprozessen, die über ein einzelnes Haus hinausgehen, die Instrumente des Städtebauförderungsrechtes eine erprobte und geeignete Basis für den sozialverträglichen Stadtumbau bieten. Dabei wird ähnlich wie beim Sanierungsträger ein "Umbauträger", der von Stadt und Wohnungswirtschaft eingesetzt wird, die Umsetzungskompetenz bündeln müssen, um so ökonomisch und sozial akzeptable Ergebnisse möglich zu machen.

Last Exit?

Die Städte der "alten Welt" haben aufgehört zu wachsen. Im Osten und in den altindustriellen Regionen schrumpfen sie. Sind wir nun endlich beim viel beschworenen "qualitativen Wachstum" angelangt, oder treten die alternden Städte damit von der Bühne der Entwicklung ab?

Erlebten die Städte Ostdeutschlands Anfang der neunziger Jahre ein gewaltiges Wachstum der Siedlungsfläche, sind sie jetzt mit Stagnation und Schrumpfung konfrontiert. Sind das normale "Wechselbäder" städtischer Entwicklung, oder müssen wir uns auf einen längerfristigen "Schrumpfungsprozess" einstellen?

Stadtentwicklung ist nicht am Ende, wenn die Städte nicht (mehr) wachsen. Stadterneuerung mit den Zielfeldern Erhalt, Umbau und Qualifizierung bleibt dauerhafte und lohnende planerische Pflicht. Nachhaltige Stadtentwicklung bedeutet die Weiternutzung der vorhandenen Stadt als Ressource in baulicher und kultureller Hinsicht. Bestandsorientierung und Respekt vor der Geschichte des Ortes bieten weiterhin tragfähige Orientierungen.

Die behutsame Stadterneuerung mit kleinteiligen, sozialorientierten Eingriffen und Verbesserungen und die Renaissance des innerstädtischen Baublocks waren zentrale Leitbilder der Stadtplanung der letzten Jahrzehnte. Müssen wir diese "Errungenschaften" angesichts dramatisch sinkender Wohnungsnachfrage in vielen Städten grundsätzlich in Zweifel ziehen?

Die seit drei Jahrzehnten gepflegte städtebauliche Syntax von Baublock und behutsamer Ergänzung der tradierten Strukturen trägt in den "Schrumpfungslöchern" ostdeutscher Städte alleine nicht mehr. Hier ist vielleicht das Bild stabilisierbarer Kerne und libertär und flexibel entwickelten "Plasmas" der großen Zwischenfelder zwischen den "Traditionsinseln" eine brauchbare Begrifflichkeit zur Beschreibung des tief greifenden Transformationsprozesses einer "perforierten Stadt".

Insgesamt wird der absehbare "Schrumpfungsprozess" dann in den Städten neue Freiheitsgrade eröffnen, wenn er sinnvoll gelenkt wird und nicht in eine unkontrollierte Abwärtsspirale mündet. Bei vernünftiger Steuerung dieses Prozesses können Mieter ohne den Zwang angespannter Wohnungsmärkte ihre Wohnungswünsche zu vertretbaren Preisen erfüllen. Eigentümer fänden auch in der inneren Stadt zukünftig Möglichkeiten für individuellen Wohnungsbau. Stadtplaner erhielten die Chance, durch Stadtumbau mehr Lebensqualität in die Quartiere zu tragen, und Verkehrsplaner könnten leichter Wege einer stadtverträglichen Mobilität suchen.

Ob ein planvolles und maßvolles "Schrumpfen" für die Städte, nicht nur in Ostdeutschland, möglich wird, hängt sehr stark von ihren Fähigkeiten ab, die stabilisierbaren Strukturen tatsächlich zu erneuern und ein neues Gleichgewicht mit weniger Einwohnern zu erlangen. Bei ausreichender wirtschaftlicher Kraft können die Städte das drohende Horrorszenario des Niedergangs abwenden und mit dem Schrumpfungsprozess eine durchaus attraktive Zukunft gestalten.

Wulf Eichstädt

Planung mit erhöhtem Risiko*

Eine realistische Wohnungs- und Stadtumbaupolitik, die sich der Strukturprobleme in den ostdeutschen Städten annimmt, muss davon ausgehen, dass die Zeiten großzügiger Milliardenprogramme der Vergangenheit angehören. Außerdem ist das Streiten für einen Stadtumbau, in dessen Zentrum der Abriss von Wohnungen, "barem Volksvermögen", steht, eine immer noch verdächtige politische Angelegenheit. Trotzdem bietet der gerade beginnende Diskussionsprozess eine Chance, die Organisation des Wohnens als elementaren Teil stadtgesellschaftlicher Leistungen neu zu entdecken.

Der folgende Artikel geht davon aus, dass in den kommenden zwölf Monaten, unterstützt durch die Länder, sehr viele Städte versuchen werden, für ihre spezielle Situation wohnungswirtschaftliche Sanierungs- und Stadtumbaukonzepte zu entwickeln, mit denen der beschworene Interessenausgleich zu bewerkstelligen ist.

Unter dem Begriff "Risiko" versucht der Artikel, deutlich sichtbare Gefahrenpunkte zu verorten, die zusammengenommen als "Seekartenskizze" dazu beitragen können, die Konzeptlinie zwischen städtebaulicher Qualifizierung, ökonomischer Machbarkeit und politischer Konsensfähigkeit zu finden.

Optimismus

Das Thema "Planmäßiger Umgang mit einem sich ausweitenden Wohnungsleerstand" ist spätestens seit der GdW-Arbeitshilfe "Zukunft sichern!" vom Herbst 1999[1] so klar und umfassend aufbereitet, dass eigentlich kein Bedarf

---

* Erstabdruck in: Stadtbauwelt 24/01, 92. Jahrgang.
Abdruck hier mit freundlicher Genehmigung der Redaktion der Stadtbauwelt.
1 GdW, Zukunft sichern! Programm zur nachhaltigen Stadtentwicklung und zur Sicherung des Bestandes der Wohnungsunternehmen in strukturschwachen Regionen der neuen Länder, Arbeitshilfe, Berlin 1999.

mehr an einer zusätzlichen Sachverständigen-Kommission[2] bestand. Der nach acht Monaten Arbeitszeit vorgelegte Abschlussbericht hat nicht nur das Informationsniveau zum Thema weiter vertieft, sondern er hat ein Lösungsbild – "die Renaissance der Städte" – entworfen, mit dem die demoralisierende Bestandsanalyse überhaupt annehmbar gemacht wurde. Auf diese Weise wurde aus der quälenden Ausgangssituation eine interessante Herausforderung, der sich viele zu stellen bereit sind.

Ernüchterung

Inzwischen ist viel Wasser in den Wein der "Renaissance der Städte" gegossen worden: Ein brauchbares Förderinstrumentarium fehlt. Die Idee der radikalen Umsteuerung der Eigentumsförderung zugunsten der inneren Städte hat Federn gelassen. In die Beurteilung des Entwicklungspotenzials "Eigentumsmarkt" mischen sich zunehmend Zweifel.

Es wird immer deutlicher, dass die Entleerung der Städte nicht nur bau- und wohnungspolitisch behandelt werden kann, vielmehr muss die raumordnungspolitische, vor allem aber die wirtschaftspolitische Dimension zwingend einbezogen werden. Von der Sachverständigenkommission hätte erwartet werden können, dass sie diese Zusammenhänge anspricht und zuordnet und sich für einen integrierten Ansatz stark macht.

Verwirrung

Spätestens seit dem gemeinsamen Kongress von GdW und Deutschem Städtetag – "Vom Leerstand zum Notstand" – im März 2001 in Leipzig[3] zeigen sich in der nüchtern gewordenen Aufbruchstimmung erste Anzeichen einer um sich greifenden Verwirrung, wie denn ein ohne Sanierungsförderung organisierter Stadtumbau finanziert werden soll und wie das

---

2 Die Kommission "Wohnungswirtschaftlicher Strukturwandel in den neuen Bundesländern" wurde im Auftrag der Bundesregierung im Februar 2000 berufen. Den Abschlussbericht ihrer Untersuchungen legte sie im November des gleichen Jahres vor.
3 Vom Leerstand zum Notstand? – Die Zukunft ostdeutscher Städte sichern! Gemeinsamer Kongress von GdW und Deutscher Städtetag, 20. und 21.03.2001 in Leipzig.

immer häufiger genannte Schlüsselwort vom "gerechten Interessenausgleich" bei einem immer enger werdenden Markt gemeint sein kann[4]. Auf dem wohnungswirtschaftlichen Kongress des GdW wurde von betroffenen Unternehmen die dunkle Metapher vom Mikado-Spiel – "Wer sich nicht bewegt, verliert!" – als Angstvision vor den erforderlichen Abstimmungen genannt. Es wird nicht ganz leicht sein, unter sich täglich zuspitzenden Konkurrenzbedingungen ein koordiniertes Verhalten im Kampf um die Mieter zu verabreden, bei dem keine Seite versucht, Vorteile zulasten eines anderen Unternehmens herauszuholen, indem z.b. Mieter aus Umstrukturierungsgebieten aggressiv abgeworben oder fest verabredete Rückbauverpflichtungen einseitig aufgekündigt werden. Ein solches Stück Planwirtschaft ist in der Marktwirtschaft nicht vorgesehen.

Aber die Forderung nach einem gerechten Interessenausgleich beinhaltet neben der Aufgabe "Konkurrenz bändigen" noch eine andere Dimension, nämlich die "Lasten gerecht zu verteilen". Diese Aufgabe entsteht z.b., wenn das für notwendig gehaltene Rückbauvolumen auf die einzelnen Unternehmen verteilt werden soll. Wird hier nach den Proportionen des vorhandenen Leerstands oder der Anzahl der objektiv defizitären Projekte entschieden, womit den schwächsten Unternehmen die größte Last aufgebürdet würde, oder werden gerade die Leistungsfähigsten in die Verantwortung genommen? Nach welcher Formel? Reicht "Keiner darf verlieren!" aber: "Wer soll was gewinnen?" Die hier nicht verbotene, sondern gewünschte Marktabsprache soll zwischen Schwerbeladenen auf lokaler Ebene organisiert werden, ein Bild, das bisher noch wenig positive Motivation und Begeisterung zu verbreiten vermag.

Der folgende Artikel geht davon aus, dass in den kommenden zwölf Monaten, unterstützt durch die Länder, sehr viele Städte versuchen werden, für ihre spezielle Situation wohnungswirtschaftliche Sanierungs- und Stadtumbaukonzepte zu entwickeln, mit denen der beschworene Interessenausgleich zu bewerkstelligen ist. Unter dem Begriff "Risiko" versucht der Artikel, deutlich sichtbare Gefahrenpunkte zu verorten, die zusam-

---

4   Das Solidarprinzip der Städtebauförderung ist mit der begrifflichen Unterscheidung von rentierlichen (privaten) und unrentierlichen (öffentlichen) Kosten definiert, die Inanspruchnahme der öffentlichen Hilfe hat als Gegenleistung die Ausgleichsbeträge, die nach Abschluss der Sanierung für nachweisliche Wertsteigerung zu zahlen sind.

mengenommen als "Seekartenskizze" dazu beitragen können, die Konzeptlinie zwischen städtebaulicher Qualifizierung, ökonomischer Machbarkeit und politischer Konsensfähigkeit zu finden.

Die städtischen Risiken

Wegen der zentralen Rolle städtischer Wohnungsunternehmen in den lokalen Wohnungsmärkten ist die Mehrzahl der Mittel- und Großstädte in den neuen Ländern in doppelter Weise für die Entwicklung des Wohnungssektors verantwortlich. Sie sind Eigentümer eines großen Wohnungsbestandes mit allen Rechten und Pflichten, und sie sind verantwortlich für die öffentliche Aufgabe "Stadtentwicklung–Stadtplanung–Sicherung einer sozialen Wohnungsversorgung".

Die Negativeffekte der bisherigen Entwicklung – stetige Einwohnerverluste, baulich-räumliche Verwahrlosungen, zunehmende soziale Belastungen, Schwächung wichtiger Wirtschaftssektoren, Verteuerung des Infrastrukturangebots, Rückgang des kommunalen Finanzspielraums – sind von Stadt zu Stadt sehr verschieden. Für die 39 Städte in Brandenburg mit mehr als 10.000 Einwohnern gibt es von der Landesregierung folgende Prognosen[5] bis zum Jahr 2005:

Großes Bevölkerungswachstum	=	7 Städte
Kleines Bevölkerungswachstum	=	3 Städte
Bevölkerungsverluste bis 10%	=	13 Städte
Bevölkerungsverluste 10-20%	=	14 Städte
Bevölkerungsverluste über 20%	=	8 Städte

Die Wachstumsorte liegen im unmittelbaren Umland von Berlin, die Verlust-Städte im so genannten äußeren Entwicklungsraum. Während die Problemlandschaft in den zehn Wachstumsorten (26 Prozent aller größeren Orte) auch in Zukunft überschaubar bleibt, ist auch für die 13 Städte

---

5 Landesumweltamt und Landesamt für Datenverarbeitung und Statistik des Landes Brandenburg, Bevölkerungsprognose für das Land Brandenburg 1998-2015, Teil II – ausgewählte Städte und Gemeinden, Potsdam 1999, S. 26 ff.

mit erwarteten Bevölkerungsverlusten von weniger als 10 Prozent mit keiner Dramatisierung im Wohnungssektor zu rechnen, da die Verkleinerung der Haushaltsgrößen die Bevölkerungsverluste in vielen Fällen kompensieren kann. Bleiben also in dem Prognose-Zeitraum 22 Städte mit größeren Bevölkerungsverlusten, die in aller Regel ihren Schrumpfungsprozess der zurückliegenden 10 bis 15 Jahre weiter fortsetzen.

Betrachtet man allein die acht schwierigsten Fälle, so ergibt sich folgende Bevölkerungsentwicklung über den Gesamtzeitraum[6]:

	1990	2015	Verlust %
Brandenburg/H.	92.382	64.700	30,0
Lauchhammer	24.945	16.900	32,2
Lübbenau	20.668	12.400	40,0
Pritzwalk	12.365	8.600	30,6
Wittenberge	28.378	15.700	44,7
Guben	33.177	22.100	33,4
Angermünde	11.347	8.100	28,6
Schwedt	51.792	30.400	42,3

Die realen und prognostizierten Bevölkerungsverluste zusammengenommen liegen in jedem Fall über der 30-Prozentmarke und nähern sich in drei Fällen der 50-Prozentgrenze.

Das Prognoserisiko

Eine erste komplizierte, risikobeladene Frage für die Städte ist, ob sie die vorgegebene Trendprognose des Landes widerspruchslos akzeptieren und zur Grundlage ihrer eigenen Konzeptionsarbeit machen, oder ob sie es ihrer eigenen Stadtentwicklungspolitik zutrauen, diesen Trend nicht vollständig umzukehren oder zu brechen, aber doch in spürbarer Form abzuschwächen.

---

6   Dieselbe Quelle in Verbindung mit: Landesamt für Datenverarbeitung und Statistik Brandenburg, Statistisches Jahrbuch 2000, Potsdam 2000, S. 30 ff.

Übrigens: Noch nie war das Thema "Wanderungen in der Mitte Europas" so offen wie drei Jahre vor der Ost-Erweiterung der Europäischen Union und maximal zehn Jahre vor der vollständigen Freizügigkeit in diesem Raum. Eine kommunalpolitische Zielprognose muss selbstverständlich in ihren Komponenten nachvollziehbar sein. In der Mehrzahl der Fälle ist die natürliche Bevölkerungsentwicklung schwerer zu beeinflussen als die Wanderungsentwicklung, die durch eine aktive und erfolgreiche Arbeitsplatzpolitik beeinflusst werden kann. Es ist schwer vorstellbar, dass eine Stadt erfolgreich aquirieren und die eigenen Kräfte mobilisieren kann, wenn sie die Bestätigung aller bisherigen Trends zum Ausgangspunkt ihres Handlungsprogramms macht. Vielmehr erscheint es geboten, dass sie ihre Ziele höher ansetzt, als die Trendverlängerung es für realistisch hält, und sich mindestens die erfolgreichere Stadt der Region zum Vorbild nimmt.

Das Risiko bei der Bestimmung des Handlungsbedarfs

Die zweite risikoreiche Frage ist, welche Schlussfolgerungen die Städte aus dem heute festgestellten und für morgen prognostizierten Leerstand ziehen und in welcher Größenordnung sie sich ein Rückbauprogramm vornehmen. Die Expertenkommission war sich offenbar selbst unsicher. Sie startete in ihren ersten Empfehlungen mit 25 Prozent des heutigen Leerstandes, die sie später auf 30 bis 40 Prozent erhöhte. Das Brandenburger Ministerium für Stadtentwicklung geht offensichtlich von 40 Prozent der gegenwärtig leer stehenden Wohnungen aus, die sie in den nächsten zehn Jahren aus dem Markt nehmen möchte.

Aus diversen Stellungnahmen aus der öffentlichen und auch aus der wissenschaftlichen Diskussion weiß man, dass viele Stimmen diese Zahlen für zu hoch und gefährlich halten und mehr Umbaumaßnahmen, mehr Stilllegungsmaßnahmen oder eine ganz anders ausgerichtete Einwanderungspolitik vorschlagen[7].

---

7 Siehe u.a. Eberhard von Einem, Schrumpfende Städte: Chancen der Einwanderung. In: Der Architekt 4/2000, S. 19 ff.

Die Dringlichkeit und Größenordnung eines Rückbauprogramms, d.h. der tatsächliche Handlungsbedarf, hängt ganz wesentlich ab von dem Leerstandsniveau in der Stadt insgesamt, von der Konzentration auf einzelne Standorte mit den dadurch entstehenden Problemen sowie von den betriebswirtschaftlichen Auswirkungen des Leerstands auf einzelne Gesellschaften wie auf den Wohnungs- und Bausektor insgesamt. Welche die Nachfrage bestimmenden Faktoren werden in Zukunft wirksam sein?

Das Risiko bei der Beurteilung der Marktkräfte

Die Festlegung des tatsächlichen Handlungsbedarfs, die Entscheidung zwischen den Alternativen "weiter abwarten" oder "umfassende Verantwortung übernehmen", hängt auch davon ab, welches Zutrauen in die Selbstregulierungskräfte des Marktes gesetzt wird.
Wenn sich eine Stadt und ihre Gesellschaften für weiteres Abwarten entscheiden, werden möglicherweise der Markt und die Konkursrichter die alleinige Regie übernehmen, ohne Rücksicht auf soziale und städtebauliche Effekte mit einer Schadensbilanz, die, so steht zu befürchten, die bisherigen Negativwirkungen noch übertrifft.
Ein beliebiges Zuwarten wird in der Mehrzahl der Städte gar nicht möglich sein, zumal dann nicht, wenn städtische Gesellschaften oder Genossenschaften dringend auf eine Altschuldenentlastung nach der im Jahr 2000 geänderten Altschuldengesetzgebung und der dazugehörigen Verordnung angewiesen sind.

Das Risiko in der Beurteilung der Förderbedingungen

Über die zukünftige Stadtumbauförderung herrscht derzeit absolute Unklarheit. Klar ist bisher nur, dass der Bund jährlich 70 Mio. DM für die Altschuldenentlastung im engeren Sinn zur Verfügung stellen will, wenn sich die Länder mit einem gleich großen Betrag beteiligen. Unterstellt man, dass eine Wohnung mit ca. 10.000 DM Altschulden belastet ist, dann bedeutet dies eine Freistellung von ca. 7000 Wohnungen in einem Jahr, 70.000 Wohnungen in zehn Jahren – ein verschwindend kleiner Ansatz. Klar ist in diesem Zusammenhang weiter, dass mehrere neue Bundesländer eine entsprechende Kofinanzierung bisher nicht sicherstellen konnten. Klar ist drittens, dass sowohl viele Städte als auch viele der neuen Bundesländer einer Förderung, die sie immer wieder zu Kofinanzierungen in gleicher Höhe drängt, ablehnend gegenüberstehen, weil sie glauben, diese Last nicht tragen zu können. Eine Ausdehnung der Städtebauförderung auf die gesamte Stadtumbaukulisse steht gar nicht zur Diskussion. Von den Städten werden irrationalerweise perfekte und weitgehend abgestimmte Konzepte zu einem Prozess erwartet, von dem niemand weiß, wie er finanziert werden soll.

Aber vielleicht ist das alles nur ein Missverständnis, das im Laufe der Zeit aufgeklärt wird. Länder wünschen perfekte, langfristige Stadtumbaukonzepte, um ihren wohnungspolitischen Steuerungsapparat zu koordinieren. Die Bundesregierung hatte in der Verordnung zur Altschuldennovelle nur gefordert, dass die geplanten Abrissmaßnahmen "städtebauliche Aspekte berücksichtigen" sollen. Diese Formulierung verlangt etwas sehr viel Bescheideneres[8]. Vielleicht einigt man sich am Ende ja in der Mitte.

Das Risiko einfacher Lastenumverteilungsmodelle

Da ein erfolgreicher Rückbau den Wert und die Chance zur Rentabilität des übrigen Bestands erhöht, wird immer wieder vorgeschlagen, diesen Rückbau mit Hilfe einer Solidarumlage der später Bevorzugten, verstärkt ggf. durch Sondermittel der Stadt, zu finanzieren[9]. Ein solches Modell ist vorstellbar in Städten, in denen zwei oder drei Gesellschaften und Genossenschaften den Mietwohnungsmarkt zu 80 bis 90 Prozent beherrschen und in denen der private Mietshausbesitz in Altbauten eine verschwindende Größe darstellt. Ein solches Modell wird schwieriger, wenn es einen größeren Anteil privater Mietshauseigentümer gibt, denn bisher weiß noch

---

8   Verordnung zum Altschuldenhilfe-Gesetz (Altschuldenhilfeverordnung – AHGV) vom 15.12.2001, in: Bundesgesetzblatt 2000 Teil 1 Nr. 55, Bonn 2000, S. 1734
9   Bisher gibt es kein erfolgreich funktionierendes Modell dieser Art in den neuen Bundesländern. Auf dem o.g. GdW Kongress in Leipzig stellte Ralph-Joachim Fischer ein entsprechendes Ideenkonzept vor, dessen verbindliche Umsetzung aber offensichtlich noch nicht absehbar ist.

niemand, wie diese sehr heterogene Gruppe überhaupt in die Konzepterarbeitung und deren planmäßige Umsetzung einbezogen werden kann, solange es keine verbindlichen Regeln wie z.b. in der Bauleitplanung gibt. Zweitens setzt ein solches Modell einen relevanten Anteil belastbarer Mitwirkender voraus, der in der Mehrzahl der Städte so nicht mehr vorhanden sein dürfte. Alle Gesellschaften haben mit den wirtschaftlichen Belastungen eines erhöhten Wohnungsleerstandes, reduzierter Mieten und einer zunehmenden Anzahl von Mietschuldnern zu kämpfen.
Und drittens lässt sich so nur ein Bruchteil des tatsächlichen Finanzierungsbedarfs erbringen. (Denkbarer Umlagebetrag pro vermietete Wohneinheit = 500 bis 1000 DM. Voraussichtliche Kosten pro Rückbau-Wohneinheit = 24.000 DM ohne Altschulden, aber mit Rückbau-Nebenkosten.) Realistischer scheint die Kombination der verschiedensten Fördertöpfe. In solche Kombi-Versuche können möglicherweise auch EU-Förderprogramme einbezogen werden, die sonst für begleitende Umfeld- und Infrastrukturmaßnahmen, für ABM- und Marketing-Maßnahmen, nicht aber für wohnungspolitische Maßnahmen genutzt werden können[10].

Das Risiko der Verzettelung

Da jede wohnungspolitische Konzeptarbeit und jedes Stadtumbaukonzept gezwungen ist, mit vielen Annahmen und Hypothesen zu arbeiten, besteht nicht nur im engeren Planungskreis, sondern auch im Arbeitskreis von Kommunalverwaltung und Wohnungswirtschaft die Gefahr der Verzettelung. Es werden Daten erhoben, die im Nachhinein keine Rolle spielen. Es werden Modelle entwickelt und ausgiebig diskutiert, die nicht im Ansatz realisierbar sind. Diese Verzettelung setzt sich möglicherweise fort in unsinnigen öffentlichen Diskussionen und in langwierigen Debatten der Kommunalparlamente. Dadurch gerät aus dem Blick, dass durch ein wohnungs-

---

10 Das Gesagte gilt vor allem für das URBAN- und das EFRE-Programm. Während das URBAN-Programm praktisch nur für einen kleinen Kreis von Modell-Städten zur Verfügung steht, wird das EFRE-Programm in Brandenburg auch für eine breitere Entwicklungsinitiative für "Stadtteile mit besonderem Entwicklungsbedarf" genutzt (ZIS 2000).

politisches Konzept immer nur ein Sektor der kommunalpolitischen Gestaltungsaufgaben durchgearbeitet wird, wodurch wichtige andere Aufgaben verdeckt und verdrängt werden können. Da man den Wohnungssektor einer Stadt wirtschaftlich nicht nur dadurch abstützen kann, dass man überzählige Wohnangebote vom Markt nimmt, sondern auch dadurch, dass man neue Arbeitsplätze schafft, die Stadt insgesamt attraktiver macht für die bestehende Bevölkerung, für Zuwanderer und Gäste, das Bildungsangebot ausbaut, den Tourismus und den Freizeitsektor mit neuen Akzenten versieht u.a., ist es wichtig, alle wohnungspolitischen Konzepte und Maßnahmen in einem integrierten Handlungsprogramm zusammenzufassen.

Dies setzt, ähnlich wie beim Programm "Soziale Stadt" oder beim "Urban-Programm", eine neue Qualität der Zusammenarbeit der verschiedenen Verwaltungszweige auf kommunaler und länderpolitischer Ebene voraus. Vielleicht besteht eine erste Möglichkeit zur Qualifizierung und Pragmatisierung der wohnungspolitischen Konzepte gerade darin, dass man den integrativen Ansatz verstärkt und den Perfektionismus des weiten Blicks in die Zukunft in einem Handlungsfeld, in dem die kommunalen Instrumentarien nicht besonders stark sind, etwas zurücknimmt.

Die Risiken für die Stadtplanung

Die Stadtplanung ist in den zurückliegenden zehn Jahren arg gebeutelt worden, weil sie den interessantesten Teil ihrer Aufgabe an international arbeitende Urban-Design-Büros abgeben musste und selbst für die abwegigsten Wachstumsplanungen missbraucht wurde, um anschließend für die ausbleibende Nachfrage verantwortlich gemacht zu werden.

Wenn diese Leidensweg-Skizze richtig ist, dann haben die Forderungen der Leerstandskommission und die anschließenden Ankündigungen der neuen Bundesländer, verstärkt Stadtumbaukonzepte mit wohnungspolitischem Schwerpunkt zu fördern, auf viele Stadtplaner und Stadtforscher gewirkt wie das Aufgehen der Sonne nach langer Nacht. Endlich eine Planungsaufgabe, die beinahe die ganze Stadt zum Gegenstand hat, die eine fachliche Kompetenz braucht, die mit ihrem Widerspruch zu allen klassischen Wachstumsmodellen überraschend originell auftritt und jede Menge interessante Fachdiskurse verspricht.

Das Risiko konzeptioneller Illusionen

Es wäre wirklich wie ein Traum, wenn man den Film der jüngeren Stadtentwicklung einfach zurückdrehen, da und dort die schrecklichsten Bausünden hinauskopieren könnte, um anschließend bei einem Entwicklungsstand zu landen, den man immer schon als richtiger empfunden hat als die herbe Stadtentwicklungswirklichkeit.

Diesen Wunschtraum werden auch die engagiertesten Rückbau- und Stadtumbauprojekte nicht erfüllen. Trotzdem ist es richtig und notwendig, dass die Stadtplanung die Stadtumbaudebatte mit der Forderung eröffnet, dass die Umbau- und Abrissmaßnahmen zu einem Zugewinn von neuen Qualitäten führen müssen. Nach den bisher vorliegenden Modelluntersuchungen erscheint es nicht realistisch, die Rückbauprozesse so zu steuern, dass allein die Altbauquartiere der neuen Stadt die großen Gewinner sind, die zentrumsfernen Plattenbauquartiere hingegen Orte werden, die bis zu 40 oder 50 Prozent ihrer Substanz aufgeben. Gegen ein solches Bild sprechen nicht nur die Leerstandsstatistik und die komplizierten Eigentümerverhältnisse in den Altbauquartieren, sondern auch die objektive Schwierigkeit, unter den Sonderbedingungen der inneren Stadt ein auf alle Ansprüche eingehendes Wohnungsangebot zu schaffen[11].

Auf diese Schwierigkeiten haben die Leipziger Stadtplaner, die zurzeit über die umfangreichsten und solidesten Vorarbeiten zum Stadtumbau verfügen, mit einem eigenen Leitbild, dem Bild der "perforierten Stadt", reagiert[12]. Die "rezentrierte Stadt" und die "perforierte Stadt" sind vorerst die beiden Alternativen, mit denen sich in Zukunft viele Städte in eigenen Konzeptdebatten auseinander setzen müssen.

Während das Bild der rezentrierten Stadt einen offensiven Ansatz vertritt, hat das Bild der perforierten Stadt einen eher defensiven Ansatz.

---

11 Der Verfasser hat sich mit dieser Problematik besonders in gutachterlichen Arbeiten für die Stadt Wittenberge beschäftigt und dort auch die Förderungsgrößenordnungen ermittelt, die erforderlich wären, um die Stadterneuerung der inneren Stadt entsprechend zu forcieren.

12 Stadt Leipzig, Dezernat Planung und Bau, Stadtentwicklungsplan Wohnungsbau und Stadterneuerung, Entwurf 2000, Leipzig 2000 sowie: Engelbert Lütke Daldrup zusammen mit Empirica und Doehler/Reuter, Leipzig 2030 – Bewerbung zum Ideenwettbewerb Stadt 2030, Leipzig 2000.

Es wird nicht das angestrebt, was am sehnlichsten gewünscht wird, sondern das, was bestenfalls noch zu schaffen ist.

Natürlich will das Leitbild der perforierten Stadt die "neuen Lücken" nicht sich selbst überlassen. Sie betrachtet sie als Ressource, mit der neue Qualitäten für das Gesamtensemble geschaffen werden können. Das ist die offensive Seite des Modells. Wir alle kennen die perforierte Stadt als Ergebnis von Kriegszerstörungen und als Übergangszustand. Wir kennen sie als Verfallssymptom und dann als Sozialobjekt (Gardening Projekte) in den New-Yorker Armutsquartieren.

Ein positives Bild der perforierten Stadt muss die Frage der Kontinuität und der Verlässlichkeit des öffentlichen Raums in der Stadt neu stellen und neu beantworten. Insofern ist es sicherlich etwas voreilig, wenn Iris Reuther und Michael Bräuer die Idee der perforierten Stadt in die Nähe der "Idee der Stadtlandschaft" rücken, ein Konzept, das die traditionelle Stadt vom Ansatz her verneinte und von der Bedeutung des öffentlichen Raums keine Vorstellung hatte[13]. Engelbert Lütke Daldrup argumentiert darum in diesem Heft sehr viel vorsichtiger, indem er auch bei deutlicher Dichteminderung in der inneren Stadt die Erhaltung der Syntax der europäischen Stadt erreichen will.

Das Risiko falscher Rollenerwartungen

Den krassesten Fehler, den ein Stadtplaner heute machen kann, ist, sich einzubilden, er könne diese Planungsaufgaben lösen bzw. seine Umgebung in der Auffassung belassen, ein Planer könne dieses Wunder vollbringen. Ein Planer kann Alternativen und ihre Konsequenzen aufzeigen, er kann aus verworrenen Anspruchshaltungen Ziele herausdestillieren und Zielkonflikte darstellen, er kann möglicherweise moderierend Konsens herstellen und Dissens feststellen, er kann Verfahrensvorschläge machen, wann welche Arbeitsergebnisse auf welcher Ebene diskutiert werden müssen.

Dies sind die zwei heikelsten Aufgaben, an denen er mitwirkt: die Koordination der betrieblichen Sanierungskonzepte mit dem städtischen Gesamtkonzept und die Koordination von Konzeptdiskussionen im en-

---

13 Iris Reuther und Michael Bräuer, Shrink positive? In: Der Architekt 4/2001.

geren Kreis von Kommunalverwaltung und Wohnungswirtschaft mit den notwendigen Diskussionen im Stadtparlament und in Betroffenenversammlungen. Auf beiden Aufgabenfeldern gibt es bisher nur wenig Erfahrungen. Schon aufgrund der unterschiedlichen Zeithorizonte können betriebliche Sanierungskonzepte und städtische Entwicklungs- und Stadtumbaukonzepte nicht deckungsgleich sein. Städtische Gesellschaften und Genossenschaften sind in unterschiedlichem Maß zur wirtschaftlichen Konsolidierung und zur Anpassung an den schärfer werdenden Wettbewerb vor Ort in der Lage. Hier gilt es, Ausgleichsmaßnahmen zu verabreden, um einen "gerechten Interessenausgleich" zwischen den Akteuren zu schaffen. Es ist zumindestens zu befürchten, dass solche Ansätze unter verschärften Wettbewerbsbedingungen sehr schnell mit dem Gebot zu "wirtschaftlichem Handeln" in Konflikt geraten.

Aller Wahrscheinlichkeit nach wird der Weg von einem Rückbau-Ideenkonzept mit verschiedenen Alternativen bis zu einem auch mit der Landesregierung abgestimmten Maßnahmen-, Kosten- und Finanzierungsprogramm sehr lang sein. Entscheidend wird sein, wie sich Kommunalverwaltung und Wohnungswirtschaft mit der Stadtverordnetenversammlung, der breiteren Öffentlichkeit und den Betroffenen in den Rückbauquartieren abstimmen. Geschieht es zu früh und mit diffusen Angaben, kann Verunsicherung ausgelöst werden; geschieht es zu spät, kann es zu massiven Protesten und Prozessblockierungen kommen.

Über das kurzfristig ins Auge gefasste Maßnahmenprogramm sollte frühzeitig mit allen Ebenen diskutiert und für seine Realisierung geworben werden. Maßnahmen für den mittel- bis längerfristigen Zeitraum sollten zu aller erst darauf hin untersucht werden, an welchen Stellen und wieweit sie z.B. durch Umsetzungen oder einen Vermietungsstop mit allmählichem Leerlaufen der Häuser in die Lebenswelt der Bewohner eingreifen. Für die breitere Bewohnerschaft stellt sich nicht selten die Frage: "Welche Gebäude werden möglicherweise mittelfristig abgerissen?" Häufiger jedoch fragen die Mieter: "In welchen Gebäuden und Gebietsteilen wird es keinen Rückbau, sondern eine lange Bleibegarantie geben? Lohnt es sich, meine Lebensplanung weiter mit diesem Ort zu verbinden?"

Eine Chance zur Risikosteuerung

Der Planer hat jedoch nicht nur die lokalen Handlungsmöglichkeiten zu untersuchen und für die kommunale und wohnungswirtschaftliche Diskussion aufzubereiten, er hat auch eine wichtige Vermittlungsrolle zwischen der lokalen und der staatlichen Ebene der entsprechenden Fachministerien. Er muss nicht nur die städtebauliche, soziale und wirtschaftliche Situation vor Ort sowie die bisher untersuchten Handlungsalternativen präzise und verständlich abbilden, er muss vor allem die Handlungsvoraussetzungen sowie die jetzt sichtbaren Handlungsblockierungen sorgfältig weitervermitteln. Vielleicht ergibt sich aus dieser Vermittlungsrolle die Möglichkeit, die gegenwärtige Stadtumbaudiskussion auf eine realistische Basis zu stellen, d.h. die Risiken insgesamt beherrschbar zu machen, indem man sehr deutlich zwischen einer "langfristigen Zielebene" und einer "kurz- bis mittelfristigen Maßnahmenebene" unterscheidet, in der man immer nur so weit konkret wird, wie Umsetzungsmittel planbar sind.

Der Zeit- und Energiegewinn einer solchen pragmatischen Lösung könnte dazu genutzt werden, die Arbeit an ressortübergreifenden, integrierten Handlungsprogrammen auszuweiten. Hier könnten die Kommunen für Länder und Bund zum Vorbild werden.

Autorenverzeichnis

Dr. Reinhard Aehnelt, Jahrgang 1950, Diplom-Sozialwissenschaftler mit dem Schwerpunkt Stadt- und Organisationssoziologie, Leiter des Büros für Forschung und Beratung advis in Berlin

Prof. Dr. Hans-Joachim Bürkner, Jahrgang 1954, wissenschaftlicher Mitarbeiter am IRS in der Abteilung Planungsgeschichte und Regionalkultur und Lehrender an der Universität Potsdam. Arbeitsschwerpunkte: sozialwissenschaftliche Milieuforschung, Stadtentwicklung in Ostmittel- und Südosteuropa, Stadtentwicklung in der Wissensgesellschaft, Grenzraumforschung

Dr. Engelbert Lütke Daldrup, Jahrgang 1956, Stadt- und Regionalplaner, 1985-89 wissenschaftlicher Mitarbeiter der TU Berlin, danach Senatsverwaltung für Bau- und Wohnungswesen, Berlin, dort ab 1993 Leiter des Referats „Hauptstadtgestaltung", seit 1995 Beigeordneter für Planung und Bau bei der Stadt Leipzig

Clemens Deilmann, Jahrgang 1954, Dipl.-Ing., Architekt, Abteilungsleiter am Institut für ökologische Raumentwicklung/IÖR Dresden. Arbeitsschwerpunkte: Fragen der Implementation bauökologischen Wissens in die alltägliche Planungspraxis, Planungsleitfäden im Bereich Energie, Wasser, Baustoffe, Bau- und Wohnwesen

Wulf Eichstädt, Jahrgang 1941, Architekt und Stadtplaner, 1973-78 Mitarbeiter im Deutschen Institut für Urbanistik, 1979-88 Koordinator Internationale Bauausstellung Berlin, seit 1989 eigenes Büro für Architektur und Stadtplanung

Christoph Haller, Jahrgang 1969, Dipl.-Ing. für Stadt- und Regionalplanung, wissenschaftlicher Mitarbeiter am IRS, Abteilung Siedlungsstrukturelle Entwicklung, Mitarbeit an Forschungsprojekten zur Leerstandsreduzierung in ostdeutschen Großsiedlungen und zu Integrierten Stadtentwicklungskonzepten für ostdeutsche Städte

Irene Iwanow, Jahrgang 1951, Diplom-Mathematikerin, seit 1994 Wissenschaftlerin im Institut für ökologische Raumentwicklung/IÖR, Dresden in der Abteilung Wohnungswesen und Bauökologie. Arbeitsschwerpunkte: Wohnungsmarktentwicklungen in ostdeutschen Regionen, Szenarios zur Wohnungsnachfrageentwicklung, Prognosemodelle

Dr. Sigrun Kabisch, Jahrgang 1956, Soziologin am UFZ-Umweltforschungszentrum Leipzig-Halle GmbH, Sektion Ökonomie, Soziologie und Recht, stellvertretende Sektionsleiterin und Leiterin der Arbeitsgruppe Stadt- und Regionalforschung. Arbeitsschwerpunkte: nachhaltiger Stadtumbau, stadtökologischer Strukturwandel und Revitalisierungschancen von Gemeinden in der Bergbaufolgelandschaft

Prof. Dr. Karl-Dieter Keim, Jahrgang 1939, Soziologe, seit 1992 Leiter des Instituts für Regionalentwicklung und Strukturplanung/IRS in Erkner bei Berlin, seit Oktober 1993 Professor an der Brandenburgischen Technischen Universität Cottbus. Arbeitsschwerpunkte: Stadt- und Regionalentwicklung, Planungssoziologie, Kommunalpolitik und Urban Governance

Charles Landry, Gründer und Senior Partner von Comedia, einem der führenden Beratungsunternehmen Großbritanniens mit den Schwerpunkten Perspektiven der Stadtentwicklung und Nutzung kultureller Potenziale

Heike Liebmann, Jahrgang 1965, Dipl.-Ing. für Stadtplanung, seit 1992 wissenschaftliche Mitarbeiterin am IRS, Abteilung Siedlungsstrukturelle Entwicklung. Arbeitsschwerpunkte: Großwohnsiedlungen, Planungskultur, Integrative Stadtentwicklung, Schrumpfungsprozesse in der Stadtentwicklung

Prof. Dr.-Ing. Werner Rietdorf, Jahrgang 1939, Architekt und Stadtplaner, Leiter der Abteilung Siedlungsstrukturelle Entwicklung am IRS. Arbeitsschwerpunkte: Großsiedlungen, Nachhaltige Stadtentwicklung, Integrative Stadtentwicklung

Georg Schiller, Jahrgang 1965, Wirtschaftsingenieur (TU Berlin), Aufbaustudium Altbauinstandsetzung (Uni Karlsruhe), Wissenschaftlicher Mitarbeiter im Institut für ökologische Raumentwicklung/IÖR Dresden. Arbeitsschwerpunkt: Stoffströme in Wohngebieten

Weitere Veröffentlichungen des Instituts für Regionalentwicklung und Strukturplanung/IRS

I. In der Reihe REGIO transfer (Beiträge des IRS) sind bisher erschienen:

N° 1 "Regenerierung schrumpfender Städte - Beiträge zur Umbaudebatte in Ostdeutschland"
2001; ISBN 3-934669-01-8. 13,00 €

II. In der Reihe REGIO-doc sind bisher erschienen:

N° 1 "Reise nach Moskau" Dokumente zur Erklärung von Motiven, Entscheidungsstrukturen und Umsetzungskonflikten für den ersten städtebaulichen Paradigmenwechsel in der DDR und zum Umfeld des "Aufbaugesetzes" von 1950.
(1/1995), 1995; ISBN 3-9803304-8-6. 5,00 €

N° 2 "Prämiert und ausgeschieden" Dokumentation eines IRS-Sammlungsbestandes zu Städtebaulichen Wettbewerben in der DDR.
(2/1998), 1998; ISBN 3-9805983-3-0. 14,00 €

N° 3 "Vom Baukünstler zum Komplexprojektanten. Architekten in der DDR" Dokumentation eines IRS-Sammlungsbestandes biographischer Daten.
(12/2000), 2000; ISBN 3-934669-00-X. 19,00 €

III. In der Reihe REGIO (Beiträge des IRS) sind bisher erschienen:

N° 1 "Regionales Strukturkonzept für den Verflechtungsraum Brandenburg-Berlin"
1992; ISBN 3-9803304-0-0. 14,00 €   (vergriffen)

N° 2 "Stadterweiterungen im Umkreis von Metropolen"
1993; ISBN 3-9803304-1-9. 9,00 €   (vergriffen)

N° 3 "Der Wirtschaftsraum Brandenburg-Berlin. Bestimmungsfaktoren für die räumliche Entwicklung"
1993; ISBN 3-9803304-2-7. 5,00 €

N° 4 "Großsiedlungen in Mittel- und Osteuropa"
1994; ISBN 3-9803304-3-5. 6,00 €

N° 5 "Raumordnung in Brandenburg und Berlin"
1994; ISBN 3-9803304-4-3. 17,50 €   (vergriffen)

N° 6 "Regionen im Umbruch"
1995; ISBN 3-9803304-5-1. 7,50 €

N° 7 "Konversion in Brandenburg und Berlin"
1995; ISBN 3-9803304-6-X. 6,00 €

N° 8 "Lebensstile und Raumerleben"
1995; ISBN 3-9803304-7-8. 4,50 €

N° 9 "Border Regions in Functional Transition-European and
North American Perspectives"
1996; ISBN 3-9803304-9-4. 6,00 €

N° 10 "Archäologie und Aneignung. Ideen, Pläne und Stadtfigurationen.
Aufsätze zur Ostberliner Stadtentwicklung nach 1945."
(N° 10); 1996; ISBN 3-9804917-6-5. 5,00 €

N° 11 "Zwischen Tradition und Vision"
(N° 11), 1997; ISBN 3-9804917-3-0. 11,00 €

N° 12 Hans-Joachim Kadatz:
"Städtebauliche Entwicklungslinien in Mittel- und Osteuropa"
(N° 12), 1997; ISBN 3-9804917-9-X. 11,00 €

N° 13 Michael Arndt, Petra Jähnke, Marina Triller:
"Brandenburger Städte definieren sich neu. Vom Städteforum
zum Städtenetz"
(N° 13), 1997; ISBN 3-9805983-1-4. 11,00 €

N° 14 Manfred Kühn
"Kulturlandschaften zwischen Schutz und Nutzung. Modellhafte Planungsansätze einer nachhaltigen Freiraum- und Lanschaftsentwicklung"
(N° 14), 1999; ISBN 3-9805983-5-7. 14,00 €

N° 15 Simone Hain
"Warum zum Beispiel die Stalinallee? Beiträge zu einer Transformationsgeschichte des modernen Planens und Bauens."
(N° 15), 1999; ISBN 3-9805983-8-1. 10,00 €

IV. In der GRAUEN REIHE (Materialien des IRS) sind bisher erschienen:

N° 1 "Vom Eigensinn des Raumes"
1993; 6,00 € (vergriffen)

N° 2 "Nachhaltig... Zukunftsfähig... Dauerhaft... 'Sustainable Development' als Leitbegriff in der Regionalentwicklung"
1993; 5,00 € (vergriffen)

N° 3 "Stadt- und Regionalentwicklung in der Euroregion Viadrina"
1994; 6,00 € (vergriffen)

N° 4 "Zivile Gesellschaft: Wirklichkeit oder Beschwörung neuen Gemeinsinns?"
1994; 4,00 €

N° 5 "Schlüsselfaktor Bildung. Weiterbildung in wissenschaftlichen Einrichtungen am Beispiel des IRS"
1994; 4,00 €

N° 6 "Vom Expertenwissen zum Orientierungswissen. Verständniswandel der wissenschaftlichen Politikberatung"
1994; 5,00 € (vergriffen)

N° 7 "Konversion als Chance zur regionalen Entwicklung"
1995; 4,00 €

N° 8 "Perspektiven für den ländlichen Raum"
1995; 6,50 € (vergriffen)

N° 9 "Organisierte Gruppenselbsthilfe im Eigenheimbau"
1996; ISBN 3-9804917-0-6. 14,00 €

N° 10 "Nachhaltige Freiraumentwicklung aus siedlungsstruktureller und regionaler Sicht"
1996; ISBN 3-9804917-1-4. 4,50 €

N° 11 "Managing the 'invisible city': the changing function of technical networks in Europe"
1996; ISBN 3-9804917-2-2. 3,00 €

N° 12 "Im Dickicht der Archive. Forschungs- und Sammlungsarbeit zur Bau- und Planungsgeschichte der DDR - Eine Tagungsdokumentation."
1997; ISBN 3-9804917-4-9. 9,00 €

N° 13 "Grundzüge einer nachhaltigen Siedlungsstruktur- und Stadtentwicklung in den neuen Ländern."
1997; ISBN 3-9804917-5-7. 9,00 €

N° 14 "Zwischen Selbstorganisation und Verwaltung. Kommunalisierung der Arbeitsmarktpolitik im Raum Brandenburg an der Havel."
1997; ISBN 3-9804917-7-3. 6,00 €

N° 15 "Raum und Identität. Potentiale und Konflikte in der Stadt- und Regionalentwicklung."
1997; ISBN 3-9804917-8-1. 8,00 €

N° 16 "Migration in Stadtregionen der neuen Bundesländer."
1998; ISBN 3-9805983-0-6. 9,00 €

N° 17 "Perspektiven der großen Neubaugebiete in den neuen Bundesländern."
1998; ISBN 3-9805983-2-2. 8,00 € (vergriffen)

N° 18 "Decentralized Spatial Policies for Regions in Transition. Perspectives from Berlin-Brandenburg and Jalisco"
1998; ISBN 3-9805983-4-9. 7,00 €

N° 19 "Planen für das Kollektiv. Handlungs- und Gestaltungsspielräume von Architekten und Stadtplanern". Dokumentation des 4. Werkstattgesprächs vom 15.-16. Oktober 1998
1999; ISBN 3-9805983-6-5. 9,00 €

N° 20 "Siedlungsstrukturen, räumliche Mobilität und Verkehr. Auf dem Weg zur Nachhaltigkeit in Stadtregionen?"
1999; ISBN 3-9805983-7-3. 7,00 €

N° 21 "Regionale Kooperation - Notwendigkeit und Herausforderung kommunaler Politik"
2000; ISBN 3-9805983-9-X. 11,00 €

V. **Vierteljährlich erscheint das Informationsblatt "IRS aktuell"**
ISSN 0944-7377